COUVERTURE : Arian Noveir, Paint Splatter Superheroes - Spider-man

Les super-héros au prisme du droit

PRESSES UNIVERSITAIRES DE FRANCHE-COMTÉ
N°1504

Collection « Droit, politique et société »
dirigée par Caroline Decoster

La collection publie les travaux scientifiques, instruments de recherche et sources juridiques français et étrangers, à destination des chercheurs, des enseignants et des étudiants confirmés. Elle entend promouvoir non seulement les travaux proprement juridiques et politiques, mais aussi ceux qui analysent le phénomène juridique, dans une logique d'ouverture disciplinaire.

Cet ouvrage rassemble les contributions d'une soirée d'études qui s'est tenue le 24 mai 2016 grâce au soutien financier de l'université de Strasbourg.

Série « Droit et Pop Culture »
dirigée par Alexandre Ciaudo

La série publie les travaux scientifiques s'intéressant à la manière dont la culture populaire appréhende le phénomène juridique. Des chercheurs, ainsi que des juristes confirmés, analysent, au prisme des catégories juridiques, les représentations du droit dans le cinéma, la littérature, ou encore les séries télévisées. Les ouvrages de la série s'adressent aux chercheurs, aux juristes, aux étudiants, mais aussi aux amateurs de culture pop.

ISBN 978-2-84867-787-3

Les super-héros au prisme du droit

sous la direction

d'Alexandre Ciaudo, Yann Basire, Anne-Laure Mosbrucker

Presses universitaires de Franche-Comté

Sommaire

Introduction à l'étude du droit super-héroïque — 9
Alexandre Ciaudo

I- La place du super-héros dans la société — 23

L'identité des super-héros — 25
Jeoffrey Sabbah

Les super-héroïnes — 37
Sophie Rossignol

La filiation des super-héros ! — 49
Mélanie Jaoul

Les super-héros et la presse : je t'aime moi non plus — 59
Jean-Benoist Belda

Les super-héros, super-contribuables ? — 69
Frédéric Durand

Le droit des marques : une nouvelle arme pour les super-héros — 75
Yann Basire

Super-héros et brevet : De grands pouvoirs impliquent-ils de grands brevets ? — 89
Yann Basire et Amélie Favreau

Les super-héros dans la jurisprudence américaine — 101
Jean-Christophe Roda

II- Le rôle attribué au super-héros par la société 111

L'encadrement juridique de l'activité de super-héros 113
Alexandre Ciaudo

Les *Avengers* et les compétences de l'État en droit international 125
Raphaël Maurel

L'idée de justice dans les univers de *Daredevil* et *Batman* 141
Karine Favro

Un inquiétant justicier dans la ville : Le cas *Batman* 155
Fabrice Defferrard

Super-héros et droit pénal 165
Jean-Baptiste Thierry

Preuve et Super-héros : « Le procès du siècle »
des super-héros à « l'aube de la justice » probatoire 173
Michaël Laref

Les super-héros et la criminalité organisée 191
Mikaël Benillouche

Après la bataille : Responsabilité civile et réparation
des dommages dans l'univers *Marvel* 205
Nicolas Bronzo

Bibliographie 215

Index 217

Introduction à l'étude du droit super-héroïque

Alexandre CIAUDO
Professeur agrégé de droit public à l'Université de Bourgogne-Franche-Comté (CRJFC)
Avocat à la Cour

Depuis l'année 2015, l'Association étudiante *Média Droit* organise à intervalles réguliers des soirées d'études intitulées « Droit et fiction », à l'université de Strasbourg. Son projet vise à illustrer les grands concepts juridiques par des exemples tirés d'œuvres de fiction. Chaque soirée est organisée autour d'un thème et se trouve l'occasion d'entendre des enseignants-chercheurs de toutes spécialités proposer des analyses juridiques originales, le plus souvent centrées sur la *pop culture*. Après *The Law of the Rings* le 24 mars 2015, *Le droit contre-attaque*, le 3 décembre 2015, deux événements ont été consacrés à l'appréhension juridique du phénomène super-héroïque : *Du Punisher au Lawyer : les super-héros au prisme du droit*, le 24 mai 2016 et *Droit vs Super-héros : l'affrontement final*, le 12 mai 2017, dont le présent ouvrage réunit les différentes contributions[1].

Proposer un regard juridique sur une œuvre de fiction n'est pas chose inédite. Les juristes ont déjà consacré deux colloques à la bande dessinée[2], ainsi que des articles spécifiques sur l'univers de *Tintin*[3] ; plusieurs articles publiés sur des blogs juridiques ont

---

1 Le présent ouvrage emprunte son titre à cette première journée, faute d'avoir pu choisir l'origine du *comic-book* d'où a été tirée l'expression « d'affrontement final » : *Amazing Spider-Man 200*, publié dans le *Strange* 154 (oct. 1982) ; l'*Annual de Thor* 2000, publié dans *Marvel Elite* 3 (mars 2001) ; ou *Infinity Gauntlet* 6, publié dans le *Récit complet Marvel* 35 (août 1992).

2 C. Ribot (dir.), *Droit et bande dessinée*, PUG, 1998 ; M. Reverchon-Billot (dir.), *Le droit dans les bandes dessinées*, PU Poitiers, 2012.

3 O. Jouanjan, « Sur quelques aspects d'un vaste débat : le Conseil supérieur de la Constitution syldave est-il une cour constitutionnelle ? », *Mélanges Michel Troper*, Economica, 2006, p. 539 ; J.-P. Costa, « Tintin et les droits de l'homme », *RTDH*, 2016, p. 577 ; J. Heymann (dir.), *Tintin & le Droit*, LexisNexis, 2020, *à paraître*.

été consacrés à *Star Wars*[4], ou encore à *Kaamelott*[5], avant que le prix Olivier Debouzy, prix de « l'agitateur des idées juridiques », ne soit décerné à Monsieur Fabrice Defferrard pour son remarquable essai sur le droit dans *Star Trek*[6]. Plusieurs contributeurs aux soirées de *Média Droit* ont récemment contribué à un ouvrage collectif consacré à la matière juridique dans *Harry Potter*[7]. Rares sont néanmoins ceux à avoir proposé une analyse juridique du statut et du rôle des super-héros.

Souvent cantonnés à une lecture destinée à la jeunesse d'un piètre intérêt littéraire, voire assignés à un phénomène d'invasion culturelle américaine, les super-héros sont régulièrement considérés comme l'incarnation d'une force nécessaire au rétablissement de l'ordre et de la justice dans la société face à l'émergence d'une menace contre laquelle elle ne parvient pas à lutter par des moyens conventionnels. Il n'est en ce sens pas anodin que le premier super-héros ait été créé aux États-Unis en 1938 par Jerry Siegel et Joe Schuster[8] dans un contexte de menace grandissante du nazisme de l'autre côté de l'Atlantique. Pour lutter contre le premier « super-vilain » à l'échelle mondiale, une force surhumaine était requise, celle de *Superman*[9]. Le soleil ne pouvant être conçu indépendamment de la nuit, l'âge d'or des super-héros a également vu émerger l'*alter ego* de l'homme d'acier, le *Batman*[10], dont la vision de la justice s'avère bien plus sombre, mais également d'autres grandes icônes de l'univers super-héroïque américain dans le giron de la « Distinguée concurrence » (*DC Comics*) puis dans celui de la « Maison des idées » (*Marvel Comics*), dont la popularité reste à ce jour toujours importante : le bolide, le *Flash* ; la guerrière amazone, *Wonder Woman* ; le représentant de la police galactique, le *Green Lantern* ; l'héritier des pouvoirs des Dieux, le *Captain Marvel* ; le super-soldat de l'Amérique, *Captain America*...

Après la fin du second conflit mondial, faute de super-ennemi à combattre, les super-héros sont tombés dans une relative désuétude, les communistes constituant des adversaires bien moins consensuels que les nazis. À l'âge d'or a succédé l'âge d'argent au cours duquel, sur les braises de la *Timely Comics*, l'Excelsior Stan Lee[11] et le King Jack Kirby ont créé des super-héros n'ayant pas vocation à devenir des icônes,

---

4 A. Frank, « Essai sur un système juridique d'il y a longtemps, dans une galaxie très lointaine », *Blog Droit administratif*, 7 novembre 2008.

5 A. Ciaudo, « Essai sur un système juridique d'il y a moins longtemps, dans une contrée pas si lointaine », *Blog Droit administratif*, 2 juin 2009.

6 F. Defferrard, *Le Droit selon Star Trek*, Mare et Martin, 2015.

7 V. Ndior, N. Rousseau (dir.), *Le droit dans la saga Harry Potter*, Enrick B., 2019.

8 *Action Comics*, n° 1, 1938.

9 G. Morrison, *Supergods*, Fantask, 2017, p. 22.

10 *Detective Comics*, n° 1, 1941.

11 J.-M. Lainé, *Stan Lee, Homère du XXe siècle*, Fantask, 2016.

comme leurs prédécesseurs, mais des personnages profondément humains dotés de super-pouvoirs par accident, par choix ou même de manière naturelle : une famille relativement ordinaire, les *Fantastic Four* ; un adolescent troublé par le poids des responsabilités, *Spider-Man* ; un scientifique devant assumer sa double personnalité et les conséquences de ses recherches sur la radioactivité, *Hulk* ; un industriel victime des armes qu'il vend, *Iron Man* ; un avocat aveugle, se donnant pour mission de défendre le jour les criminels qu'il combat la nuit, *Daredevil* ; des jeunes haïs pour leur appartenance supposée à une autre race et pour leurs différences, les *X-men*...

Les histoires se sont succédé avec les scénaristes et dessinateurs. Les super-héros ont évolué avec leur temps, et leurs aventures se sont de plus en plus ancrées dans les difficultés du quotidien de leur lectorat. À la simple morale bien-pensante des débuts, et à la lutte des héros contre les « vilains », s'est parfois substitué un message social plus prégnant véhiculé par ce nouveau média, qui n'a plus été considéré comme un simple divertissement pour la jeunesse. Les super-héros ont progressivement vieilli avec leurs lecteurs qui, l'adolescence passée, n'ont pas cessé de s'y intéresser ou, sans doute par nostalgie, les ont redécouverts une fois devenus adultes.

Au début des années 1990, deux mouvements concurrents ont traversé le marché du *comic book* américain. D'un côté, les histoires de super-héros faisaient preuve d'une violence bien plus importante et présentaient des héroïnes hypersexualisées[12], ciblant un public adolescent et pubère. Les séries se sont multipliées avec le succès incroyable de certains numéros, comme le *X-men* n° 1 de Jim Lee vendu à plus d'un million d'exemplaires aux États-Unis. Afin de disposer des droits d'auteurs sur les personnages qu'ils créaient et d'une totale liberté artistique, les auteurs les plus célèbres de la *Marvel Comics* ont fait sécession pour créer un troisième éditeur majeur : *Image Comics*[13]. La maison mère a alors été contrainte de renouveler tant son panel d'auteurs que le contenu de ses revues. À l'engouement du lectorat pour cette multitude de nouvelles séries a répondu une inconstance de la qualité des œuvres de super-héros.

D'un autre côté, c'est à la même époque que certaines œuvres ont permis au genre de gagner progressivement ses lettres de noblesse, et ce, dans un contexte d'arrivée sur le marché américain d'auteurs britanniques prometteurs parfois expressément missionnés en ce sens dans une perspective de renouvellement. L'apport de l'éditrice Karen Berger dans l'élaboration du label Vertigo chez *DC comics* sera déterminant.

12 Voir notamment les séries Image comics : *Witchblade, Gen 13, Wild Cats, Cyber Force*...

13 Entre autres : Jim Lee, Todd MacFarlane, Marc Silvestri, Erik Larsen, Whilce Portacio, Joe Benitez, Rob Liefeld. En 2019, la série *Spawn* de Todd MacFarlane est devenue le comic book indépendant (non rattaché à *DC comics* ou *Marvel comics*) à la longévité la plus importante, dépassant les 301 numéros.

L'uchronique *Watchmen* d'Alan Moore, paru en 1987, constitue le seul *comic book* classé par le *Times* dans la liste des 100 meilleures œuvres littéraires que chacun devrait avoir lues. D'autres histoires ont été encensées à juste titre par la critique : le sombre *Dark Night Return* de Frank Miller ; le troublant *V for Vendetta* toujours d'Alan Moore ; le poétique *Sandman* de Neil Gaiman ; le dément *Arkham Asylum* de Grant Morrison ; le tragique *Death of Captain Marvel* de Jim Starlin ; ou encore les éblouissants *Marvels* et *Kingdom Come* d'Alex Ross.

Depuis le début du XXIe siècle, les *comic books* américains ont connu une nouvelle mutation. Les histoires de super-héros ont cessé de s'inscrire dans la dichotomie d'une lutte du bien contre le mal, laissant apparaître des personnages aux aspérités complexes et au comportement violent si ce n'est amoral : le *Punisher* de Garth Ennis, le *Deadpool* de Fabian Nicieza, *Authority* et *Black Summer* de Warren Ellis. Les auteurs de *comic books* se sont même occasionnellement détachés du genre super-héroïque, fantastique et de science-fiction en proposant des histoires remarquables, également source d'inspiration pour le cinéma et la télévision : *300, Scalped, DMZ, 100 Bullets, Y the last man, From Hell*... Le genre super-héroïque s'est grandement diversifié depuis l'écriture des œuvres mythiques fondatrices (*New Gods, Silver surfer, Eternals*) : de la réécriture des contes (*Fables*), en passant par la satire des aspects pédophiliques des *side-kick* (*Brat pack*), la description des tares de la société par un journaliste psychotique (*Transmetropolitan*), la recherche d'un Dieu à punir (*Preacher*), jusqu'à l'archéologie super-héroïque (*Planetary*) et la manipulation des cours de la Bourse (*Black Monday Murders*). Il s'est parallèlement grandement popularisé avec le développement des licences cinématographiques et des univers partagés par les studios hollywoodiens (Disney, Fox et Sony pour *Marvel*, Warner pour *DC comics*), les chaînes de télévision (ABC, CW, AMC) et les plateformes de téléchargement (Netflix, OCS, Amazon), faisant aujourd'hui de leurs aventures des produits particulièrement rentables (*Avengers Endgame* est devenu – hors inflation – le plus grand succès de l'histoire du cinéma devant *Avatar*) et un filon inépuisable pour la télévision et le cinéma. On constate même qu'à l'instar de la structure fictionnelle des *comic books* américains classiques, les blockbusters hollywoodiens, tels *Thor Ragnarok* et *Avengers Infinity War*, s'agrègent en un récit eschatologique[14].

Cette histoire trop résumée des super-héros américains[15] a même pu être réécrite à travers leurs propres aventures. De manière plus ou moins artificielle, certains auteurs ont récemment proposé que les super-héros américains ne soient que les héritiers des personnages de romans classiques qui se seraient déjà réunis à la fin du XIXe siècle

14 A. Nikolavitch, *Mythe & Super-héros*, Les moutons électriques, 2011.

15 Voir pour un résumé éloquent T. Mornet, *Comics. Les indispensables de la BD américaine*, Huginn & Muninn, 2012.

pour lutter contre une menace extraordinaire, en Grande Bretagne, avec la *Ligue des Gentlemen extraordinaires* d'Alan Moore, et même en France avec *La Brigade Chimérique* de Serge Lehman.

La réflexion scientifique sur la notion de surhomme est loin de débuter avec le modeste ouvrage que le lecteur tient entre ses mains. Sur le terrain philosophique, Nietzsche l'a théorisée en lien avec la volonté de puissance[16] ; d'un point de vue sémiologique, Umberto Eco a souligné le caractère intrinsèquement lié à l'humanité du concept de surhomme, que chacun aimerait devenir afin de donner davantage de saveur et de hauteur à sa vie, face à son quotidien monotone et dérisoire[17]. Sur le terrain juridique, le terrain semble encore vierge ; pourtant le terreau s'avère plus que fertile.

Indépendamment des personnages qui sont parfois des gens de justice comme les avocats *Daredevil* et *Miss Hulk*, ou des magistrats comme le *Judge Dredd* et le *Tribunal vivant*, les *comics* de super-héros ont toujours été imprégnés de droit. Destinés avant tout à la jeunesse, les super-héros devaient respecter un code moral strict et leurs histoires ne pas aborder certains thèmes jugés trop violents ou licencieux, tels que le sexe, la drogue ou une violence exacerbée. Les éditeurs américains ont ainsi mis des années à s'affranchir du *Comic Code* créé en 1954[18]. En France, c'est bien la censure des éditions destinées à la jeunesse qui explique le retard avec lequel les jeunes lecteurs ont pu s'intéresser aux super-héros américains. Alors que les aventures de *Superman* sont parues outre Atlantique à partir de 1938[19], les histoires de super-héros n'ont été publiées en France qu'à compter du mois de février 1969 avec le *Fantask* n° 1 aux éditions Lug, qui commencèrent à publier les comics *Marvel* en France tandis que l'éditeur Artima/Arédit se concentrait sur les productions *DC Comics*[20].

Ce retard peut être appréhendé à l'aune de la rigueur de la législation en la matière. La loi n° 49-956 du 16 juillet 1949 sur les publications destinées à la jeunesse a été précisément adoptée pour freiner l'importation de bandes dessinées américaines. Son article 2 interdisait aux publications destinées à la jeunesse de comprendre toute illustration ou récit « présentant sous un jour favorable le banditisme, le mensonge, le vol, la paresse, la lâcheté, la haine, la débauche ou tous actes qualifiés crimes ou délits,

16 *Ainsi parlait Zarathoustra*, 1883.

17 U. Eco, « Le mythe de Superman », dans *De Superman au surhomme*, Grasset, 1993, p. 131 et s. (texte remanié d'une conférence donnée en 1968).

18 J.-P. Gabillet, *Des comics et des hommes : histoire culturelle des comic books aux États-Unis*, thèse, Éditions du Temps, 2005, p. 70.

19 Le *Action Comics* n° 1 n'a d'ailleurs été édité en français pour la première fois qu'en 2013 au sein du *Superman Anthologie* publié par *Urban Comics*.

20 L. Billard, *Comic Guide Marvel en France*, LB éditions, 2000, p. 24.

ou de nature à démoraliser l'enfance ou la jeunesse ». Sur son fondement, le Ministre de l'intérieur pouvait interdire les « publications de toute nature présentant un danger pour la jeunesse en raison de leur caractère licencieux ou pornographique, ou de la place faite au crime, à la violence, à la discrimination ou à la haine raciale, à l'incitation, à l'usage, à la détention ou au trafic de stupéfiants ».

La Commission chargée de la surveillance et du contrôle des publications destinées à l'enfance et à l'adolescence a écrit la lettre suivante aux éditions *Lug* en avril 1969 à propos du premier numéro de la revue *Fantask* : « Cette nouvelle publication est extrêmement nocive en raison de sa science-fiction terrifiante, de ses combats traumatisants, de ses récits au climat angoissant et assortis de dessins aux couleurs violentes. [...] Si au 1er juillet prochain, au plus tard, cette brochure n'était pas supprimée ou modifiée d'une manière fondamentale, vous vous trouveriez exposé aux poursuites pénales devant le Tribunal correctionnel prévues par l'article 7 de la loi du 16 juillet 1949 »[21]. Le lecteur de 2020, avec son appréhension nécessairement anachronique et moderne, ne peut naturellement que jeter un regard amusé sur une telle critique, les épisodes des *Fantastic Four* de 1961 et du *Silver Surfer* de 1968 édités dans ce magazine sont bien édulcorées au regard des épisodes actuels des *Avengers* ou des *X-men*, sans même que l'on ait à citer la violence physique et sexuelle des séries *Crossed*, *The Boys* ou encore *Uber*.

La revue *Fantask* a été délibérément arrêtée après seulement sept numéros afin de ne pas être frappée d'interdiction, mais la revue *Marvel*, produite également par l'éditeur lyonnais à partir de janvier 1970, a été interdite aux mineurs à partir du numéro 13.

Pour ne pas subir une même interdiction, la mythique revue *Strange* a commencé par être éditée en bichromie, c'est-à-dire en vert et en orange alternés toutes les deux pages en plus du noir. Les éditeurs ont également supprimé des numéros américains entiers jugés trop violents et utilisé leurs ateliers de retouche pour modifier les dessins pouvant heurter la jeunesse. Les revues françaises qui recueillaient trois à quatre séries américaines – *Strange*, *Spécial Strange*, *Strange Spécial origines*, *Titans*, *Nova*, *Spidey* – proposaient des couvertures originales particulièrement sobres de dessinateurs français, comme le non moins célèbre Jean Frisano dont les dessins originaux restent particulièrement prisés des collectionneurs.

Au fil des années, comme aux États-Unis, la modernisation de la société française a entraîné un assouplissement du contrôle de l'État sur les publications destinées

21 Almosnino, Billard, Charnay, *Encyclopédie des comics Marvel en France*, Archiv'Editions, 1998, p. 20.

à la jeunesse. À l'instar de la police des publications étrangères[22], celle des publications destinées à la jeunesse a été considérablement allégée[23]. Non seulement la mise en œuvre de cette police spéciale a évolué vers davantage de concertation entre les éditeurs et l'administration, mais le resserrement du contrôle du juge administratif en la matière a permis de faire tomber d'anciennes interdictions[24].

Dans ce contexte, les éditeurs français ont lancé un processus de réédition complète de certaines séries, sous formes « d'intégrales », en publiant enfin les numéros américains non-auto censurés, ainsi que ceux qui avaient purement et simplement été écartés. Le jeune lectorat a pu découvrir les premières histoires originales, relativement difficiles à acquérir et assez largement modifiées des super-héros *Marvel* ; le lectorat « expérimenté » a disposé de la possibilité de redécouvrir les séries de sa jeunesse sous un nouveau matériau, la madeleine étant d'autant plus savoureuse.

Ainsi, ce sont bien les règles du droit français qui expliquent, en partie, les conditions dans lesquelles les comics de super-héros se sont développés en France. À l'aune de ce constat, consacrer une recherche collective juridique au phénomène super-héroïque ne constitue pas une aberration ni une lubie d'iconoclastes, mais un authentique travail de recherche sur un sujet, certes ludique – ce qui n'est pas si commun dans le cadre d'une étude universitaire –, mais également scientifique, tant par son objet que par les méthodes déployées. Les réactions des lecteurs divergeront sans doute autant que celles des membres de la communauté scientifique : à l'emballement des uns pour l'audace et la nouveauté a logiquement répondu le scepticisme si ce n'est le mépris de certains classiques. Nous proposons en ce sens au lecteur de se faire lui-même son opinion sur les mérites, tout aussi relatifs soient-ils, du présent ouvrage, et de parcourir d'un œil tout aussi amusé qu'attentif l'analyse juridique de la place occupée par les membres du panthéon moderne[25].

Les résultats de cette recherche collective ont permis de retenir deux axes majeurs de l'appréhension juridique du super-héros. Certains contributeurs au présent ouvrage se sont efforcés à décrire la place occupée par le super-héros au sein de la société et les difficultés particulières que son existence même pose au fonctionnement de la vie

22 J. Duffar, « La censure administrative des écrits étrangers. Droit français et droit international », *RDP*, 1986, p. 561 ; N. Ach, « Le dépérissement progressif de la police des publications étrangères », *AJDA*, 2005, p. 1606.
23 E. Derieux, « Le régime des publications destinées à la jeunesse », *LPA*, 20 mai 1987, n° 60, p. 23.
24 E. Péchillon, « Les interdictions de publications sous le contrôle du juge. Retour sur la loi du 16 juillet 1949 instaurant une police administrative spéciale », *AJDA*, 2006, p. 298 ; Voir également J.-J. Israël, « Le juge administratif et les moyens de la liberté d'expression », *RFDA*, 2003, p. 1083.
25 V. Brunner, *Les super-héros. Un panthéon moderne*, Robert Laffont, 2017.

sociale. D'autres se sont attachés au rôle dévolu au super-héros par la société elle-même en recherchant notamment ses interactions avec l'ordre public et la justice.

Dans la première partie de l'ouvrage, M. **Sabbah** interroge tout d'abord l'identité des super-héros. L'auteur envisage les modalités selon lesquelles l'État pourrait leur imposer de dévoiler leur identité secrète et les intégrer au sein de catégories d'individus dotés de supers-pouvoirs en fonction de la nature de ces derniers et de leurs aptitudes concrètes, les critères classiques de l'identité civile restant insuffisants à révéler leurs caractéristiques propres. Si de telles personnes évoluent sur son territoire, l'État doit naturellement être informé de leur existence et de leurs capacités concrètes afin précisément de pouvoir les mobiliser au besoin. Le super-héros est naturellement identifié par son costume, consubstantiel à son existence même, et par son pseudonyme, par lequel il est reconnu du grand public et par ses pairs. La protection de sa vie privée reste logiquement dépendante de sa volonté ou de sa capacité matérielle à conserver son identité secrète.

Le monde des super-héros est souvent décrit de manière stéréotypée comme étant avant tout destiné à un public masculin. Les séries spécifiquement écrites à destination d'un public féminin (*Alias* de Brian Bendis, *Miss Marvel* de Gwendolyn Willow Wilson) ne sont parues qu'après les années 2000. Les premières super-héroïnes n'ont toutefois pas tardé à emboîter le pas de leurs mâles homologues. La première femme super-héros est *Fantomah*, créée en février 1940 par Fletcher Hanks puis tombée dans l'oubli, juste avant *Wonder Woman* par William Moulton Marston, dont le premier numéro est paru en octobre 1940. Des premiers épisodes des années quarante dont les histoires ne faisaient guère état d'actes héroïques, en passant par les personnages des années soixante qui ne constituaient que des faire-valoir des super-héros masculins (la première femme super-héros de *Marvel* est la *Femme invisible*), jusqu'aux héroïnes hypersexualisées des années 1990 de Michael Turner, Jim Lee, Jeffrey Scot Campbell ou encore Joe Madureira, la place des femmes dans le monde des super-héros a considérablement évolué. Sur cette question, Madame **Rossignol** éclaire le lecteur sur les clichés et stéréotypes discriminatoires dont même les super-héroïnes font l'objet, et met en exergue la discrimination intersectionnelle, à ce jour encore inconnue du droit français, dont elles sont victimes.

En s'intéressant à la filiation des super-héros, Madame **Jaoul** esquisse toute la difficulté qui existe à retracer l'histoire familiale d'un individu d'origine extra-terrestre, issu d'un clonage ou capable de voyager dans le temps, voire dans des réalités alternatives. L'histoire de leurs origines est elle-même inscrite dans la légende, puisqu'elle mérite d'être racontée. Les œuvres cinématographiques les plus fréquentes du genre s'avèrent d'ailleurs des *origin story*. La réécriture de la filiation constitue en ce sens un procédé littéraire classique utilisé par les auteurs afin de s'approprier un personnage (on pense en ce sens à la filiation particulièrement évolutive de la *Scarlet Witch* et de son frère jumeau *Quicksilver*, tous deux membres des *Avengers*). À ces difficultés s'ajoute la filiation psychologique si ce n'est spirituelle de l'héritier d'un costume et d'un nom de super-héros, qui ne partage pas nécessairement de lien de parenté avec leur détenteur originel (*Iron man, Ant-Man, Hawkeye, Captain America* toujours chez les *Avengers*, *Batman* ou encore *Nite Owl* dans la série *Watchmen*).

Ancrés dans la cité et dans leur quotidien, les super-héros entretiennent des rapports dichotomiques avec la presse. Dans son *Histoire culturelle des comics books aux États-Unis*, le professeur Jean-Paul Gabilliet souligne le rôle fondamental de la presse dans le développement du comic book aux États-Unis[26]. Elle constitue son premier média et son instrument de diffusion de prédilection. À ce titre, il n'est pas un hasard que le premier super-héros soit lui-même journaliste : Clark Kent (*Superman*) travaille au Daily Planet ; Peter Parker (*Spider-man*) décroche également un job au Daily Bugle. Avant d'être vendus dans des boutiques spécialisées et de gonfler les rayons bandes dessinées des grandes librairies, les comics étaient essentiellement vendus en kiosque avec la presse jeunesse. Aujourd'hui la presse entretient toujours des rapports privilégiés avec les super-héros, même la presse juridique. L'auteur de ces lignes a ainsi découvert avec une certaine circonspection sur le site Internet d'un grand éditeur juridique l'existence de « Super Dalloz », le super-héros du droit, ambassadeur des services numériques des Codes Dalloz : « Ses missions : mettre à jour les Codes Dalloz, les rendre accessibles de partout et les connecter à la jurisprudence ! ». On l'a vu, la législation française sur la presse n'a pas épargné les super-héros. Monsieur **Belda** rappelle en ce sens que la presse elle-même malmène les super-héros à l'envi, passant volontiers de la diffamation à l'atteinte à la vie privée ; tandis que les intéressés instrumentalisent parfois leur propre instrument de travail, faisant fi des règles déontologiques et de la prévention des conflits d'intérêts : c'est le cas de *Superman*, de *Spider-man* et du *Green Hornet*.

Détrompant la célèbre phrase de Benjamin Franklin, les super-héros peuvent parfois échapper à la mort ou la contourner ; ils restent néanmoins bien impuissants face à l'administration fiscale. Monsieur **Durand** souligne à ce titre que la soumission des super-héros à la loi fiscale suppose au préalable de les appréhender en qualité de personnes juridiques, ce qui peut poser une difficulté lorsqu'il s'agit d'un dieu, tel que *Thor*, ou d'un apparenté à la faune et la flore, comme *Rocket Racoon* et son garde du corps *Groot*. Les costumes et accessoires des super héros seraient alors susceptibles

26 J.-P. Gabillet, *Des comics et des hommes : histoire culturelle des comic books aux États-Unis*, thèse, Éditions du Temps, 2005, p. 25.

de déduction fiscale, processus particulièrement avantageux pour les êtres non dotés de super-pouvoirs, mais compensant par leurs gadgets, comme *Batman* et *Iron man*. La question du secret fiscal rejoindrait également celle de l'identité secrète des héros, à laquelle ils sont particulièrement attachés.

Ces éléments s'avèrent également déterminants lorsque sont envisagés de manière plus globale les rapports entre les super-héros, d'une part, la propriété intellectuelle et les brevets, d'autre part. Monsieur **Basire** propose en ce sens deux contributions au présent ouvrage, dont la seconde est corédigée par Madame **Favreau**. Identifiables par leurs costumes et leurs noms « de scène », les super-héros seraient susceptibles d'une appropriation au sens du droit des marques. Néanmoins, l'obstacle du dépôt de la marque devrait être franchi puisqu'il supposerait le dévoilement de l'identité secrète du héros, si ce n'est la qualification difficile de personne physique s'agissant de dieux ou d'extraterrestres. Le dépôt de la marque du super-héros lui permettrait assurément de contester l'utilisation de son nom par un usurpateur qui chercherait à ternir son image, mais le contraindrait à continuer son exercice à peine de déchéance de sa marque. Le droit des brevets constituerait somme toute une arme bien relative pour les super-héros.

Dans la même logique, on peut relever que l'un des caractères les plus communs des super-héros américains réside dans leur richesse personnelle. Indépendamment de l'attrait pour un héros à la réussite sociale importante, cet attribut du super-héros constitue assurément une facilité scénaristique de nature à justifier le coût de leur équipement mobilier et immobilier : *Iron man, Black Panther, Batman, Green Arrow, Ozymandias* dans *Watchmen, Angel* et le professeur Xavier des *X-men, Nighthawk* du *Squadron Supreme*... Chaque équipe de super-héros comprend en réalité un mécène en la personne d'un héros millionnaire ou milliardaire sans lequel les coûts de fonctionnement de l'équipe ne seraient pas assurés. La place de *Mister Fantastic,* Reed Richards des *Fantastic Four,* s'avère particulière à cet égard puisque l'intéressé explique régulièrement tirer sa fortune du dépôt de ses brevets d'invention. À l'égard des brevets, le héros se heurte à la même difficulté du dévoilement de son identité secrète, sauf à le faire déposer par une société. Reste la question de la brevetabilité des super-pouvoirs qui semble particulièrement délicate et de la possibilité pour l'État d'exproprier les brevets d'invention intéressant la défense nationale. On sait en ce sens que cette expropriation est ordonnée par décret pris sur rapport du Ministre chargé de la propriété industrielle et du Ministre chargé de la défense nationale ; l'indemnité d'expropriation est fixée en chambre du conseil[27].

27 Décret-loi du 30 octobre 1935 ; article 45 de la loi n° 68-1 du 2 janvier 1968.

Fin observateur du droit anglo-saxon, le professeur **Roda** souligne l'importance des références réelles aux super-héros dans la jurisprudence américaine. Constatant que tant la doctrine que les juges n'hésitent plus, pour des raisons pédagogiques ou humoristiques, à faire référence à des personnages de *comic books*, l'auteur livre une véritable réflexion sur la place de la pop-culture dans l'enseignement du droit et la compréhension des décisions de justice par les justiciables.

***

Dans la seconde partie de l'ouvrage, les contributeurs se sont au contraire intéressés à la place que la société assigne aux super-héros dans les comic books et les films du genre. Essentiellement centrés sur les notions d'ordre public et de justice, auxquelles les super-héros participent dans le cadre de l'exercice de leurs missions, les articles portent tant sur les interactions des activités des super-héros avec la matière pénale que sur les conséquences juridiques et matérielles de leurs actions et carences.

Posant comme postulat que les super-héros constituent des individus dangereux, des contrevenants notoires à raison de la dissimulation de leur visage dans l'espace public, et ne disposant d'aucune légitimité pour préserver l'ordre public ou rendre la justice, le professeur **Ciaudo** envisage les conditions dans lesquelles l'État français pourrait encadrer l'activité juridique de super-héros. Il soutient tout d'abord qu'un recensement des super-héros serait nécessaire, lequel pourrait parfaitement être mis en œuvre sans modification du droit positif. L'État disposerait alors du choix de contraindre les super-héros à devenir des agents publics, en créant un monopole étatique de l'activité super-héroïque ou au contraire organiser l'exercice d'une profession réglementée.

L'appréhension des super-héros par la communauté internationale constitue un thème que les auteurs de *comic books* ont déjà traité. Les représentants du SHIELD ont en ce sens interdit aux *Avengers* d'intervenir aux côtés des *X-men* à Génosha à la suite du kidnapping de la petite-fille de Magnéto par Fabian Cortez[28]. Dans le même sens, à la suite de l'invasion de la Slokovie par le *Doctor Doom*, un sérieux débat voit s'opposer *Thor* à *Iron Man*[29]. On se souvient encore du procès de Magnéto devant la Cour internationale de justice[30], ou encore de l'excellent *Superman red son*, envisageant les conséquences de l'atterrissage du vaisseau du nouveau-né Superman en Union soviétique et non au Kansas[31]. À cet égard, Monsieur **Maurel** éclaire le lecteur sur les différentes perspectives de l'intervention des super-héros en droit international. Prenant appui sur les aventures

28 *Top BD 37, Liens du Sang*, Semic, 1995 ; *X-men l'intégrale 1993 V*, Panini, 2019.
29 *Marvel Heroes Hors Série 17*, Panini, 2004.
30 *Spécial Strange 53*, Lug, 1987 ; *X-men l'intégrale 1985 II*, Panini, 2007.
31 M. Millar, *Superman Red Son*, Panini, 2005.

cinématographiques des *Avengers*, l'auteur constate que les super-héros violent de manière récurrente le droit international, sans que les États ne puissent souvent juridiquement ou matériellement s'y opposer. Il propose alors l'institutionnalisation d'une réponse multilatérale au niveau international, laquelle ne devrait pas, selon lui, passer par un contrôle des activités super-héroïques internationales par un comité *ad hoc* de l'ONU, mais par le Conseil de sécurité lui-même.

Dans le *Dictionnaire de la justice*, le professeur Colson définit le justicier « comme un redresseur de torts investi d'une mission morale exercée en marge des lois »[32]. Selon lui, « les comics anglo-saxons poussent à son paroxysme cette figure mythologique du justicier tout-puissant : incarnation vivante de la loi, mais entretenant une relation ambiguë au droit, le super-héros en lutte contre le crime n'hésite pas à neutraliser les magistrats qui entravent son action et à violer les règles de procédure les plus élémentaires ». La relation du super-héros à la notion de justice est analysée en profondeur par le professeur **Favro** qui interroge les liens de soumission et de concurrence entre l'État et les super-héros au regard de la quête du juste. Dans une contribution empreinte de réflexion philosophique, l'auteur livre une perspective renouvelée de la place laissée aux super-héros *Daredevil* et *Batman* par la société.

L'exercice privé de la justice et indépendamment de toute habilitation étatique constitue le cœur de la contribution de Monsieur **Defferrard** consacré à *Batman*. Régulièrement évoqué comme le super-héros le plus sombre du genre, le justicier de Gotham city fait preuve d'une conception très personnelle de la justice dans les films de Tim Burton, Christopher Nolan et même de Zack Snyder. Les comics-books véhiculent la même idée. L'idée de justice véhiculée par *Batman* dénote dès ses premiers pas dans *Batman Year one* de Frank Miller ; elle trouble *Superman* dans le *Dark Knight Return* du même auteur ; l'État policier qu'il a institué à Gotham est critiqué par les autres super-héros dans le *Kingdom Come* de Mark Waid ; son état psychologique est remis en cause par le lecteur dans le *Arkham Asylum* de Grant Morrisonn dans *The long Halloween* de Jeph Loeb, et dans le *Killing Joke* d'Alan Moore. M. Defferrard insiste en ce sens sur les risques encourus par les actions de Batman, tant la partialité de sa manière de rendre la justice que le risque d'abus de droit qui en résulte, laissant penser que la justice privée suivie par les super-héros s'avère fondamentalement incompatible avec l'État de droit.

Dans la même logique, Monsieur **Thierry** souligne le paradoxe à voir des super-héros agissant en parallèle de la loi ne travailler qu'à son respect. L'auteur souligne non seulement les multiples infractions à la loi pénale dont les super-héros sont à l'origine, mais également les difficultés procédurales à diligenter des procédures pénales à

32 R. Colson, « Justicier », dans L. Cadiet (dir.), *Dictionnaire de la justice*, PUF, 2004, p. 801.

l'encontre de contrevenants arrêtés par des super-héros, notamment au regard de l'illicéité de la preuve ou de la procédure mise en œuvre. Il dépeint en définitive une inadéquation de principe entre les fonctions des super-héros dans la société et le droit pénal. L'enrichissement mutuel entre réel et fictionnel est encore souligné par Monsieur **Laref** dans son analyse du rapport entre la preuve pénale et les super-héros. L'intéressé propose une étude particulièrement approfondie et détaillée de la recevabilité de la preuve pénale apportée par le super-héros, envisageant même l'incidence juridique de l'utilisation de super-pouvoirs.

Les poursuites pénales dirigées contre les super-héros sont également fréquentes dans la bande dessinée américaine. On relève à ce titre que le procès pénal est évidemment dirigé non contre le super-héros mais contre la personne physique qui se cache derrière son identité secrète. Seule celle-ci dispose de la personnalité juridique, le super-héros ne constituant le plus souvent qu'un costume. C'est ainsi que Hank Pym[33], Bruce Banner[34], Namor[35] ou encore Marc Spector (*Moon Knight*)[36] sont poursuivis devant des tribunaux américains ou étrangers. Dans le même sens, même les procès intergalactiques sont diligentés contre les super-héros au civil : Reed Richards[37], Jean Grey[38], Beta Ray Bill[39]. Envisagées dans une optique globale les activités collectives des super-héros et super-vilains pourraient tomber sous le coup de la qualification pénale de criminalité organisée. Monsieur **Benillouche** passe ainsi au crible de son œil de spécialiste de la matière plusieurs films de super-héros récents et propose un exercice de style.

Enfin, Monsieur **Bronzo** s'intéresse aux conséquences des actions super-héros en termes de responsabilité. Passant leurs activités au crible des causes d'engagement de la responsabilité civile (faute, fait des choses, fait d'autrui), l'auteur pose les jalons d'une théorie générale de la responsabilité super-héroïque à construire.

En définitive, on laissera le lecteur déterminer si les super-héros et le Droit font bon ménage. Ils auront toutefois, sans conteste, constitué un objet d'étude aussi novateur que captivant.

---

33 *Ombrax saga 244*, Lug, 1986.
34 *Ultimates 17*, Panini, 2005 ; *Marvel Deluxe Ultimates 2*, Panini, 2009.
35 *Strange* 267, Semic, 1992 ; Namor n'a pas d'identité secrète ; cet épisode donne lieu à la situation délicate dans laquelle Thor, dieu nordique, est amené à jurer sur la Bible de dire toute la vérité...
36 *Moon Knight 8*, Semic, 1991.
37 *Nova 117*, Lug, 1987.
38 *X-men 15*, Panini, 2014.
39 *Thor 31*, Semic, 1993, Beta Ray Bill n'a pas non plus d'identité secrète.

I- La place du super-héros dans la société

L'identité des super-héros

Jeoffrey SABBAH
Docteur en droit de l'Université de Strasbourg

Il n'est de société sans héros ! Quels que soient l'époque et le pays, chaque population a besoin de s'abriter sous la cape d'une personne unique, ayant le sens des valeurs et le besoin de se sacrifier pour le bien des autres. Alors que la France médiévale s'abritait sous l'épée de la légendaire Jeanne d'Arc, le *Far West* américain conquérait l'Ouest sous les balles de la célèbre Calamity Jane. Plus récemment, Alek Skarlatos, Spencer Stone et Chris Norman, ont été récompensés et reçus en héros, par François Hollande, puis Barak Obama pour leur bravoure dans l'attentat manqué du Thalys.

Il n'est donc pas si compliqué de devenir un héros : il suffit de se distinguer par sa bravoure et ses mérites exceptionnels[1]. Pour autant, il existe une catégorie de personnes qui dépassent, par leurs caractéristiques spécifiques, les simples héros. Tantôt demi-dieu, tantôt venant d'une autre planète, adolescent touché par l'évolution génétique et parfois même modeste milliardaire dont l'excentricité l'a vêtu du dernier gadget à la mode, le super-héros n'est plus une simple personnalité de guerre. Il sauve les vies avec style et élégance et représente par ses éléments distinctifs physiques et psychiques toute une société et un grand nombre de générations. Comment ne pas rattacher la ville de New York à *Spiderman*, la résistance américaine à *Captain America* ou encore l'impartialité de la justice à *Daredevil* ? Au demeurant, les super-héros sont bien plus qu'une fiction, ils transcendent l'humain et sont de véritables symboles : ils véhiculent les idéologies des sociétés modernes.

Toutefois, pour ceux dont l'ambition est d'entrer chez les vengeurs ou dans la ligue des justiciers, cela n'est pas suffisant. Faire le bien n'est qu'accessoire ! Devenir un

1 Définition empruntée dans le dictionnaire Larousse en ligne, disponible à l'adresse : http://www.larousse.fr/dictionnaires/francais/_h%C3%A9ros_h%C3%A9ro%C3%AFne/39721

super-héros nécessite, au même titre qu'une marque, une distinctivité intrinsèque[2], un nombre d'éléments suffisamment distinctifs pour que la personne cachée derrière le masque ne soit pas un simple acteur, mais bel et bien un chevalier des temps modernes, car oui, l'habit fait le moine ! Aussi le super-héros doit-il avoir en plus de ses incroyables capacités un costume lui conférant une double identité. C'est là toute l'ambiguïté de la tenue de justicier : mieux se cacher pour être reconnaissable !

Le super-héros ne porte pas une, mais plusieurs capes. C'est un justicier soumis comme tous au droit pénal et responsable de chacun de ses actes. Il est également un artiste protégé par sa super armure, mais aussi par le droit de la propriété intellectuelle. N'oublions pas, cependant, qu'il est avant tout une personne. C'est sous cet angle-là que portera notre réflexion. Le super-héros s'étudiera en tant que personne et non en tant que personnage de fiction. Dans ces conditions, chacun de ses éléments distinctifs lui conférant son identité si particulière, devrait se protéger à travers le prisme des droits de la personnalité[3].

Il convient alors de s'interroger sur la manière dont le droit devrait appréhender l'identité des super-héros, s'ils agissaient effectivement dans notre univers. Celle-ci ne peut se comprendre de la même façon qu'une identité classique, d'une part, parce que le super-héros possède des capacités hors normes que lui seul détient, d'autre part, parce qu'il ne lui est pas attribué d'état civil, en tant que super-héros. Qui de Bruce Wayne ou de *Batman* est le véritable super-héros ? Qui des deux est responsable devant la justice des dégâts causés par ses actes de bravoure ? Qui de Peter Parker ou de *Spider-man* donne son consentement au *Daily Bugle*, afin que celui-ci publie des photographies de l'homme-araignée ?

Pour répondre à cela, il est nécessaire de rappeler que l'identité a, par sa fonction sociale, une double utilité : elle est nécessaire à autrui puisqu'elle assure de manière stable son intégration dans la société auprès de ses pairs, mais elle est également indispensable pour soi puisqu'elle donne à chacun le sentiment d'être[4]. Ces éléments doivent

2 J. Azema, J.-C. Galloux, *Droit de la propriété industrielle*, Dalloz, 8e éd. 2017, 1609, p. 1032 ; Y. Basire, *Les fonctions de la marque – Essai sur la cohérence du régime juridique d'un signe distinctif*, LexisNexis, 2015, 108, p. 94 ; N. Binctin, *Droit de la propriété intellectuelle – droit d'auteur, brevet, droits voisins, marque, dessins et modèles*, LGDJ, 4e éd. 2014, 844, p. 533 ; A. Bouvel, *Principe de spécialité et signe distinctif*, Litec, 2004, 183, p. 92 ; J. Passa, *Traité de droit de la propriété industrielle*, t. 1, LGDJ, 2e éd. 2009, 87, p. 99.

3 F. Bellivier, *Droit des personnes*, LGDJ, 2015, 110, p. 113 ; J.-M. Bruguière, B. Gleize, *Droit de la personnalité*, Ellipses, 2015, 12, p. 16 ; J.-M. Bruguière, « Dans la famille des droits de la personnalité, je voudrais... », *D.* 2011, 10, p. 28. ; A. Zabalza, « Philosophie juridique des droits de la personnalité », dans J.-C. Saint-Pau (dir.), *Traité des droits de la personnalité*, LexisNexis, 2013, 69, p. 40.

4 F. Bellivier, *op. cit.*, 47, p. 65 ; J.-M. Bruguière, B. Gleize, *op. cit.*, 28, p. 28 ; D. Gutmann, *Le sentiment d'identité – étude de droit des personnes et de la famille*, 2000, LGDJ, 14, p. 15 ; A.-M. Leroyer, « La notion d'état

être pris en compte pour comprendre la manière dont le droit doit prévoir l'individualisation des super-héros : lorsque leur identité civile est connue (**I**), selon qu'elle soit volontairement communiquée ou selon que sa révélation soit imposée, mais également lorsque l'identité de l'individu sous le costume reste secrète (**II**).

I – L'identité dévoilée du super-héros

Le thème de l'identité des super-héros est régulièrement évoqué dans les comics. La fiction la plus connue en la matière est le « *cross-over* » *Civil War* paru en France en 2007[5], dans lequel la promulgation d'une nouvelle loi oblige les super-héros à révéler leur véritable identité sous peine d'être envoyés en prison dans la zone neutre. Les deux protagonistes se livrent bataille : *Iron Man* est favorable à cette nouvelle loi, contrairement à *Captain America* qui la rejette. Ces deux super-héros ne sont qu'indirectement concernés par cette loi parce qu'ils ont décidé de révéler publiquement leur véritable identité. Cette dernière, pour tous les super-héros dans le même cas, ne peut correspondre qu'à l'identité civile classique (**A**). Néanmoins, cette dernière n'est pas suffisante (**B**), elle ne protège pas, par exemple, les particularités génétiques du *Professeur Xavier*, ni même celles de tous les super-héros contraints de la déclarer.

A. L'identité classique appliquée au super-héros recensé

En admettant que la loi de recensement des super-humains soit adoptée, les seuls pouvant assouvir leur dépendance à « casser du vilain » seraient, si l'on en suit le *comics*, considérés comme des agents publics soumis à la levée de l'anonymat. Dans cette hypothèse, ils auraient l'obligation de révéler aux autorités compétentes leur identité civile. Cette dernière se compose des éléments distinctifs classiques de l'identité des personnes. Le super-héros devrait alors déclarer auprès des institutions les éléments composant l'état de sa personne : c'est-à-dire le nom dont il a hérité par le mécanisme de la filiation et non pas son pseudonyme de super-héros ; son domicile nécessaire à l'ensemble des démarches administratives auxquelles il sera soumis et, enfin, les actes de l'état civil destinés à fournir la preuve de son existence et de ses particularismes. Pour autant, cette identité est avant tout un instrument de police civile dont le but est le contrôle de l'activité de celui qui se déclare. On s'éloigne largement de la fonction

des personnes », dans *Ruptures, mouvements et continuité du droit* – Autour de Michelle Gobert, Economica, 2004, 29, p. 272 ; A. Marais, *Droit des personnes*, Dalloz, 3e éd. 2018, 98, p. 73 ; J.-M. Plazy, « Le droit au nom » dans J.-C. Saint-Pau (dir.), *Traité – Droit de la personnalité*, 734, p. 471 ; F. Terré, D. Fenouillet, *Droit civil – les personnes, Personnalité-incapacité-Protection*, Dalloz 8e éd. 2012, 199, p. 199 ; F. Vasseur-Lambry, « L'identité de la personne humaine », *LPA* 2004, n° 91, p. 5.

5 M. Millar, *Civil War*, Marvel Comics, 2007.

principale de l'identité qui est avant tout de garantir une individualisation stable à la personne, pour que celle-ci puisse établir des relations juridiques avec l'État ou avec ses semblables, mais surtout pour qu'elle puisse s'insérer de manière cohérente dans la société. Cette levée de l'anonymat est aujourd'hui loin d'être un problème fictif ne concernant que l'univers des comics. Rappelons brièvement l'article 1er de la loi du 11 octobre 2010[6] interdisant la dissimulation du visage dans l'espace public[7], selon lequel : « Nul ne peut, dans l'espace public, porter une tenue destinée à dissimuler son visage ». Cela se justifie dans la mesure où la révélation du visage vise, comme l'affirme la CEDH le 1er juillet 2014[8] dans son arrêt S.A.S. c. France, « à garantir les conditions du vivre ensemble »[9].

Une telle identité ne remplit pas non plus sa seconde fonction : offrir au super-héros le sentiment d'être une personnalité unique. Elle doit donc protéger chacun de ses attributs, éléments distinctifs de sa personnalité.

B. L'insuffisance de l'identité classique

Si l'intérêt de dépasser l'identité classique et d'octroyer au super-héros une « super identité » ne semble pas évident, les membres des *Quatre Fantastiques* illustrent parfaitement sa nécessité. Chacun des fantastiques, bien qu'appartenant au même groupe, voire à la même famille, est porteur d'une particularité rare le distinguant des autres. Alors que le Professeur Ben Grimm *alias la Chose* possède une super force et un corps en roche, son meilleur ami le Professeur Red Richard *alias Mr Fantastic* est à l'opposé, c'est-à-dire constitué d'un corps élastique. Ces éléments distinctifs particuliers constituent des attributs de la personnalité, au même titre que le nom ou les éléments de l'état civil, puisqu'ils définissent la singularité des super-héros les possédant. Deux solutions s'offrent alors au droit pour prendre en compte ces attributs comme éléments de l'identité des super-héros. Celle qui paraît la plus évidente consiste à utiliser les techniques de biométrie. Il s'agit d'un ensemble de procédés qui identifie une personne à partir des mesures de l'une ou de plusieurs de ses caractéristiques

6 Loi n° 2010-1192 du 11 octobre 2010 interdisant la dissimulation du visage dans l'espace public (1) JORF n° 0237 du 12 octobre 2010 p. 18344.

7 F. Bellivier, *op. cit.*, 101, p. 105 ; A. Marais, *op. cit.*, 98, p. 73.

8 CEDH 1er juillet 2014, affaire S.A.S. c. France, req. n° 43835/11.

9 § 157. En conséquence, notamment au regard de l'ampleur de la marge d'appréciation dont disposait l'État défendeur en l'espèce, la Cour conclut que l'interdiction que pose la loi du 11 octobre 2010 peut passer pour proportionnée au but poursuivi, à savoir la préservation des conditions du « vivre ensemble » en tant qu'élément de la « protection des droits et libertés d'autrui ».

physiques ou physiologiques[10] spécifiques[11]. La biométrie permet également de mesurer des caractéristiques comportementales comme les variations du timbre de la voix[12]. Chaque super-héros, enregistrera ses empreintes digitales, mais également ses spécificités corporelles notables comme l'élasticité de son corps, la présence d'adamentium sur son squelette ou encore une pigmentation anormalement bleutée de la peau. À l'instar des cartes nationales d'identité biométrique déjà existantes[13], chaque élément biométrique déclaré serait alors conservé sous forme numérique dans un « mégafichier » central consultable uniquement par les autorités compétentes et serait également présent sur leur carte de super-héros[14]. Néanmoins, différents obstacles se dressent devant les techniques biométriques. Il semble, par exemple, plus que complexe d'organiser une grille de lecture cohérente des éléments biométriques au vu de leur infinie diversité. De même, il est impossible d'appliquer les techniques biométriques au super-héros métamorphes comme pour *Martian Manhunter* capable de modifier à sa guise sa forme corporelle.

La seconde solution – la plus sûre à n'en pas douter – est de considérer les gènes comme attributs d'identité. L'étude du corps dans son infiniment petit, et plus

---

10 Le terme de biométrie associe d'ailleurs ces deux notions : *bios* signifiant le vivant et *metron* la mesure.

11 C. Castets-Renard, *Droit de l'internet : droit français et européen*, Montchrestien, 2012, 150, p. 52 ; X. Crettiez, « La biométrisation des documents d'identité », dans *Du papier à la biométrie : identifier les individus*/[colloque organisé par le CARPO (dir. X. Crettiez, P. Piazza), Paris, Sciences po, 2006, p. 269 ; G. Desgens-Pasanau, E. Freyssinet, « L'identité à l'ère numérique », *Presaje Dalloz*, 2009, p. 15 ; C. Feral-Schuhl, *Cyberdroit – le droit à l'épreuve de l'Internet*, Dalloz, 6e éd. 2010, 27.09, p. 172 ; L. Grynbaum, C. Le Goffic, L. Morlet-Haïdara, *Droit des activités numériques*, Dalloz, 1re éd. 2014, 1148, p. 8-35 ; N. Mallet-Poujol, *Traçage électronique et libertés*, La documentation française, 2006, p. 13 ; C. Strugala, « Développement de la biométrie et droit au respect de la vie privée : un droit lacunaire » dans A. Ceyhan, P. Piazza (dir.), *L'identification biométrique – champs, acteurs, enjeux et controverses*, Éditions de la MSH, 2011, p. 275 ; A. Türk, *La vie privée en péril – des citoyens sous contrôle*, Odile Jacob, 2011, p. 29 ; A. Ceyhan, « La biométrie : une technologie pour gérer les incertitudes de la modernité contemporaine », *Les cahiers de la sécurité*, 2005, n° 56, p. 61 ; L. Dauxerre, « Le corps, carte d'identité du salarié », *JCP-S* 2008, n° 46, p. 1578 ; A. Etzioni, « Big Brother ou Big Benefits ? Identification biométrique », *Les cahiers de la sécurité*, 2005, n° 56, p. 9 ; J.-C. Galloux, H. Gaumont-Prat, « Droit et liberté corporelle, fév. 2008 – déc. 2009 », *D.* 2010, n° 10, p. 604 ; J.C. Galloux, H. Gaumont-Prat, « Droit et liberté corporelle, fév. 2012 », *D.* 2012, p. 308 ; C. Guerrier, « Les cartes d'identités et la biométrie : l'enjeu sécuritaire », Comm. com. élect., mai 2004, étude 13.

12 A. Türk, « La biométrie vue par la CNIL et le G29 », dans A. Ceyhan, P. Piazza (dir.), *op. cit.*, p. 260 ; C. Castets-Renard, *op. cit.*, p. 52 ; G. Desgens-Pasanau, « Biométrie Bilan 10 ans après la réforme de la loi 1978 », *Expertise*, avril 2015, p. 140.

13 C. Douay, « L'identité personnelle dans la civilisation de réseau », *D.* 2007, p. 2623 ; C. Guerrier, « La CNI biométrique française : entre préservation de l'identité et protection des libertés individuelles », *RLDI* 2012, n° 82, p. 61.

14 L. Grynbaum, C. Le Goffic, L. Morlet-Haïdara, *op. cit.*, 1151, p. 837 ; V. Tchen, « Les ambiguïtés de la lutte contre la fraude identitaire. – À propos de la loi du 27 mars 2012 », *JCP G* 2012, n° 15, 435 ; M. Trezeguet, « Cadre légal de la carte d'identité biométrique, mais inconstitutionnalité du fichier central commun et de la puce « signature électronique », *RLDI*, 2012, n° 83, p. 47-49.

particulièrement les recherches relatives aux gènes, ont permis de mieux cerner ce en quoi chaque individu – à l'exception des jumeaux monozygotes[15] – est singulier. L'empreinte génétique permet d'identifier de manière précise un individu[16] parce qu'elle est comparable à un code informatique immuable détenu par une seule et unique personne. Il est facile de comparer ses qualités à celles de l'état civil[17]. En effet, les indications contenues dans l'état civil sont choisies pour leur stabilité juridique parce que cela offre au sujet concerné un sentiment d'identité : l'impression d'être le même malgré l'écoulement du temps[18]. Or, l'empreinte génétique suit la même règle. Elle reste inchangée, peu importe l'âge de la personne. Elle est même plus exigeante que l'état civil, puisque s'il est possible de modifier certaines mentions figurant dans les registres sous conditions, il est en revanche génétiquement impossible de changer son empreinte. Peu importe la forme prise par la polymorphe *Mystique*, son ADN reste le même et ne peut tromper les instruments le déchiffrant.

Ces propositions ne sont pas sans danger. Comme nous l'apprend la CEDH dans l'arrêt s. et Marper c. RU[19] du 4 décembre 2008 la collecte et la conservation d'informations biométriques ou génétiques, d'une part, sont qualifiables de traitement de données à caractère personnel, d'autre part, risquent de violer le droit au respect à la vie privée. Aussi le gouvernement voulant mettre en place de telles mesures aura l'obligation de justifier son ingérence dans la vie privée du super-héros[20]. Dans *Civil War* cette immixtion est motivée par une raison de sécurité publique. Recenser l'identité des super-héros permettrait d'en faire des fonctionnaires et de les former « à combattre » afin d'éviter un second incident comme à Stamfort causant 600 victimes, dont 60 enfants[21].

15 Autrement appelés « vrais » jumeaux.

16 A. Batteur, *Droit des personnes, des familles et des majeurs protégés*, LGDJ, 8e éd. 2015, 143, p. 71 ; J. Carbonnier, *Droit civil – Introduction, les personnes, la famille, l'enfant, le couple*, PUF, volume I, 2004, 456, p. 965 ; J. Pousson-Petit, « Empreintes génétiques et filiation : les discordances et les incohérences juridiques », dans J. Pousson-Petit (dir.), *L'identité de la personne humaine*, Bruylant, 2002, p. 431.

17 Sur l'impact de l'état civil quant à la réalité génétique voir A. Cermolacce, « L'incidence des origines génétiques dans l'état civil » dans P. Bloch, V. Depadt-Sebag (dir.), *L'identité génétique de la personne : entre transparence et opacité*, Dalloz, 2007, 6, p. 94.

18 Lire à ce propos D. Gutmann, *op. cit.*

19 CEDH, 4 déc. 2008, affaire S. et MARPER c. Royaume-Uni, Req. n° 30562/04 et 30566/04.

20 § 101. Une ingérence est considérée comme « nécessaire dans une société démocratique » pour atteindre un but légitime si elle répond à un « besoin social impérieux » et, en particulier, si elle est proportionnée au but légitime poursuivi et si les motifs invoqués par les autorités nationales pour la justifier apparaissent « pertinents et suffisants ».

21 Voir M. Millar, *Civil War*, Marvel Comics, 2007, tome 1.

Nous venons d'étudier la manière dont le droit pouvait appréhender l'identité des super-héros recensés ou ne cachant pas leur véritable identité. Il est à présent temps d'envisager celle où ils ne restent identifiables que par le biais de leur costume.

II – L'identité du super-héros costumé

Il est une hypothèse où le super-héros ne dévoile pas l'identité de l'individu sous le masque. Son identité se perçoit alors grâce au costume qu'il se confectionne et au pseudonyme qu'il se choisit, avatar de sa super personnalité (**A**), mais également à travers le groupe de justiciers auquel il peut appartenir (**B**).

A. L'identité sublimée

La grande majorité des super-héros masquent leur véritable identité. Cet anonymat est nécessaire parce qu'ils protègent ainsi leur famille et leurs proches, mais également parce que cela leur permet d'agir librement, en dehors de toute autorité publique et sans se préoccuper de la légalité de leurs actes[22]. Au-delà de ses aspects, il est indéniable que le costume est constitutif du super-héros et de son identité[23]. Chaque super-héros confectionne sa tenue selon ses capacités et sa personnalité. Il se crée un véritable avatar dont le but est de rendre apparente sa vision de la justice tout en se distinguant de ses pairs. « C'est l'araignée ! » crieront les bandits effrayés par le filet de la justice. De la sorte, le super-héros se distingue des forces de l'ordre et se rend identifiable aux yeux de tous. « *I think I have super-heros stalker* »[24] dit Mary Jean Watson après avoir été sauvée par *Spider-man*[25] ! Il est donc essentiel que cette identité soit protégée. Comment protéger une identité « anonyme » ? La solution se trouve dans la réplique du *Faucon* lorsque celui-ci se plaint, après s'être fait confisquer sa tenue, que celle-ci soit désignée sous le nom de « costume d'oiseau ». Design, logo et gadget : il s'agit de costumes évolués protégeables par le droit de la propriété intellectuelle. Intéressons-nous uniquement au costume en tant que tel, en dehors de ses fonctions particulières permettant au super-héros de pouvoir user librement de ses capacités. Pourrait-on considérer le costume comme une œuvre et le protéger par les droits d'auteur ? À la lecture de l'article L. 112-2

---

22 Captain America affirme que les dégâts causés lors des interventions spontanées des Vengeurs est un mal nécessaire pour rendre le monde meilleur.

23 Jeffzewanderer, « Pourquoi les super-héros portent-ils ces costumes ? », disponible à l'URL : http://comictalk.fr/les-super-heros-portent-ces-costumes/ ; Kilowog, « Derrière le masque, l'identité secrète des super-héros », disponible à l'URL : http://www.gforgeek.fr/Article/Derriere-le-masque-l-identite-secrete-des-super-heros.

24 « Je crois que j'ai un super-héros à mes trousses » dans la version française.

25 Extrait du film *Spider-man* de Sam Raimi (2002).

du Code de la propriété intellectuelle[26], les costumes semblent typologiquement appartenir à la catégorie des œuvres protégeables. Il faut encore vérifier que le costume du super-héros réponde aux conditions pour accéder au statut d'œuvre protégée par les droits d'auteurs. Il doit d'abord être original[27], c'est-à-dire, selon une formulation récurrente des juges[28], marqué de « l'empreinte de la personnalité » de son auteur. Cette condition est largement remplie. Le super-héros crée un costume sur mesure correspondant à sa personnalité. Sa création ne peut être banale puisqu'elle dépend de ses capacités uniques et de l'image qu'il tend à communiquer. L'idée du costume doit ensuite être mise en forme[29]. Cette condition est également respectée puisque le super-héros n'agit que costumé. On se rappelle d'ailleurs les nombreuses fois où *Spiderman* prend son temps pour coudre et améliorer sa tenue. Enfin, le costume n'a pas besoin d'être artistiquement beau. Une œuvre, si tant est qu'elle soit originale, se doit d'être protégée, et ce, indépendamment de son mérite[30]. *Superman* et *Aquaman* se réjouiront

---

26 « Sont considérés notamment comme œuvres de l'esprit au sens du présent code :
1° Les livres, brochures et autres écrits littéraires, artistiques et scientifiques ;
2° Les conférences, allocutions, sermons, plaidoiries et autres œuvres de même nature ;
3° Les œuvres dramatiques ou dramatico-musicales ;
4° Les œuvres chorégraphiques, les numéros et tours de cirque, les pantomimes, dont la mise en œuvre est fixée par écrit ou autrement ;
5° Les compositions musicales avec ou sans paroles ;
6° Les œuvres cinématographiques et autres œuvres consistant dans des séquences animées d'images, sonorisées ou non, dénommées ensemble œuvres audiovisuelles ;
7° Les œuvres de dessin, de peinture, d'architecture, de sculpture, de gravure, de lithographie ;
8° Les œuvres graphiques et typographiques ;
9° Les œuvres photographiques et celles réalisées à l'aide de techniques analogues à la photographie ;
10° Les œuvres des arts appliqués ;
11° Les illustrations, les cartes géographiques ;
12° Les plans, croquis et ouvrages plastiques relatifs à la géographie, à la topographie, à l'architecture et aux sciences ;
13° Les logiciels, y compris le matériel de conception préparatoire ;
14° Les créations des industries saisonnières de l'habillement et de la parure. Sont réputées industries saisonnières de l'habillement et de la parure les industries qui, en raison des exigences de la mode, renouvellent fréquemment la forme de leurs produits, et notamment la couture, la fourrure, la lingerie, la broderie, la mode, la chaussure, la ganterie, la maroquinerie, la fabrique de tissus de haute nouveauté ou spéciaux à la haute couture, les productions des paruriers et des bottiers et les fabriques de tissus d'ameublement ».

27 Y. Basire, C. Le Goffic, *L'essentiel du droit de la propriété littéraire et artistique*, Gualino, 2018, p. 32 ; C. Caron, *Droit d'auteur et droits voisins*, LexisNexis, 4e éd. 2009, 80, p. 68 ; P.-Y. Gauthier, *Propriété littéraire et artistique*, PUF, 9e éd. 2015, 34, p. 48 ; F. Pollaud-Dulian, *Propriété intellectuelle – les droits d'auteurs*, Economica, 2e éd. 2014, 167, p. 156 ; M. Vivant, J.-M. Bruguière, *Droit d'auteur et droits voisins*, Dalloz, 2e éd. 2013, 247, p. 232.

28 Paris, 1er ch., 1er avril 1957 ; Cass. Civ. 1er, 13 novembre 2008, pourvoi 06-19.021 ; Cass. Civ. 1er, 15 mai 2015, pourvoi 13-27.391.

29 C. Caron, *op. cit.*, 60, p. 61 ; P.-Y. Gauthier, *op. cit.*, 38, p. 51 ; F. Pollaud-Dulian, *op. cit.*, 126, p. 120.

30 Y. Basire, C. Le Goffic, *op. cit.*, p. 31 ; C. Caron, *op. cit.*, 103, p. 90 ; P.-Y. Gauthier, *op. cit.*, 49, p. 61 ; F. Pollaud-Dulian, *op. cit.*, 177, p. 194 ; M. Vivant, J.-M. Bruguière, *op. cit.*, 242, p. 228.

très certainement de cette condition... Il faut enfin noter que l'anonymat du porteur de costume ne pose pas de problème particulier puisque la combinaison des articles L. 111-1, L. 113-6 et L. 121-1 du Code de la propriété intellectuelle admet que l'auteur d'une œuvre anonyme jouit de la totalité des droits d'auteurs sur celle-ci[31].

Le super-héros se distingue également par le choix de son pseudonyme. Il s'agit d'un véritable nom d'artiste pour celui qui rend la justice à la manière d'un acteur hollywoodien auquel il est demandé pour le tournage d'un film de se laisser pousser la barbe et d'enfiler une combinaison de cuir noir et jaune. Le choix du pseudonyme est libre bien que strictement encadré par la loi[32]. C'est un nom de fantaisie que chaque citoyen a la faculté d'adopter afin de masquer au public sa véritable personnalité pour exercer une activité particulière, comme l'a affirmé la Cour de cassation dans un arrêt du 23 février 1965[33]. Le pseudonyme identifie donc une parcelle de personnalité volontairement montrée par son titulaire[34]. Peter Parker s'appelle *Spiderman* parce qu'il souhaite mettre en avant ses points communs avec les araignées. Bien que le pseudonyme soit un élément public de l'identité, la révélation de la véritable identité de son titulaire serait qualifiable d'atteinte à son droit à la vie privée[35]. Nous devons donc mettre en garde le *Joker* toujours aussi impatient d'ôter son masque à *Batman*[36]. Enfin, le pseudonyme bénéficie d'une protection patrimoniale et extrapatrimoniale[37]. Comme l'a constaté la Cour d'appel de Paris dans un arrêt du 15 septembre 1999[38], il devient un attribut de la personnalité et est protégeable à l'égal du nom patronymique contre toute usurpation, dès lors qu'il fait l'objet d'un usage notoire et prolongé parce qu'il s'incorpore dans la personne de son titulaire. La notoriété de son pseudonyme devient telle que sa personnalité civile est absorbée par sa personnalité spéciale[39]. Cela correspond bien à la situation des super-héros. Le pseudonyme est également protégeable en tant qu'objet d'un droit de

31 Notons toutefois que le droit moral de l'auteur est considéré par la doctrine comme un droit de la extra-patrimonial. Voir à ce propos J.-M. Bruguiere, préc. ; C. Caron, *Droit d'auteur et droit voisin*, LexisNexis, 4e éd. 2015, 250, p. 219 ; P.-Y. Gautier, *op. cit.*, 189, p. 200 ; A. Lucas, H.-J. Lucas, A. Lucas-Schloetter, *op. cit.*, 498, p. 435 ; G. Marty, P. Raynaud, *Les personnes*, tome I, 2e volume, 2e éd. 1967, Sirey, 7, p. 13 ; R. Nerson, *Les droits extrapatrimoniaux*, thèse 1939 ; F. Pollaud-Dulian, *op. cit.*, 2014, 723, p. 547 ; F. Pollaud-Dulian, « Droit moral et droits de la personnalité », *JCP G*, 1994, I, 3780.

32 Y. Basire, *op. cit.*, 466, p. 390 ; B. Beignier, J.-R. Binet, *Droit des personnes et de la famille*, LGDJ, 2e éd. 2015, 221, p. 76 ; F. Bellivier, *op. cit.*, 103, p. 106 ; J. Carbonnier, *op. cit.*, 38, p. 78 ; A. Marais, *op. cit.*, 126, p. 91 ; M. Plazy, *op. cit.*, 798, p. 498 ; F. Terré, D. Fenouillet, *op. cit.*, 195, p. 196.

33 Cass. com., 23 février 1965, *D.* 1965, p. 387, note F.B. ; *RTD civ*, 1966, obs. R. Nerson.

34 J.-M. Leloup, « Le pseudonyme », *RTD Civ.* 1963, p. 449.

35 J.-M. Bruguiere, B. Gleize, *op. cit.*, 166, p. 152.

36 Plus précisément dans la série animée de 1992.

37 Y. Basire, *op. cit.*, 469, p. 392 ; M. Plazy, *op. cit.*, 803, p. 500.

38 CA. Paris, 15 Septembre 1999.

39 Y. Basire, *op. cit.*, 469, p. 392 ; B. Beignier, J.-R. Binet, *Droit des personnes et de la famille*, LGDJ, 2e éd. 2015, 224, p. 77 ; J.-M. Leloup, *préc.* ; F. Terré, D. Fenouillet, *op. cit.*, 199, p. 199.

propriété intellectuelle dont le régime ne dépend plus du Code civil, mais plutôt des dispositions du Code de la propriété intellectuelle. Il se détache de la personne, pour ne présenter qu'un aspect que celle-ci veut mettre en avant – sauver des gens à la vitesse de l'éclair comme Flash. Il peut avoir une utilité professionnelle et entrer dans le patrimoine de son titulaire. Ce dernier acquiert un signe distinctif et peut, pour le protéger, le déposer au titre de marque[40] pour exploiter des produits ou services comme le prévoit l'article L. 711-1 du Code de la propriété intellectuelle[41].

Le costume est donc protégeable par les droits d'auteurs et le pseudonyme en tant que droit de la personnalité ou droit des marques. Néanmoins, ceux-ci ne sont pas les seuls éléments caractéristiques de l'identité du super-héros masqué.

B. L'identité de groupe

La Ligue des Justiciers, les Vengeurs, l'Escadron Suicide (*Suicide Squad*), les *X-Men* ou encore *Deadpool corps*... il est autant d'équipes que de super-héros. Chacune véhicule une idéologie particulière, chacune est dirigée par un super-héros dominant, chacune arbore des couleurs, une bannière et un logo le distinguant des autres. Ce rapport qu'a le justicier avec son clan est comparable à un lien de filiation puisqu'il lie l'individu à une ou plusieurs personnes du même groupe. On pourrait dès lors identifier le costume porté par Barry Allen comme *Flash* de la *Ligue de Justiciers*. Pour mieux comprendre cela, une étude comparée avec le droit japonais est nécessaire. Passons donc du Comics au Manga ! Le Japon est traditionnellement considéré comme une société dans laquelle la collectivité est prépondérante[42]. Ainsi que le souligne le Professeur Kitamura : « le fait est incontestable que les Japonais tendent à raisonner et à se décider toujours en tenant compte des circonstances extérieures et de la réaction éventuelle de leurs partenaires »[43]. L'appartenance à la communauté est primordiale et les sujets forment leur identité selon le milieu dans lequel ils s'incorporent. Cela se situe donc à l'opposé de

---

40 F. Bellivier, *op.cit.*, 103, p. 106 ; J. Carbonnier, *op. cit.*, 38, p. 78.

41 La marque de fabrique, de commerce ou de service est un signe susceptible de représentation graphique servant à distinguer les produits ou services d'une personne physique ou morale. Peuvent notamment constituer un tel signe :

a) Les dénominations sous toutes les formes telles que : mots, assemblages de mots, noms patronymiques et géographiques, pseudonymes, lettres, chiffres, sigles ;

b) Les signes sonores tels que : sons, phrases musicales ;

c) Les signes figuratifs tels que : dessins, étiquettes, cachets, lisières, reliefs, hologrammes, logos, images de synthèse ; les formes, notamment celles du produit ou de son conditionnement ou celles caractérisant un service ; les dispositions, combinaisons ou nuances de couleurs.

42 K. Sugimura, S. Mizokami, « Personal Identity in Japan » dans J.-S. Schwartz (éd.), *Identity Around the world. News direction for child and adolescent development*, 2012, 138, p. 123-143.

43 I. Kitamura, « Une esquisse psychanalytique de l'homme juridique au Japon », dans *Revue internationale de droit comparé*, vol. 39, oct-déc 1987, p. 781-824.

nos systèmes occidentaux qui privilégient l'identification individualiste de la personne. Le modèle japonais détermine l'identité de l'individu par son groupe ou « sa maison ». La notion de famille n'apparaît qu'avec l'adoption du Code Meiji rédigé en 1898 par les professeurs Tomii, Ume et Hozumi[44]. La famille est alors constituée par une *maison* qui regroupe toutes les personnes unies par un lien de sang et sa création est notifiée dans un « 壬申戸籍 » Jin shin koseki (casier familial), sorte de registre de l'état civil. La maison est dirigée selon le Code civil par un Chef de famille dont les fonctions d'entretien de ses subordonnés se transmettent selon l'hérédité masculine. À ce propos, on peut noter que dans le cas où aucun héritier masculin ne serait présent dans la maison, la fille aînée devient héritière parce que la continuité de la maison est de loin bien plus importante que le privilège de masculinité lui-même[45]. Cela démontre à quel point la collectivité dépasse l'individu qui ne peut s'identifier que par son groupe. Par la suite, l'ancien droit Meiji a été remplacé par la constitution du 3 novembre 1946 encore en vigueur aujourd'hui. Quasi imposé par les américains et inspiré de leur modèle, ce nouveau droit est incompatible avec l'ancien qui fut réformé le 22 décembre 1947. Le système des maisons est alors abrogé, mais reste néanmoins dans la conscience des autochtones[46]. Ainsi, le registre de l'état civil ne prend pas encore en compte l'individualisme, mais est organisé selon la cellule familiale se composant des parents et de leurs enfants mineurs, le *koseki-bo* (registre de l'état de la maison). Le système contemporain répertorie donc la famille nucléaire regroupée sous le même nom de famille occultant ainsi l'individu par le groupe. Cette conception d'identité de groupe impactée sur le droit civil nippon se justifie par la perception du « moi » japonais structuré de manière binaire. Le professeur Kitamura s'efforce d'expliquer cette construction identitaire. Son analyse[47] semble appropriée à notre démonstration. Aussi on s'essaiera à l'exposer le plus clairement possible. Pour lui, le sujet japonais s'identifie à travers un rapport humain avec une autre personne, par une relation « intime » dans leur expérience des choses. Cette relation est strictement fermée et exclut tout élément étranger. Elle est également non égalitaire, « verticale » imposant une hiérarchie maître/élève, parents/enfants... Le statut va déterminer le rôle et la personnalité des sujets. Ce binarisme omniprésent s'étend au milieu social et repose sur la pratique de la règle suivante :

44 Le premier code civil japonais date de 1890. Sa rédaction a été entreprise par Gustave Boissonade et influencée par le code civil français. Toutefois, il n'a jamais été appliqué. Les dirigeants de l'époque Meiji ont craint l'introduction d'une conception individualiste dans la famille japonaise caractérisant le code civil français.

45 I. Takizawa, « Quelques aspects du droit japonais de la famille », *Revue internationale de droit comparé*, vol. 42, juil.-sept. 1990, p. 915-940.

46 À ce propos V.-J. Pousson-petit, « L'identification du groupe familial au Japon », dans *L'identité de la personne humaine étude de droit français et de droit comparé*, Bruylant, 2002.

47 I. Kitamura, *op. cit.*, p. 781-824.

« Je dois faire ce à quoi tu t'attends de moi ». Le subordonné s'abaisse devant celui qu'il érige comme son maître, en échange de quoi celui-ci s'assure de ne jamais le laisser dans une position embarrassante ou humiliante. Ainsi, au sein de sa société, l'individu s'identifie selon le *koseki-bo* (registre de la maison) et par rapport à la place qu'il occupe dans l'*uchi* (la maison).

Revenons-en au comics et plus précisément aux *X-Men* : chacun des membres appartenant à ce groupe vit à l'Institut Xavier, dans lequel est établi un rapport de subordination entre les jeunes mutants et les super-héros expérimentés. Ces derniers enseignent l'art de faire le bien à la nouvelle génération, le maître du *Dojo* étant bien entendu le *Professeur X*. Les jeunes pensionnaires doivent obéir à leurs aînés en échange d'une protection contre les dangers du monde extérieur, apeurés par l'incontrôlable évolution génétique. Les quelques mutants ne respectant pas ces règles se marginalisent et fuient l'institut. Ils sont néanmoins rapidement rattrapés par ce besoin d'identité par rapport à l'autre, puisqu'ils finissent par rejoindre le camp de *Magneto*[48]. On peut donc affirmer qu'à la lumière du droit Japonais, le groupe auquel appartient le super-héros remplit les conditions nécessaires à en faire un attribut fort de son identité.

On voit donc toute la complexité d'une telle identité. Elle témoigne d'une certaine schizophrénie[49] des super-héros ne pouvant combattre que parce qu'ils se sont revêtus du costume, même s'ils ont révélé leur identité civile. Cette identité costumée est bien évidemment publique puisqu'elle a pour but de s'affirmer en tant que chevalier des temps modernes, mais elle effleure paradoxalement l'anonymat de son titulaire. Il est dès lors très complexe pour le droit d'en appréhender sa composition. Par conséquent, il faut se rattacher aux éléments les plus récurrents, comme l'existence de gènes particuliers ou l'utilisation obligatoire du costume, lesquels caractérisent les éléments distinctifs individualisant chacun des super-héros.

---

48 C'est le cas de Pyro dans *X-men 2* de Bryan Singer (2003).

49 Kilowog, « Derrière le masque, l'identité secrète des super-héros », disponible à l'URL : http://www.gforgeek.fr/Article/Derriere-le-masque-l-identite-secrete-des-super-heros.

Les super-héroïnes

Sophie ROSSIGNOL
Docteur en droit privé – droit social

Si de très nombreux films ont pour objet les super-héros, force est de constater que la place laissée aux héroïnes est longtemps demeurée moindre[1]. D'une part, rares sont les femmes à être le personnage central de ces films. En ce sens, depuis les années 2000, on ne peut citer que de rares exemples comme *Catwoman* (2004) ou encore *Elektra* (2005), qui furent des échecs commerciaux, en comparaison avec les productions de super-héros masculins[2]. Toutefois, cette tendance semble récemment s'inverser notamment avec des films tels que *Wonder Woman* (2017) ou *Captain Marvel* (2019). D'autre part, les femmes ont souvent une « fonction support » du super-héros masculin comme la *Veuve noire* pour *Iron Man* ou *Captain America* de l'univers Marvel[3].

Pourtant, la question de la place de la femme en tant qu'héroïne de films d'action se pose dès les années 1970[4]. Elle est depuis sans cesse renouvelée, attestant d'un changement social et de la recherche d'une « identité féminine » brisant les clichés et stéréotypes[5] – des films tels que *Captain Marvel* (2019) ou plus largement *Divergente* ou *Hunger Games* présentent des femmes indépendantes, fortes et moins érotisées qu'elles ne l'étaient jusque-là – ou, *a contrario*, les renforçant[6].

---

1 V. Hecquet, « Claude Forest (dir.), « Du héros au super-héros. Mutations cinématographiques », *Théorème*, 13 », *Questions de communication*, 20/2011, p. 432-434.

2 C. Mordelet, « Films de super-héros : où sont les femmes ? », *Le Monde*, 8 juin 2017 : https://www.lemonde.fr/cinema/article/2017/06/07/films-de-superheros-ou-sont-les-femmes_5140308_3476.html.

3 M.-C. Lipani Vaissade, « La révolte des personnages féminins de la bande dessinée francophone. Cartographie d'une émancipation de fraîche date », *Le Temps des médias*, 2009/1, n° 12, p. 152-162.

4 M.-C. Lipani Vaissade, préc. ; L. Giukin, « Patri(m)archies ? L'héroïne d'action dans le cinéma Hollywoodien », dans C. Forest (dir.), *Du héros aux super-héros. Mutations cinématographiques*, Presses Sorbonne Nouvelle (coll. « Théorème », 13), 2009, p. 73.

5 M.-C. Lipani Vaissade, préc. ; V. Bertho, « Introduction à une nouvelle ère de la série télévisée : Buffy contre les vampires, incarnation du pouvoir féminin ? », *Le Temps des médias*, 2009/1, n° 12, p. 174-186.

6 Voir en ce sens le personnage de *Harley Quinn* dans le film *Suicide Squad* de David Ayer (2016).

Outre la difficulté liée à leur genre, ces super-héroïnes subissent également le poids de tous les super-héros. Qu'elles soient des « surfemmes » comme *Jean Grey* des *X-men* ou des femmes ordinaires devenues extraordinaires de par les circonstances, à l'instar de *Batgirl*, leurs pouvoirs et compétences les conduisent à devoir trouver des remèdes aux maux de l'humanité[7]. Face à ce lourd fardeau, elles endurent de nombreuses souffrances, physiques et psychologiques, et le spectateur ou le lecteur s'attend à ce qu'elles les surmontent, laissant une moindre place à l'erreur. La super-héroïne doit se relever de toutes les difficultés qu'elle rencontre et assumer des choix lourds de conséquences, notamment quant à sa vie personnelle[8].

Ces femmes se retrouvent ainsi à l'intersectionnalité de plusieurs éléments susceptibles d'être stéréotypés (genre et mythe de la « surfemme »). Or, du stéréotype à la discrimination, la frontière est poreuse. Nous allons la parcourir (I) pour comprendre la situation particulière vécue par ces super-héroïnes (II).

I. Les stéréotypes vécus par les super-héroïnes, manifestation particulière de discrimination

Les bandes dessinées et les films de super-héros dépeignent une image stéréotypée de l'héroïne. Si d'autres disciplines scientifiques, par exemple la sociologie ou la littérature, se sont d'ores et déjà saisies de la place de ces femmes et de leur évolution, tel n'est pas le cas en Droit[9]. Pour y parvenir, il nous faut, dans un premier temps, étudier ce qu'est le stéréotype et mettre en évidence ses relations avec la notion de discrimination pour en faire un objet juridique (A). Dans un second temps, il convient de présenter des manifestations de discriminations qu'elles subissent et de souligner leurs particularismes (B).

A. Définition du stéréotype et relations avec la notion de discrimination

Les liens juridiques entre « stéréotype » et « discrimination » se devinent. Afin de les mettre en lumière, il convient d'en définir les contours et leur compréhension en droit

7 S. Boatto, « Du Surhomme à Superman. Évolution de la figure du héros dans le film d'action hollywoodien post-moderne », dans C. Forest (dir.), *Du héros aux super-héros. Mutations cinématographiques*, Presses Sorbonne Nouvelle (coll. « Théorème », 13), 2009, spé. p. 124 ; U. Eco, *De Superman au Surhomme*, Grasset, 1993.

8 S. Boatto, *préc.* ; V. Hecquet, « Claude Forest (dir.), « Du héros au super-héros. Mutations cinématographiques », *Théorème*, 13. », *Questions de communication*, 20/2011, p. 432-434.

9 C. Forest, *Du héros aux super-héros. Mutations cinématographiques*, Paris, Presses Sorbonne Nouvelle (coll. « Théorème », 13), 2009 ; L. Bilat, G. Haver, *Le héros était une femme : le genre de l'aventure*, Lausanne, Antipodes, 2011.

positif. Les travaux du Défenseur des droits ainsi que la doctrine sociologique seront des outils particulièrement instructifs.

Définition : Le stéréotype, en langage courant, peut être défini comme étant une « Idée, opinion toute faite, acceptée sans réflexion et répétée sans avoir été soumise à un examen critique, par une personne ou un groupe, et qui détermine, à un degré plus ou moins élevé, ses manières de penser, de sentir et d'agir »[10]. Selon le Défenseur des droits, « relevant de l'ordre du jugement, les stéréotypes se traduisent par des attitudes et des opinions simplifiées à l'extrême, souvent erronées et aboutissent à un ensemble de croyances portant sur les caractéristiques d'un groupe »[11]. Cela reviendrait, par exemple, à partir du postulat qu'une super-héroïne ne peut avoir les mêmes capacités physiques que son pendant masculin lorsqu'elle combat ou, encore, de penser que le film *Wonder Woman* (2017) apporte « un brin de douceur » dans un « univers de brutes » et ainsi associer la douceur aux femmes et la brutalité aux hommes[12].

Typologie. Le Défenseur des droits a proposé, dans le cadre de la mise en place d'une fiche thématique, une hiérarchie des stéréotypes reposant sur la gravité et le renforcement par la durée de ceux-ci[13].

La première strate de cette hiérarchie serait composée par la catégorisation des personnes. Cette dernière n'est pas une opération nouvelle et a fait l'objet de nombreuses contestations de par ses dérives[14]. Néanmoins, le Défenseur des droits considère que « la catégorisation est un mécanisme élémentaire et universel de la perception humaine, qui consiste à découper le monde environnant en catégories à partir de traits caractéristiques. Ce processus est automatique et involontaire : il permet d'identifier des groupes sociaux ou des individus, de se repérer et de se positionner dans la société »[15]. En ce sens, il a été déterminé plusieurs catégories de super-héros : les surhommes/surfemmes, les hommes/femmes ordinaires devenu(e)s extraordinaires[16] ou encore les non-humains

10 TLF, « Stéréotype ».

11 http://www.defenseurdesdroits.fr/sites/default/files/atoms/files/ddd_fic_stereotypes_prejuges.pdf.

12 J. Mandelbaum, « *Wonder Woman* : un brin de douceur dans univers superhéroïque », *Le Monde*, 07 juin 2017.

13 Voir en ce sens la hiérarchie des stéréotypes proposée par le Défenseur des droits : http://www.defenseurdesdroits.fr/sites/default/files/atoms/files/ddd_fic_stereotypes_prejuges.pdf.

14 Voir T. Brutmann, « Le "juif" comme catégorie juridique : les administrations et l'identification des Juifs sous Vichy », dans G. Aïdan, E. Debaets (dir.), *L'identité juridique de la personne humaine*, L'Harmattan (coll. « Logiques juridiques »), 2013, p. 125 s. , P. Fabre, « L'identité juridique des Juifs, des persécutions de Vichy à leur réparation », *op. cit.*, p. 139 s.

15 Voir en ce sens la fiche thématique : http://www.defenseurdesdroits.fr/sites/default/files/atoms/files/ddd_fic_stereotypes_prejuges.pdf.

16 U. Eco, *De Superman au Surhomme*, Paris, Grasset, 1993.

(*Wonder Woman*), les mutants (*Jean Grey*) et les humains entraînés ou suppléés par la technique (*la Veuve noire*)[17].

Le deuxième palier de la hiérarchie proposée par le Défenseur des droits comporterait les stéréotypes et préjugés. Notions présentes en pratique, il n'en existe pas de définition juridique. Par exemple, la loi n° 2014-873 du 4 août 2014 pour l'égalité réelle entre les femmes et les hommes mentionne le stéréotype, mais ne le définit pas. De même, la loi n° 2017-86 du 27 janvier 2017 relative à l'égalité et à la citoyenneté emploie le terme de « préjugé » en droit des médias, sans plus de précisions.

La troisième strate concernerait la stigmatisation et les stéréotypes discriminatoires. En ce sens, nous pouvons nous demander pourquoi la seule femme de l'équipe des *4 fantastiques*, Susan Storm, est celle dotée d'un pouvoir d'invisibilité, qui, dans les films, est prétexte à des scènes où elle apparaît déshabillée en public[18], alors que ses compagnons usent de leurs pouvoirs à des fins plus héroïques. L'image d'héroïne que renvoie Susan Storm est pétrie de clichés discriminatoires. Elle est celle d'une femme timide, invisible, en proie à des réflexions sur sa vie amoureuse, alors que Susan Storm est avant tout une scientifique spécialisée en génétique partie en mission dans l'espace. Or le film ne met pas en avant ses qualités intellectuelles, la cantonnant à un rôle de femme fragile.

Le quatrième niveau de la hiérarchie proposée par le Défenseur des droits comporterait les actes et comportements discriminatoires. En effet, le stéréotype peut se manifester en référence à un motif prohibé par l'article 1er de la loi n° 2008-496 du 27 mai 2008 portant diverses dispositions d'adaptation au droit communautaire dans le domaine de la lutte contre les discriminations. Dès lors, un stéréotype peut conduire à une discrimination[19]. Par exemple, si l'image de la mère au foyer et du père qui travaille à l'extérieur est en mutation[20], les stéréotypes et préjugés perdurent quant à la place passive du père au sein de la famille[21], thématique que l'on retrouve dans les

---

17 http://questionsdecommunication.revues.org/2228.

18 *Idem*.

19 Voir en ce sens : Soc. 10 novembre 2009, *D.* 2009, p. 345 ; *RDT* 2010, p. 169, obs. T. Aubert-Monpeyssen; *RJS* 2010, p. 14, n° 4 (Un employeur demande à son salarié Monsieur Mohamed X. de se faire prénommer Laurent). Voir également : J.-F. Amadieu, *Olivier, Gérard et Mohammed ont-ils les mêmes chances de faire carrière ? Une analyse des enquêtes emploi de l'INSEE*, Observatoire des discriminations, avril 2006.

20 Voir par exemple les études développées par l'Observatoire de la responsabilité sociétale des entreprises : ORSE, *Guide parentalité : promouvoir la parentalité auprès des salariés masculins*, Septembre 2008 ; ORSE, *Les pères dans la publicité. Une analyse des stéréotypes à l'œuvre*, Juin 2010 ; ORSE, *Le poids des normes dites masculines sur la vie professionnelle et personnelle d'hommes du monde de l'entreprise*, mai 2012.

21 Cour EDH, *Konstantin Markin c/ Russie*, 22 mars 2012, aff. 30078/06. D. Tharaud, « Le refus d'octroyer un congé parental au père : quand la Cour européenne des droits de l'Homme décide de pourfendre les

films de super-héros. Nous pensons particulièrement au film *Avengers : l'ère d'Ultron*. Clint Barton/*Œil-de-Faucon* rejoint son domicile familial où se trouvent sa femme enceinte et ses deux enfants, qu'il ne semble pas avoir vus depuis un certain temps.

Pour finir, la cinquième strate de cette hiérarchie, considérée par le Défenseur des droits comme étant la plus dangereuse, serait le racisme, le sexisme, la xénophobie et l'homophobie[22]. En ce sens, le film *Avengers* peut apparaître sexiste, car Nick Fury ne recrute qu'une seule femme, la *Veuve noire*, et cinq hommes (*Iron Man, Captain America, Hulk, Œil-de-faucon*, et *Thor*). Contrairement à ses camarades, la *Veuve noire* est souvent mise en avant pour ses formes féminines et joue de ses charmes pour réussir certaines missions, alors qu'elle est dotée de nombreuses compétences.

Si cette hiérarchisation peut refléter un certain positionnement du Défenseur des droits, elle permet néanmoins de prendre connaissance des différentes composantes de la notion de stéréotype. Elle permet également de souligner le lien juridique existant entre « stéréotype » et « discrimination ». En effet, le stéréotype serait une manifestation particulière de discrimination, fondé sur un motif prohibé par l'article 1er de la loi du 27 mai 2008 tel que le genre, l'apparence physique, l'orientation sexuelle ou la prétendue race et ethnie. Par exemple, dans la majorité des films, les super-héroïnes sont plus célébrées pour leur corps que pour leurs capacités intellectuelles ou physiques, véhiculant ainsi une image stéréotypée et discriminatoire de ce qu'est la féminité.

Les super-héroïnes subissent alors deux sortes de stéréotypes discriminatoires. L'un est lié à leur genre, l'autre à leur statut de super-héros.

---

stéréotypes », *RDSS* 2012, p. 1041 et s. Selon cet auteur, « La réelle nouveauté apportée par l'arrêt Konstantin Markin est que la Cour se sert pour la première fois de la notion de stéréotypes, précisément de stéréotypes de genre, comme élément fondateur de la découverte d'une discrimination insérée dans la loi. Cet intérêt est inédit : d'une part, dans le cadre de l'affaire puisque la chambre avait passé sous silence cet aspect, d'autre part, du point de vue de la jurisprudence traditionnelle de la Cour relative aux discriminations [...]. La question des stéréotypes a déjà été utilisée par les requérants (CEDH 11 juin 2002, Willis c/ Royaume-Uni), ou par la Cour, mais en dehors de la question des discriminations (CEDH, Gde ch., 15 mars 2012, Aksu c/ Turquie, uniquement au titre de l'art. 8) ».

22 Voir par exemple les propos homophobes du CPH de Paris du 23/09/15 (n° F 14/14901) : « le terme de "PD" employé par le manager ne peut être retenu comme propos homophobe car il est reconnu que les salons de coiffure emploient régulièrement des personnes homosexuelles, notamment dans les salons de coiffure féminins, sans que cela ne pose de problèmes ». Voir M. Peyronnet, « Prud'hommes : "PD" ne serait pas une insulte homophobe », *Dalloz actu.*, 15 avril 2016. Voir également l'interdiction du travail de nuit pour les femmes : P. Martin, « Droit social et discriminations sexuelles : à propos des discriminations générées par la loi », *Dr. soc.* 1996, p. 562 ; A. Supiot, « Principe d'égalité et limites du droit du travail en marge de l'arrêt *Stoeckel* », *Dr. soc.* 1992, p. 382. Voir en matière de convention collective et de travail des femmes : CJCE, 25 octobre 1988, *Commission c/ France*, aff. 312/86.

B. Les stéréotypes discriminatoires subis par les super-héroïnes

De prime abord, il convient de retracer brièvement les deux étapes de la construction du personnage de super-héroïne pour comprendre certaines des difficultés qu'elle traverse, et ce qui en fait une femme hors du commun.

La super-héroïne discriminée. À l'origine, les super-héros de bandes dessinées et de films s'adressent à un public masculin. En ce sens, Pierre Christin, auteur de la série *Valérian, agent spatio-temporel*, considère que la bande dessinée est « faite par de vieux petits garçons, pour de jeunes petits garçons », et qu'elle « n'a pas la réputation de faire la part belle aux femmes »[23]. D'ailleurs, il a fallu attendre 2007 pour que cette série soit rebaptisée *Valérian et Laureline*, nom de la compagne du premier, qui pourtant est elle-même un agent spatio-temporel. Il semblerait également que la majorité des producteurs de films considèrent encore que le public visé par les films de super-héros est essentiellement masculin. Cela les pousse à calibrer leurs produits en conséquence : les scènes de combat des personnages féminins mettent en évidence leur corps en action plutôt que leurs réelles capacités[24].

Ce n'est donc que plus tardivement que les créateurs de bandes dessinées et de *comics*[25] ont féminisé leurs ouvrages[26]. Il a fallu attendre les années 1940 pour voir apparaître les premiers personnages féminins, tels que *Fantomah, Scarlet O'Neil, la Veuve noire, Miss Fury*, et l'une des plus iconiques, *Wonder Woman*. Cependant, l'apparition d'héroïnes ne s'est pas faite sans difficulté. Elles sont régulièrement le pendant féminin d'un héros masculin (Superman/Supergirl, Batman/Batgirl)[27]. De plus, si elles sont intelligentes, ont des capacités physiques et des pouvoirs, elles sont constamment comparées aux héros masculins et la notion de féminité y est caricaturée[28]. En ce sens, Madame Lenuta Giukin, reprenant les propos de la psychanalyste Joan Rivière, remarque que « toute intrusion des femmes dans le monde des hommes a lieu à travers une mascarade de la féminité pour deux raisons : se faire pardonner l'intrusion et se faire accepter [...] pardonnées par leur intrusion parce qu'elles offrent un corps assez sexualisé pour rester désirables » [29] et acceptées lorsqu'elles adoptent le comportement du groupe majoritaire, c'est-à-dire celui des hommes[30]. Tel est le cas de la *Veuve*

23 M.-C. Lipani Vaissade, *préc.*
24 L. Giukin, *préc.*, spé. p. 74.
25 Bande-dessinée américaine particulièrement riche en super-héros.
26 M.-C. Lipani Vaissade, *préc.* ; L. Giukin, *préc.*, p. 73.
27 C. Mordelet, « Films de superhéros : où sont les femmes ? », *Le Monde*, 08 juin 2017.
28 L. Bilat, « *Wonder Woman* : plus forte qu'Hercule, plus douce qu'une bonne épouse », L. Bilat, G. Haver (dir.), *Le héros était une femme : le genre de l'aventure*, Lausanne, Antipodes, 2011, spé. p. 256-260.
29 L. Giukin, *préc.*, p. 73.
30 Lenuta Giukin prend l'exemple de films d'action où l'héroïne rejoint une armée.

noire qui, dans les films *Avengers,* se bat « comme » ses camarades masculins, mais a un costume dévoilant ses formes féminines et prend des poses suggestives.

Cependant, à l'instar des personnages masculins, la super-héroïne porte sur elle le poids d'inquiétudes sociétales[31]. Par exemple, *Wonder Woman* ou *Captain Marvel* veulent mettre fin à la guerre et sauver l'humanité ou d'autres êtres vivants. *Batgirl,* quant à elle, souhaite rétablir la justice. Si l'héroïne a des faiblesses et peut les reconnaître – ce qui permet au lecteur et au spectateur de s'identifier[32] – elle doit néanmoins rester un modèle et nourrir les fantasmes du public[33].

Or ces stéréotypes discriminatoires sont difficilement dissociables, car ils touchent à deux éléments fondamentaux de leur identité. Traités séparément, rendraient-ils compte de la complexité de la situation discriminatoire dans laquelle elles sont placées au quotidien ? Cette question nous amène à envisager une forme de discrimination inconnue du droit positif français : la discrimination intersectionnelle.

II. Les stéréotypes vécus par les super-héroïnes, situation de discrimination intersectionnelle

Avant d'examiner la situation de discrimination intersectionnelle que subiraient les super-héroïnes (B), il convient de présenter cette forme discriminatoire absente du droit français de la non-discrimination (A).

A. La forme de discrimination intersectionnelle

Le concept d'intersectionnalité a été théorisé par la juriste américaine Kimberley Williams Crenshaw à la fin des années 1980[34]. Le concept d'intersectionnalité fait suite au mouvement du *Black Feminism*[35] des années 1970 qui dénonce le monopole du féminisme par une catégorie très précise de personnes : les femmes blanches de

31 C. Baurin, « Le super-héros contemporain. Uchronie et réinterprétation fictionnelle de l'Histoire », *Mots. Les langages du politique* [En ligne], 99/2012.

32 Voir Bertho, *préc.*, p. 174-186.

33 E. Umberto, « Le mythe de Superman », *Communications*, vol. 24, 1976, p. 24-40.

34 K. Crenshaw, *Demarginalizing the Intersection between Race and sex: A black feminist critique of anti-discrimination doctrine, feminist theory and anti-racist politics*, Chicago, University of Chicago Legal Forum, 1989, p. 139-167.

35 E. Dorlin, *Black Feminism. Anthologie du féminisme africain-américain, 1975-2000*, Paris, L'Harmattan, coll. Bibliothèque du féminisme, 2008. Sur une typologie de six théories féministes du droit, dont K. Crenshaw, V. M.-C. Belleau, « Les théories féministes : droit et différence sexuelle », *RTD civ.* 2001, p. 1.

classe moyenne[36]. Les femmes noires ne s'identifiant pas aux messages portés par ces mouvements féministes, les militantes du *Black Feminism* ont alors cherché à lutter non seulement contre le sexisme, mais également contre le racisme. Ces femmes sont donc mises en situation d'inégalité vis-à-vis des hommes (sexisme) et vis-à-vis des femmes blanches (racisme). Elles subissent une discrimination liée à leur sexe, mais aussi à leur couleur de peau. Par la suite, ce concept a été développé par d'autres chercheurs[37], ainsi que par les Nations Unies[38].

Définition. La discrimination intersectionnelle se fonde donc sur plusieurs motifs prohibés qui interagissent entre eux et finissent par être inséparables. C'est l'identité même de la personne qui est au cœur de l'intersectionnalité. Cette identité peut être ressentie par la personne ou bien perçue par autrui, voire reposer sur des schémas mentaux stéréotypés. Par exemple, une femme d'origine maghrébine peut trouver moins facilement un emploi que d'autres, car se mêlent le critère de genre (c'est une femme) et celui de l'ethnie (elle est maghrébine). Elle ne pourra pas, ou alors très difficilement, prouver qu'elle est victime de discrimination en raison de sa situation particulière si d'autres femmes ont un emploi et que les hommes d'origine maghrébine aussi.

Il convient de préciser que l'analyse de droits nationaux[39], du droit de l'Union européenne et du Conseil de l'Europe, ainsi que de la doctrine, révèle que la discrimination intersectionnelle n'est que l'une des trois manifestations[40] d'un concept plus large, celui des discriminations multiples, qui repose sur la mobilisation de plusieurs motifs

36 M. Duros, « La variable sexe suffit-elle pour comprendre les inégalités de genre ? : l'apport de l'intersectionnalité », *Regards croisés sur l'économie*, 2/2014, n° 15, p. 80-84.

37 Voir par exemple : T. Makkonen, « Multiple, compound and intersectional discrimination: bringing the experiences of the most marginalized to the fore », *Rapport n° 11*, Institute For Human Rights, Åbo Akademi University, April 2002 ; C. Sheppard, « Multiple Discrimination in the World of Work », *Working Paper* n° 66, Geneva, International Labour Organization, September 2011, Commission européenne, *Lutte contre les discriminations multiples : pratiques, politiques et lois*, Direction générale de l'emploi, des affaires sociales et de l'égalité des chances, Septembre 2007 ; S. Burri, D. Schiek, *Multiple discrimination in EU law: Opportunities for legal responses to intersectional gender discrimination?*, European Commission Directorate-General for Employment, Social Affairs and Equal Opportunities, 2009 ; M. Mercat-Bruns, « Le jeu des discriminations multiples », *RDT* 2013, p. 254 ; « Les discriminations multiples et l'identité au travail au croisement des questions d'égalité et de libertés », *RDT* 2015, p. 28.

38 Conférences de Durban de 2001 et 2009. V. notamment : UN, Durban Declaration and Programme for Action, World Conference against Racism, Racial Discrimination, Xenophobia, and Related Intolerance, 31 August – 8 September 2001 ; G. McDougall, "Promotion and Protection of all Human Rights, Civil, Political, Economic, Social and Cultural Rights, including the Right to Development", *Report of the independent expert on minority issues*, United Nations Human Rights Council, Office of the High Commissioner for Human Rights, 16 February 2009.

39 Par exemple : les droits américain, anglais et canadien.

40 Les trois manifestations du concept des discriminations multiples sont : la forme multiple, la forme composée et la forme intersectionnelle.

prohibés lors d'une discrimination[41]. En effet, il existe également la forme multiple et la forme composée. Cependant, nous choisissons de ne pas les traiter, car leur manifestation n'est pas caractéristique, selon nous, de ce que vivent les super-héroïnes. En ce sens, la forme multiple suppose qu'une l'héroïne est discriminée dans un premier temps en raison de son genre, et dans un second temps en raison de son statut de super-héros, ce qui ne semble pas être le cas en l'espèce. C'est l'interaction de ces deux motifs qui fonde la discrimination. Selon nous, la forme composée est également à écarter. Il s'agit d'une discrimination qui repose sur de deux ou plusieurs motifs prohibés qui sont additionnés et créent la situation discriminatoire. L'adjonction de deux motifs ou plus aggrave la situation. Nous ne voyons pas en quoi une discrimination fondée sur le genre aggraverait sensiblement celle fondée sur la condition de super-héros, et inversement. Par exemple, l'image du corps des femmes est d'ores et déjà malmenée dans notre société, le statut de super-héros ne l'aggrave pas, il le met en lumière. Réciproquement, le sacrifice de vie personnelle du super-héros n'est en rien aggravé par le genre. Femmes et hommes super-héros le subissent.

La situation des super-héroïnes est plus complexe. Pour étayer l'hypothèse selon laquelle elles subissent une discrimination intersectionnelle, il nous faut démontrer qu'elles sont mises en situation d'inégalité vis-à-vis des hommes super-héros et vis-à-vis des femmes « ordinaires ».

B. La discrimination intersectionnelle subie par les femmes super-héros

Partant du constat que les super-héroïnes subissent deux stéréotypes discriminatoires, il nous faut, pour mettre en lumière une situation d'intersectionnalité, démontrer en quoi il n'est pas aisé pour ces femmes atypiques de prouver le traitement discriminatoire sur le fondement d'un motif unique.

Preuve de la discrimination. L'article 1er de la loi du 27 mai 2008 reconnaît deux formes de discrimination – directe et indirecte – fondées sur l'un des motifs prohibés listés. La discrimination est directe lorsque, sur le fondement d'un motif prohibé, une personne est traitée de manière moins favorable qu'une autre ne l'est, ne l'a été ou ne l'aura été dans une situation comparable. La discrimination est indirecte quand une disposition, un critère ou une pratique neutre en apparence, est susceptible d'entraîner, pour l'un des motifs mentionnés au premier alinéa, un désavantage particulier pour des personnes par rapport à d'autres personnes, à moins que cette disposition, ce critère ou cette pratique ne soit objectivement justifiée par un but légitime et que les moyens pour réaliser ce

41 V. S. Rossignol, *La reconnaissance des discriminations multiples en droit du travail français : état des lieux et perspectives*, Th., dact, Strasbourg, 2017.

but ne soient nécessaires et appropriés. Depuis la directive 97/80/CE[42], le demandeur dispose d'un aménagement de la charge de la preuve d'une discrimination[43]. Il doit alors présenter des éléments de fait laissant supposer l'existence d'une discrimination directe ou indirecte. Au vu de ces éléments, il incombe à la partie défenderesse de prouver que sa décision est justifiée par des éléments objectifs étrangers à toute discrimination. Le juge forme sa conviction après avoir ordonné, en cas de besoin, toutes les mesures d'instruction qu'il estime utiles. Cependant, le droit de la non-discrimination français ne semble pas être pleinement adapté à la situation particulière vécue par les super-héroïnes, et ce, pour deux principales raisons.

La première raison est que si le genre est un motif prohibé par l'article 1er de la loi du 27 mai 2008, tel n'est pas le cas du statut de super-héros. La super-héroïne ne pourrait alors introduire une instance que sur le fondement d'une discrimination en raison du genre, à moins que le statut de super-héros puisse être rapproché de l'un des motifs existants ou que le législateur le consacre. La seconde raison est que l'article 1er de la loi du 27 mai 2008 ne prévoit pas la possibilité qu'une discrimination repose sur plusieurs motifs prohibés[44]. La super-héroïne devrait donc nécessairement réfléchir au fondement de la discrimination qu'elle subit, selon les éléments de faits qu'elle peut apporter. Le demandeur doit choisir la stratégie contentieuse la plus efficace. Or, si la discrimination est intersectionnelle, un tel choix ne serait pas envisageable puisque les motifs interagissent et deviennent inséparables.

Voyons, à présent, si la super-héroïne subit réellement une discrimination intersectionnelle.

Révélation d'une discrimination intersectionnelle. Pris séparément, les différents stéréotypes discriminatoires ne confirment pas l'hypothèse d'une discrimination

42 Directive 97/80/CE du Conseil du 15 décembre 1997 relative à la charge de la preuve dans les cas de discrimination fondée sur le sexe, Journal officiel n° L 014 du 20/01/1998 p. 0006 – 0008.

43 Voir S. Laulom, « L'interdiction des discriminations », Sem. Soc. Lamy, n° 1582, 29 avril 2013 ; I. Vasseur, *Rapport fait au nom de la commission des affaires culturelles, familiales et sociales sur le projet de loi (n° 514) portant diverses dispositions d'adaptation au droit communautaire dans le domaine de la lutte contre les discriminations*. Consultable en ligne : http://www.assemblee-nationale.fr/13/rapports/r0695.asp ; A. Danis-Fatôme, « Le dispositif propre à la charge de la preuve, frein ou outil de lutte contre les discriminations ? », *La Revue des droits de l'homme* [En ligne], 9/ 2016. Voir les arrêts suivants : CJCE 7 oct. 1989, Danfoss, C-109/84, pts 13-16, Rec. CJCE p. 3199. CJCE 27 oct. 1993, Enderby, C-127/92, pts 14-18, Rec. CJCE p. I-5535 ; *AJDA* 1994, p. 698, chron. H. Chavrier, E. Honorat et P. Pouzoulet; D. 1994, p. 301, obs. M.-T. Lanquetin. CJUE 21 juill. 2011, Kelly, aff. C-104/10, Europe 2012, p. 40, note L. Driguez ; RJS 11/2011, p. 755, obs. A. Gardin. CJUE 19 avril 2012, Meister, aff. C-415/10, D. 2012, p. 1132 ; RDT 2012, p. 497, note N. Moizard.

44 Les motifs prohibés sont cités bout à bout et le législateur emploie les expressions « ou » et « l'un des motifs ».

intersectionnelle. Prenons l'exemple de l'absence de valorisation des capacités intellectuelles et physiques des super-héroïnes : elles sont mises en situation d'inégalité vis-à-vis des hommes super-héros (cf. Susan Storm), mais pas vis-à-vis des femmes « ordinaires » qui subissent ces discriminations au travail[45]. Elles peuvent donc présenter des éléments de faits laissant supposer une discrimination fondée sur le genre. De même, le statut de super-héros conduit la super-héroïne à sacrifier son identité « ordinaire » et ainsi toute une facette de sa vie de femme. Par exemple, le Détachement International des *Vipères Assassines* dirigé par Bill tente d'assassiner Beatrix Kiddo/*Black mamba*, alors qu'elle est enceinte, lors de son mariage[46]. De même, Natacha Romanoff/*la Veuve noire*, voit échouer toutes ses relations amoureuses et nous apprenons dans le film *Avengers 2*[47] qu'elle aurait subi une hystérectomie. Elles ne sont pas mises en situation d'inégalité vis-à-vis des hommes super-héros (cf. *Batman* perd ses parents et la seule femme qu'il aime, Rachel Dawes), mais vis-à-vis des femmes « ordinaires » qui restent libres des choix de leur vie. Ici, la super-héroïne pourra introduire une instance sur le fondement d'une discrimination en raison du statut de super-héros.

Il faut alors regarder la situation de la super-héroïne dans son ensemble pour démontrer son particularisme. Il est attendu de cette femme qu'elle soit intelligente, puissante, et indépendante (mais pas trop), belle et hypersexualisée (selon un modèle très spécifique)[48], qu'elle copie un comportement identifié comme étant masculin (et donc elle laisserait sa féminité de côté)[49], qu'elle abandonne toute envie de famille, mariage ou travail stable ou encore qu'elle soit isolée socialement[50]. Or, dans les bandes dessinées et les films, et plus largement dans notre société, ces attentes ne sont pas exigées des hommes super-héros ou des femmes « ordinaires ». C'est donc au travers d'une perspective globale que la super-héroïne est mise en situation d'inégalité vis-à-vis des hommes super-héros et vis-à-vis des femmes « ordinaires ». C'est l'identité même de la super-héroïne qui est au cœur de la discrimination intersectionnelle et qui repose sur une multitude de stéréotypes discriminatoires. Mais une difficulté surgit. La super-héroïne devra apporter des éléments de faits laissant supposer une discrimination qui se fonde à la fois sur son genre et sur sa condition d'héroïne. Cette preuve s'avérera complexe à rapporter si la situation discriminatoire n'est pas considérée dans sa globalité. Pour y parvenir, peut-être serait-il préférable de ne pas

45 Voir l'enquête CSEP/BVA sur la perception du sexisme chez les non-cadres du 24 novembre 2016 : 51 % des femmes salariées non cadres estiment avoir rencontré un frein professionnel en raison de leur sexe (pas augmentées, primées, promues, désignées pour une tâche valorisante, embauchées ou formées).

46 *Kill Bill* : vol. 1 (2003) et *Kill Bill* : vol. 2 (2004) de Quentin Tarentino.

47 *Avengers : L'ère d'Ultron* de Joss Whedon (2015).

48 L. Giukin, *préc.*, spé. p. 76.

49 *Ibidem*, spé. p. 78-79.

50 *Ibidem*, spé. p. 77.

envisager les discriminations intersectionnelles en fonction de motifs prohibés, mais plutôt au travers de l'identité, entendue comme « l'ensemble des manifestations de la vie physique et psychique de l'individu, saisi par le droit en tant qu'éléments d'identification des destinataires des normes juridiques, notamment celles attribuant à ces derniers le bénéfice de droits à être protégés dans leur "sentiment d'être soi" »[51]. Cette définition permettrait de reconnaître deux dimensions à l'identité de la personne humaine, à savoir une dimension objective, qui est biologique, ainsi qu'une dimension subjective, qui est psychique[52]. Elle permettrait également une perspective plus souple, plus large des fondements juridiques des discriminations.

Au-delà de la reconnaissance de la discrimination intersectionnelle que subit la super-héroïne, ces réflexions invitent à bouleverser les codes, à repenser la place des super-héroïnes et à construire une identité de femme forte, indépendante et libre de ses choix susceptible d'inspirer notre société.

Ainsi, s'il aura fallu à Marvel Studios plus de dix ans pour produire un film ayant comme personnage principal une super-héroïne, *Captain Marvel*[53], alors que sa franchise en regorge, il semblerait néanmoins que ces changements soient en marche[54], le mouvement de féminisation et de libération de la parole (#metoo) dans le septième art pouvant en être une explication[55]. En effet, ce film présente une figure de femme indépendante et déterminée qui déconstruit les clichés : tandis que le *Commandant Yon-Rogga* reproche à *Carol Danvers* d'être émotive et de ne pas savoir se contrôler ce qui la rendrait faible, elle lui démontre, ainsi qu'au spectateur, que les émotions et les sentiments, typiquement associés à la figure féminine, sont en réalité une force.

---

51 G. Aïdan, E. Debaets, *L'identité juridique de la personne humaine*, L'Harmattan (coll. « Logiques juridiques »), 2013, spé. p. 16.

52 A. Bernard, « L'identité des personnes physiques en droit privé. Remarques en guise d'introduction », *L'identité politique*, PUF, 1994, p. 127 : la dimension psychique de l'identité juridique n'est pas une évidence en droit positif. Voir également L. Mourey, *Le rôle du droit pénal dans la politique criminelle de lutte contre les discriminations*, Th., Strasbourg, 2012, dact., p. 14s. : il convient d'aller au-delà de la notion d'identité civile.

53 La « phase I » a débutée en 2008 avec *Iron Man* de Jon Favreau et *Captain Marvel* de Anna Boden et Ryan Fleck est sorti en 2019.

54 Plusieurs films de super-héroïnes devraient voir le jour, que ce soit chez Marvel avec *Black Widow* annoncé en 2020 et *Thor : Love and Thunder* en 2021, Nathalie Portman reprenant le rôle de Thor, ou chez DC Comics avec *Birds of Prey (and the Fantabulous Emancipation of One Harley Quinn)* en 2020 marquant l'émancipation de Harley Quinn du Joker et son association avec d'autres héroïnes.

55 https://www.ouest-france.fr/culture/cinema-le-grand-ecran-se-dope-la-super-heroine-6269271. L. Moser, « "Captain Marvel", le virage féministe réussi du Marvel Cinematic Universe », *Les Inrockuptibles*, 7 mars 2019.

La filiation des super-héros !

Mélanie JAOUL
Maîtresse de conférences, Laboratoire de droit privé, Université de Montpellier
Chercheuse associée au CERMUD (Faculté des Affaires internationales du Havre)

En 2012, en couverture d'un numéro de la *Justice League*, *Superman*, l'éternel partenaire à la ville de Lois Lane, s'affiche de manière explicite avec *Wonder Woman* dans un baiser rappelant furieusement celui peint par Gustav Klimt. L'affaire n'est pas nouvelle. En effet, depuis un numéro de 1988, on savait que *Superman* et *Wonder Woman* avaient eu une aventure laquelle a pris corps dans le personnage de leur fille *Supergirl*. Mais cette filiation, comme finalement beaucoup d'autres dans l'univers des *comics*, est trouble. Superman l'a conçu alors qu'il était engagé avec Lois Lane, laquelle ne lui a jamais donné d'enfant. Si dans un épisode de 2007, le couple adopte un enfant Kryptonien qu'ils appellent *Christopher Kent*, ce dernier est en fait le *fils du général Zod* et après une grande bataille Christopher se sacrifiera et retournera dans la zone fantôme avec son père.

Loin d'être une singularité, l'univers des super-héros regorge de couples de toutes sortes et d'enfants aux filiations plus ou moins obscures... Par exemple, chez les *Minutemen/Watchmen*, Sally Jupiter alias *Silk Specter* a eu sa fille Laurie (qui reprendra elle-même l'identité de super-héroïne de sa mère) avec Edward Blake *alias le Comédien*, mais fut adoptée par le mari et agent de sa mère Laurence Schexnayder.

On pourrait également prendre l'exemple de Scott Summers, *alias Cyclope*, dont il est malaisé de dresser l'arbre généalogique sans recourir à un schéma... *Cyclope* a d'abord été marié avec Jean Grey (*alias Marvel Girl*, *Dark Phénix* et *Strange Girl*). De cette union a *priori* infertile est née – dans une réalité alternative – Rachel Anne Summers (*alias* Rachel Grey, *Phénix* et *Marvel Girl*) et un fils alternatif Nathanaël « Nate » Grey (*alias X-man*). Il convole ensuite en justes noces avec Madelyne Prior et a, avec elle, un fils Nathan Christopher Charles Summers (*alias Cable*). Il a également une fille Ruby Summers avec Emma Grace Frost (*alias La reine blanche*). Enfin, issu d'un clonage dans le laboratoire de Sinistre, il a un fils, Nate Grey (*alias* le shaman des mutants, *X-man*).

Mais la filiation des super-héros est-elle spécifique ? Se distingue-t-elle de celle des individus « normaux » ? La réponse n'est évidemment pas simple et nous pourrions répondre tout à la fois, oui et non[1]. Mais encore me direz-vous ?

Selon une définition communément admise – bien qu'elle trouvera quelques détracteurs – un super-héros est un individu qui possède au moins deux des trois caractéristiques suivantes parmi le triptyque sacré : des capacités extraordinaires ou *supers pouvoirs* (force physique surhumaine, rapidité hors du commun, capacité de voler, télékinésie, résistance à la douleur, don d'ubiquité, régénération voire immortalité...), une double identité et un costume distinctif qu'il ne revêt que dans le cadre de ses missions de super-héros.

Cette définition du super-héros permet de comprendre que les choses ne peuvent recevoir une réponse monolithique. En effet, la réponse est nécessairement négative lorsque le super-héros est un humain « lambda ». Si le terme peut surprendre, il convient de le préciser. Par « lambda », nous entendons un super-héros, d'origine humaine, ayant ou non des super pouvoirs, mais qui ne bénéficie pas d'une longévité particulière. Dans ce cas, son identité civile suit le cours d'une vie classique : de sa naissance à sa mort, il n'y a pas de prise en compte par le droit de sa nature « cachée ». Ainsi, comme nous le verrons, la filiation dans ce cas n'est pas différente de celle des autres citoyens. Quant à l'identité de super-héros, si, en principe, elle naît bien après la naissance de l'individu, elle s'éteint avec lui – bien que les *comics* regorgent de cas où d'autres personnes à la vie civile ont pu porter le costume[2].

Par contre, la réponse est positive dès lors qu'un élément « perturbateur » intervient : naissance extraterrestre, vie anormalement longue voire immortalité, résurrection, mutation génétique... Dans ces cas, la figure du super-héros est en proie à des problématiques spécifiques. Pour déterminer si la filiation peut être classique, il convient alors de prendre en compte une donnée « psychologique » déterminante : la volonté de protéger son identité de super-héros ou de ne pas le faire... La filiation originaire peut être malaisée pour le super-héros non terrien ou d'une réalité parallèle,

1 Spécifions d'ores et déjà que nous raisonnerons en droit français bien que la culture des *comics* soit américaine et les aventures des super-héros se déroulant la plupart du temps sur le territoire américain.

2 Ainsi, le premier Ant-Man fut Henry « Hank » Pym (apparu dans *Tales to Astonish*, n° 27, 1962), mais le costume fut ensuite porté par Scott Lang (*Marvel première*, n° 47, 1979) puis par Éric O'Grady (*The irredeemable Ant-Man*, n° 1, 2006).

elle devient nécessairement frauduleuse en cas de durée de vie excessivement longue qui serait cachée[3].

Avec ces premiers éléments de réflexion, il apparaît que la problématique de la filiation est multiple. La question de la filiation des super-héros est donc d'abord celle de sa détermination : filiation du super-héros ou encore filiation à l'égard de celui-ci. Mais pas seulement ! La question de la filiation concerne également ses enjeux, lesquels s'avèrent cruciaux. Aussi, nous allons aborder la question de la filiation sous deux angles différents. En premier lieu, nous serons amenés à voir que la filiation vise à inscrire le super-héros dans une famille (I) avant de voir qu'au-delà de sa lignée, cette filiation est un moyen pour le super-héros d'être inscrit dans la cité (II).

I- La filiation, inscription dans la famille

En premier lieu, il est surprenant de constater que la détermination de la filiation des super-héros est une tâche malaisée tant il y a de super-héros avec des histoires complexes et troubles[4]. Les super-héros, qu'il s'agisse de l'univers de *Marvel* ou de *DC Universe*, sont comme le soulignait Umberto Eco hors du temps, mais aussi, malgré leur inscription au cœur de notre cité, en dehors des cadres classiques.

Aussi, dès les années 40, nombre de super-héros étaient divorcés ou vivaient maritalement sans mariage dans une société où cette perspective s'avérait impensable au commun des mortels. L'impact s'est aussi fait ressentir sur les filiations : les super-héros ont une progéniture nombreuse aux origines parfois des plus obscures, comme nous l'avons vu lors de nos propos introductifs.

La filiation des super-héros modernes diverge de celle des héros de l'ère antique dont ils sont pourtant les héritiers. Dans la mythologie classique, le héros « était vu comme quelqu'un qui avait eu une histoire, et cette histoire caractérisait sa physionomie

---

3 En effet, la volonté de cacher une durée de vie ne peut que conduire à la production de faux justificatifs d'identité et donc d'une filiation erronée : C'est par exemple le cas de *Wonder Woman* (voir le dernier opus *Batman vs Superman* (2016) de Zack Snyder, où elle cherche à récupérer une photo d'elle, datant de la 1re Guerre mondiale, que Lex Luthor a en sa possession). Ce problème n'existe pas pour, Steve Rogers, alias *Captain America,* qui n'a pas à justifier d'une fausse identité afin de cacher son identité civile étant donné qu'il est le fruit de la recherche militaire. Il en va de même pour Tony Stark, *alias Iron Man* qui a fait le choix de révéler sa double identité.

4 La raison en est aussi pratique : si les auteurs de comics tendent à respecter la cohérence des personnages qu'ils reprennent ou font apparaître, il est important de comprendre que les *comics*, au-delà des grandes familles *DC Universe* ou *Marvel*, sont divisés en des centaines de titres/séries différentes. Il semble donc difficile de ne pas créer, pour les besoins de l'intrigue une nouvelle progéniture avec son lot de rebondissements.

divine. L'histoire avait eu lieu et elle ne pouvait plus être niée. [Le héros] s'était concrétisé dans un développement temporel d'événements[5] ». En effet, qu'il s'agisse des héros grecs ou romains, la détermination de leur nature de super-héros était fondée sur leur filiation. Parce qu'ils sont issus – en partie – des dieux (Hercule, Achille), ils sont dotés de capacités particulières et d'un courage hors normes les promettant à un grand destin. La filiation joue alors tant sur la destinée que sur la psychologie du personnage. Les épreuves que traverse le héros antique viennent permettre à la destinée, que les Dieux ont tissée, de s'accomplir. Le super-héros moderne est moins soumis à l'influence de sa filiation – du moins pour une grande majorité – qui a plus un impact sur sa psychologie que sur son statut. La différence fondamentale réside alors dans l'idée que le super-héros contemporain est déterminé par ses choix et ses actions plus que par sa filiation, son héritage[6]. Beaucoup de super-héros sont des individus « normaux » qui ont accédé à ce statut sans que leur filiation soit en cause. Aussi, les actions héroïques sont non plus un moyen de réaliser une destinée prévue pour eux et fondée sur leur filiation mais l'acte constitutif du récit héroïque lui-même. Aussi, il n'y aurait ni déterminisme, ni fatalité – fondée sur ce dont on hérite – mais la possibilité offerte à chaque individu de forger sa propre destinée héroïque. La filiation intervient non plus au niveau de la détermination d'un statut de héros mais surtout au niveau de la psyché, de la personnalité du super-héros ou du super méchant.

La question n'est pas simple, mais on peut dresser une petite typologie des filiations rencontrées en la matière, la dichotomie essentielle semblant se faire entre les super-héros ayant des super pouvoirs et ceux qui n'en sont pas dotés.

Parmi les super-héros qui ont des supers pouvoirs, on retrouve différents profils. Il y a, d'abord, ceux dont la filiation est divine. Ces derniers semblent hors du monde et il est rare que leur personnage soit mis en situation de normalité : *Thor*, par exemple, voit sa filiation divine établie comme préalable et n'a pas d'*alter ego* civil : fils du roi des Asgardiens *Odin* et de la déesse de la terre *Gaea*, il est élevé par sa mère adoptive *Frigga*, l'épouse de son père. De ces supers-héros, il ne sera pas question. Ils sont alors très proches des héros Antiques. Ensuite, il y a les super-héros dont le corps a supplanté la figure humaine. C'est la catégorie des monstres[7] tels que Anung Un Rama *alias Hellboy*,

---

5 U. Eco, « Le mythe de Superman », *Communications*, n° 24, 1976, p. 24.

6 Ce qui est logique au regard de la société dans laquelle se développe la culture du comics : l'individualisme a alors aussi impacté la nature même du héros, acteur de sa propre réussite, capable de se dépasser pour une cause plus grande.

7 C'est le passage dans le monde des *comics* des monstres tels que le Golem de la culture yiddish d'Europe centrale et la créature de Frankenstein qui a même fait l'objet d'un comics éponyme.

la Chose, Doomsday, J'onn J'onzz, Henry « Hank » McCoy *alias Le Fauve*[8]. Si ces derniers ont pu, dans certains cas avoir l'établissement d'une filiation, celle-ci devient anecdotique. La plupart du temps, elle est inconnue, voire extraterrestre, nous privant de pouvoir développer le traitement de cette dernière dans cette intervention[9]. La deuxième catégorie, celle qui est le cœur de notre démonstration, est celle des super-héros sans super pouvoirs, mais possédant une identité secrète.

Le super-héros extraterrestre dont le modèle type est *Superman* nous offre la représentation d'une double filiation. À l'égard de *Jor-El,* son père biologique sur Krypton d'abord. En effet, sa filiation est alors naturelle puisque la mère biologique l'a portée et l'a mis au monde sans que la science n'intervienne. Cette donnée est fondamentale, car, si l'on ne connaît pas les modalités juridiques de l'établissement de la filiation sur Krypton, on sait qu'aucun enfant n'est né de manière naturelle depuis des siècles, le peuple de krypton pratiquant l'eugénisme[10].

Comme Krypton était sur le point de disparaître *Jor-El* confie *Kal-El, alias* Superman, à la terre ce qui conduit à la deuxième filiation qui n'est pas sans poser de problème. *A priori*, rien ne dit s'il a fait l'objet d'une procédure d'adoption ou s'il y a eu fraude à l'état civil avec une déclaration de la naissance du super-héros avec mention de ses parents adoptifs comme parents biologiques. Cette ambiguïté est d'ailleurs très développée dans les séries télévisées où les Kent ne cessent de tout faire pour cacher, notamment aux Luthor, le secret des origines de Clark. Cependant, une réponse nous est donnée dans les *comics*. Ainsi, dans *Superman* (Volume 1, n° 146) de juillet 1961, il est dit que « *they brought him to the Smallville Orphanage and returned a few days later to formally adopt the orphan* ». Ainsi, la filiation de Clark à l'égard des Kent est adoptive – même

8 D'aucuns estiment que le Dr Robert Bruce Banner *alias Hulk* participe de cette catégorie. Néanmoins, s'il contrôle mal ses transformations, en dehors des crises, son physique revient à la normale et lui permet de maintenir sa double identité.

9 Cependant, il serait intéressant de se poser la question d'une part de la révélation de leur identité civile, si tant est qu'ils en aient une (Sur ce point, voir la contribution d'A. Ciaudo, « L'encadrement juridique de l'activité de super-héros »), mais aussi, d'autre part, de la légalité de leur présence sur terre : immigration extraterrestre illégales... Sur ce point, lire « Wonder Woman : Illegal Immigrant » de James Daily, 31 juill. 2016, http://lawandthemultiverse.com/2016/07/31/wonder-woman-illegal-immigrant/.

10 La figure de Superman a ce particularisme d'être une figure christique transcendée par sa naissance d'abord, mais aussi par la psychologie du personnage largement tournée vers le sacrifice : il doit sauver l'humanité fut-ce au prix de sa vie. Cette exaltation christique est largement développée dans les *comics* mais devient l'essence fondamentale du personnage dans les dernières adaptations cinématographiques : ainsi, Kal-El porte tout le génome de Krypton dans son sang dans *Man of Steel* (2013) de Zack Snyder et va pour se sacrifier pour contrer le Général Zod ressuscité par Luthor dans *Batman vs Superman* (2016). Cela sans compter que le nom kryptonnien de *Superman* contient le suffixe « El » qui signifie Dieu en hébreu, ce qui était un choix délibéré des auteurs.

si nous passerons sur le fait que cette affirmation semble quelque peu surprenante à l'égard des procédures d'adoption et semble relever plus de la justification *a posteriori* de l'origine de leur enfant.

La question est différente quand on est en présence de super-héros d'origine terrestre. Et là, la diversité des situations envisagées est aussi fonction des pouvoirs, de la volonté de cacher leur double identité…

D'abord, le super-héros qui n'a pas de supers pouvoirs (nous ne reviendrons pas sur le débat super-héros ou pas) comme Batman (et Robin) par exemple. Dans ce type de situations, si l'on exclut les cas spécifiques, mais nombreux d'adoption, la filiation est soumise aux *règles inhérentes à la situation maritale de leurs auteurs*[11].

Dans cette perspective, la filiation à l'égard de la mère est établie, par la désignation de celle-ci dans l'acte de naissance de l'enfant[12].

La filiation envers le père changera en fonction de la situation matrimoniale de la mère. Ainsi, la filiation sera légitime lorsque les parents sont mariés avec la mise en œuvre de la présomption de paternité du mari *pater is est*[13] ou filiation naturelle par le jeu d'une reconnaissance de paternité[14] lorsque l'enfant est né dans le cadre d'un PACS, d'un concubinage ou même en dehors de toute relation de couple.

Il n'est pas rare que les super-héros, différents dès leur naissance, aient été l'objet d'un abandon parental soit à leur venue au monde, soit à l'apparition de leurs premiers « pouvoirs ». Dans ces cas, à l'instar de tous les enfants ayant été abandonnés, ils voient leur filiation originelle être substituée par une filiation adoptive, simple ou plénière[15], lorsqu'ils ont la chance d'être adoptés. À défaut, s'ils demeurent sous l'autorité d'établissements accueillant les enfants dont les parents ont été déchus de l'autorité parentale, leur filiation demeure identique. Ici, la filiation devient alors un facteur psychologique souvent crucial du personnage.

Ensuite, la filiation peut être amenée à évoluer et ce qui a été établi à la naissance du super-héros n'est pas nécessairement intangible en fait. Si l'on prend l'exemple des *X-men*, les enfants mutants naissent dans leurs différentes familles biologiques, mais, d'une part, les gouvernements ont mis en place un régime spécifique d'identification

11 Mais aussi aux règles spécifiques applicables à la situation géographique du lieu de naissance de l'enfant.
12 C. civ., art. 311-25.
13 C. civ., art. 312s.
14 C. civ., art. 316.
15 C. civ., art. 343s.

avec mention obligatoire portée *a priori* sur l'état civil de leur mutation et, d'autre part, la plupart de ces enfants connaissent des situations d'abandon dont la qualification n'est pas sans poser de problème : si les différentes fugues des personnages ne mettent pas fin à la filiation à l'égard de leurs parents, on peut se demander quel est le statut du *Professeur Xavier*. Ce dernier recueille les mutants au sein de *l'Institut Xavier*. Certains sont dans cette école avec l'aval des parents telle *Malicia,* mais d'autres y sont après avoir été « reniés » par leurs géniteurs : sont-ils là en tant que pupilles ? Adoptés ? Nul ne parle d'adoption, mais la formule est surprenante.

II- La filiation, l'inscription dans la cité

En second lieu, se pose la question des enjeux de la filiation du super-héros. Le super-héros, contrairement au héros antique condamné à vivre en marge des hommes sous la main joueuse des dieux, sont dans la cité ! Umberto Eco a mis en exergue qu'au travers sa double identité, le super-héros éveille deux choses : d'une part, le sauveur, l'homme que chacun aspire à être et, d'autre part, dans sa vie civile, il est très proche de la réalité du lecteur. Selon lui, « l'image de Superman peut-être identifiée par le lecteur. En effet, s'il vit parmi les hommes sous de fausses apparences de journaliste [...] et comme tel il est apparemment craintif, timide, médiocrement intelligent, un peu gauche, myope et soumis à sa collègue, Loïs Lane, matriarcale et libidineuse, qui le méprise, étant follement amoureuse de Superman[16] ». Ainsi, le super-héros navigue d'un monde à l'autre et la préservation de son secret passe par la protection de sa famille, de sa filiation... Parce que le super-héros se cache, parce qu'il est dans la cité au cœur de ses frères humains, sa filiation est au cœur de ses préoccupations. Les enjeux de la filiation sont doubles.

D'une part, la filiation fait entrer le super-héros dans une famille d'abord. Qui dit famille, dit vocation à l'héritage. Et en effet, que serait Bruce Wayne sans l'héritage de la famille Wayne sinon un orphelin en collant moulant ?! Sans supers pouvoirs, c'est son héritage qui fait de lui le super-héros qu'il est, à savoir *Batman*.

Ainsi, la filiation va jouer un rôle décisif et le super-héros, à l'instar de ses congénères humains, va être héritier et soumis aux règles de la dévolution successorale. Mais pas seulement ! La filiation des super-héros est souvent une super saga familiale ! Le super-héros en tant que *de cujus* à la succession duquel on vient, offre une perspective intéressante : deux identités, deux héritages ! Si son patrimoine sera dévolu en tenant compte

16 U. Eco, *préc.*

de sa descendance reconnue à l'état civil, peu important que celle-ci soit légitime ou non, qu'en est-il des autres héritiers ? Et qu'en est-il de son identité de super-héros ?

En premier lieu, il n'est pas rare que les super-héros aient des enfants issus de clonages ou de réalités parallèles, lesquels ne semblent pas pouvoir se prévaloir de leur filiation génétique pour hériter ! Et pourtant, ces derniers pourraient – au prix du silence sur leur origine – agir afin de faire établir de manière contentieuse leur filiation et *ipso facto* venir à la succession de leur auteur : ainsi, ils pourraient faire une recherche de maternité[17] ou de paternité[18]. Sous réserve d'un accord exprès de la personne, manifesté durant son vivant, une identification par empreintes génétiques pourrait valablement être réalisée après sa mort[19], ce qui aboutirait à la reconnaissance du lien de filiation et de la qualité de successible. Cependant, il s'agit là d'un cas d'école, car il y a peu de chance que le super-héros ait donné son consentement *ante mortem* à une telle analyse. Par contre, si l'enfant venait à introduire cette demande de son vivant, une expertise biologique pourra être ordonnée par le juge. Celle-ci est de droit, sauf motif légitime de ne pas y recourir que le juge devra spécialement motiver et eu égard au lien génétique de ces enfants, ces derniers entreront alors en concurrence avec leurs éventuels frères et sœur terriens.

En second lieu, souvent les enfants ayant eux-mêmes des supers pouvoirs héritent, du fait de leur filiation, de l'*alter ego héroïque* de leur parent. Par exemple, Laurie Jane Juspeczyc naît en 1949, à la suite d'une liaison entre sa mère, Sally Jupiter, et son ancien coéquipier, le *Comédien* (Watchmen). Elle reprendra alors l'identité de super-héroïne de sa mère et deviendra la *Silk Spectre*, deuxième du nom. Mais l'héritier du super-héros en tant que tel n'est pas nécessairement celui qui a un lien de filiation avec le premier porteur de l'identité : par exemple, *Marvel Girl* qui fut successivement Carole Danvers[20], Sharon Ventura[21], Malicia[22], Karla Sorfen[23], Deidre Wentworth[24] et depuis 2014 par Kamala Khan, musulmane d'origine pakistanaise.

D'autre part, le deuxième type d'enjeux de la filiation est de faire entrer le super-héros dans la cité. En effet, en tant que super-héros, il est hors du temps comme le

17 C. civ., art. 325.
18 C. civ., art. 327.
19 C. civ., art. 16-11.
20 *Miss Marvel* entre 1977 et 1983, puis de 2005 à 2012.
21 Dans les aventures de la *Chose*, elle prend le nom de *Miss Marvel* de 1985 à 1991.
22 Dans le numéro 29 de *X-Men* unlimited en 1990.
23 Elle apparut sous les traits de *Miss Marvel*, adoptant le costume rouge de la première du nom dans *Dark Avengers* (2009) et *Ms. Marvel* n° 37-46 (2009).
24 En 2012, dans la série *New Avengers*, n° 18-22.

souligne Umberto Eco, mais ce n'est pas le cas de son *alter ego* à la ville. Ainsi, qui dit filiation dit état civil et donc cela fait de lui un sujet de droit bénéficiant d'une pleine capacité juridique, pouvant accéder à l'ouverture d'un compte, bénéficiant d'un numéro de sécurité sociale[25]... tous ces éléments lui permettant de se fondre dans la masse. Ces éléments sont alors indispensables au super-héros qui veut cacher sa double identité : il lui faudra travailler ou alors justifier de sa fortune comme rentier par exemple. Comment le faire sans papiers d'identité, sans une filiation cohérente qui permet de faire correspondre son apparence physique et sociale à son état civil ? Impossible !

Dans cette perspective, le super-héros qui a une vie dont la durée peut le trahir, celui qui ressuscite, celui qui est atteint d'une mutation... tous ceux-là qui veulent rester tapis dans l'ombre de leurs masques, tous ces supers-héros dont le double est connu vont alors jouer non plus sur leur identité de super-héros, mais sur l'identité de leur *alter ego* civil afin de ne pas être percés à jour... Cette quête du secret de l'identité s'accompagnant alors d'actes en vue de falsifier la filiation...

Ainsi, la filiation des super-héros fait l'objet de fraudes, de dissimulations, de mensonges, de faux dès lors qu'il vit au-delà de la durée admise d'une vie humaine (ou qu'il ressuscite) et qu'il désire cacher son identité à l'inverse de Steve Rogers, *alias Captain America*, ou Tony Stark, *alias Iron Man*. Dans ce cas-là, le super-héros doit avoir recours à des subterfuges nécessairement illégaux : de l'usurpation d'identité d'une personne vivante au vol d'identité d'une personne décédée en passant par la création d'une identité de toutes pièces. Ces infractions pénales sont lourdes et visent à créer une identité et une filiation dans le but de cacher l'identité de super-héros. Si dans le monde des années 40, la question était subsidiaire et le procédé aisé, la réalité actuelle rend la tâche ardue. L'informatique, Internet, les fichiers centralisés et informations croisées entre administrations, les caméras... autant d'éléments qui rendent les identités difficiles à contrefaire sans l'aide d'organisations étatiques et d'argent. C'est d'ailleurs une problématique largement diffusée dans les *comics* ces dernières années.

25 J. Daily, R. Davidson, "The Law of superheroes", *Gotham Books*, 2012, p. 269.

Les super-héros et la presse : je t'aime moi non plus

Jean-Benoist BELDA
Docteur en droit privé
Maître de conférences à l'Université Catholique de l'Ouest de Nantes
Chargé d'enseignement à Sciences Po Paris

Si les super-héros sont une partie de l'enfance, on se rend compte rapidement que les super-héros et leurs péripéties ne sont pas que des histoires pour enfants. Ces histoires peuvent forger un caractère, devenir un idéal de conduite, développer un certain goût pour la justice et donc enseigner des leçons. Et lorsqu'on se met à travailler et pratiquer le droit, on fait facilement et rapidement le parallèle avec les super-héros.

Ulpien, célèbre jurisconsulte romain de la première moitié du IIIe siècle de notre ère définissait le droit comme « l'art du bon et de l'équitable »[1], l'art du bien et du juste, en expliquant que « les préceptes du droit sont de « vivre honnêtement, ne pas léser autrui, attribuer à chacun son dû »[2]. Il s'agit de justice, d'équilibre et cela semble *a priori* ce que cherchent les super-héros dont le comportement apparaît comme exemplaire dans la société.

Cela implique deux choses : d'une, ils font partie de la société. De deux, ils y participent activement. Leur rapport avec le droit est donc évident, puisque là où il y a une société, il y a du droit[3]. Des questions se posent alors et cet ouvrage est l'occasion d'y répondre.

La présente contribution portera sur les super-héros et la presse, du point de vue du droit français, avec une approche contrastée. À la lecture et au visionnage des histoires

---

1 *Digeste Just.*, I, 1, 1.
2 *Digeste Just.*, I, 1, 10.
3 *Ubi societas, ibi ius* : « là où il y a une société, il y a du droit ».

super-héroïques, on se rend compte que s'ils sont présentés comme exemplaires, ils ne font pas pour autant l'unanimité. L'exemplarité de principe de ces personnes hors du commun peut gêner et ils en subissent les affres. Et comme à tout principe il y a une exception, cette exemplarité doit être également relativisée. C'est ainsi que si les super-héros peuvent être malmenés par la presse (I), ils peuvent tout autant l'instrumentaliser (II).

I- Les super-héros malmenés par la presse

Le super-héros est au centre des préoccupations, et cela paraît en soi logique : parfois venu d'une autre planète, parfois doté de pouvoirs surhumains, possédant parfois un compte en banque monumental, il déchaîne les passions. Dans une société où les médias sont considérés comme un quatrième pouvoir et où les opinions se construisent à travers des filtres, la presse ne peut laisser de côté ce super-phénomène.

On a en mémoire cet article de Lois Lane : « *Pourquoi le monde n'a pas besoin de Superman* ». C'est avec cet article que la célèbre journaliste du Daily Planet a remporté le prix Pulitzer. Violente charge contre *Superman*, un peu amère (on n'ignore pas que Lois était amoureuse de l'homme d'acier, parti alors sur Krypton à la recherche de réponses sur ses origines).

La presse a ce pouvoir de faire la pluie et le beau temps sur l'opinion publique. Mais cet exemple n'est pas *a priori* un délit. C'est la liberté de la presse de couvrir un événement et la liberté d'expression de Lois Lane d'écrire cet article.

Seulement voilà, cet engagement de la presse peut rapidement se transformer en délits. Dans la loi du 29 juillet 1881 sur la liberté de la presse, le chapitre IV s'intitule « Des crimes et délits commis par la voie de la presse ou par tout autre moyen de publication ». Il y a plusieurs paragraphes dans ce chapitre, dont un qui pourra particulièrement nous intéresser : les délits contre les personnes.

Quels sont ces délits ? Cela tourne autour principalement autour de la notion de diffamation, définie comme « l'allégation ou l'imputation d'un fait qui porte atteinte à l'honneur ou à la considération de la personne ou du corps auquel le fait est imputé ». Cet article 29 de la loi précise que « La publication directe ou par voie de reproduction de cette allégation ou de cette imputation est punissable même si elle est faite sous forme dubitative ou si elle vise une personne ou un corps non expressément nommés, mais dont l'identification est rendue possible par les termes des discours, cris, menaces, écrits ou imprimés, placards ou affiches incriminés ». Cet article traite également de la notion d'injure que nous aurons l'occasion d'aborder.

On pourra enfin questionner la notion du respect de la vie privée visé à l'article 9 du Code civil et sa confrontation avec le caractère secret de l'identité, si cher aux super-héros.

Il sera délicat de traiter de tous les super-héros. Il conviendra alors de circonscrire les développements qui suivent aux deux cas les plus évidents en matière de presse : celui de *Spider-man* concernant les délits contre les personnes (A) et celui de *Superman* concernant le respect de la vie privée (B).

A. Le cas *Spider-man*

Il semble incontournable à ce sujet de parler du célèbre patron du journal le *Daily Bugle*, J. Jonah Jameson. Farouchement opposé à *Spider-man* qu'il croit – ou veut croire – réellement dangereux, Jameson tente toujours d'en faire un criminel. Cette opinion resurgit rapidement dans sa ligne éditoriale et dans les unes du *Daily Bugle*. Seulement ces opinions ne sont pas des délits, sauf à devenir de la diffamation.

Trois Unes du *Daily Bugle* font clairement de *Spider-man* un criminel : une édition du journal le présente comme attaquant le *Daily Bugle* avec le *Bouffon Vert*, son plus grand ennemi, en affirmant expressément une complicité entre les deux personnages. Une autre couverture le présente comme ayant volé deux millions de dollars dans une banque avec la complicité du *Docteur Octopus* et une autre titrant la Une montrant *Spider-man* devant une banque avec cette accusation : « C'est un voleur ! Spider-man montre ses vraies couleurs ».

Ces trois Unes tombent ainsi sous le coup des articles 29 s. du paragraphe n° 3 de la loi de 1881. Ce sont en l'espèce des allégations ou imputations d'un fait qui porte atteinte à l'honneur ou à la considération de la personne de *Spider-man*. En publiant ces unes, le Daily Bugle et son responsable éditorial se rendent coupables d'un tel délit et les moyens de ce délit sont nombreux : « des discours, cris, menaces, écrits ou imprimés, placards ou affiches incriminés ».

La presse du *Daily Bugle* n'échappe à aucun de ses moyens d'expression et va même plus loin quand – dans le film *Spider-man* 3 de Sam Raimi[4] – le journal publie une photo du héros en costume noir, fuyant et dérobant des liasses de billets. Cette photo fournie par Eddie Brock – alias *Venom* – était en fait truquée, retouchée, afin de nuire à la réputation de *Spider-man*. Outre le caractère diffamatoire d'une telle une, le photographe et le journal se rendent coupables de faux et usage de faux. L'article 441-1 du Code pénal dispose en effet que « constitue un faux toute altération frauduleuse de la vérité, de

4 *Spider-Man* 3 de Sam Raimi (2007).

nature à causer un préjudice et accomplie par quelque moyen que ce soit, dans un écrit ou tout autre support d'expression de la pensée qui a pour objet ou qui peut avoir pour effet d'établir la preuve d'un droit ou d'un fait ayant des conséquences juridiques.

Le faux et l'usage de faux sont punis de trois ans d'emprisonnement et de 45 000 euros d'amende ».

Suite à ce scandale de la photo truquée et relayée entachant considérablement la réputation de l'homme araignée, le *Daily Bugle* a publié une Une en s'excusant auprès de *Spider-man* et en précisant que le photographe avait été renvoyé !

Cette excuse publiée nous renvoie bien sûr à l'article 9-1 du Code civil. On imagine effectivement que suite à cet événement, une enquête fut diligentée. L'article 9-1 du Code civil dispose alors que « Lorsqu'une personne est, avant toute condamnation, présentée publiquement comme étant coupable de faits faisant l'objet d'une enquête ou d'une instruction judiciaire, le juge peut, même en référé, sans préjudice de la réparation du dommage subi, prescrire toutes mesures, telles que l'insertion d'une rectification ou la diffusion d'un communiqué, aux fins de faire cesser l'atteinte à la présomption d'innocence, et ce aux frais de la personne, physique ou morale, responsable de cette atteinte ».

Au-delà de la diffamation, il peut y avoir aussi l'injure. L'article 29 de la loi de 1881 dispose que « Toute expression outrageante, termes de mépris ou invective qui ne renferme l'imputation d'aucun fait est une injure ».

Quelques Unes du *Daily Bugle* attaquent *Spider-man*, le présentant comme une « menace » ou un « ennemi », ou un « voleur ». Certaines de ces unes dépassent cependant la simple opinion et flirtent avec le mépris ou l'humiliation : dans une édition, en couverture, *Spider-man* est traité d'« Arachn-idiot », dans une autre de « Super-zero ». Ces jugements de valeur ne sont imputables à aucune attitude ou fait de l'homme-araignée, mais à un simple mépris entachant sa personne et pouvant tomber sous le coup de l'injure, punie d'une amende de 12 000 euros[5].

En sus de ces questions, la notion de vie privée et son rapport avec la presse interpellent, notamment, à travers le cas de *Superman*.

5 Art. 33, Loi de 1881 sur la liberté de la presse.

B. Le cas *Superman*

Le dessin animé produit en 1941 présentait *Superman* de cette manière :

> Plus rapide qu'une fusée, plus puissant qu'une locomotive, capable de sauter par-dessus le plus haut gratte-ciel (d'aller plus haut que n'importe quel avion), ce fabuleux étranger venu de Krypton, l'homme de fer, a une incroyable force physique. Il se bat dans une guerre sans fin pour défendre la vérité et la justice, sous l'apparence d'un modeste reporter : Clark Kent.

S'il y a bien un super-héros qui pose le principe de la double-vie, de la double-identité, c'est *Superman*. Une chemise à carreaux, une paire de lunettes, un air un peu benêt, emprunté, maladroit et le tour est joué. Lorsque Clark Kent arrive à Métropolis, son rêve est paradoxalement opposé à ses capacités exceptionnelles : ce super-héros quasiment invincible – tant qu'il se tient à distance de la kryptonite – aspire à une vie normale, une vie rangée, calme, avec un travail, un logement, une vie sociale et amoureuse. La routine.

Mais *Superman* intrigue : qui est cet extra-terrestre ? Est-il si proche de nous ? A-t-il une vie comme peut en avoir n'importe quel citoyen ?

Ce principe de l'identité secrète crée le mystère et crée donc l'envie. Il n'est donc pas étonnant que les journaux s'emparent de tels phénomènes. La Une du Daily Planet du 17 juin 2015 renvoie ainsi à un article rédigé par Lois Lane : « L'identité secrète de Superman révélée ! L'homme d'acier qui demeure au-dessus de nous tous est en fait Clark Kent, journaliste au Daily Planet ». En réfléchissant à travers le prisme du droit, on peut se poser légitimement cette question : y a-t-il atteinte à la vie privée de Clark Kent ?

L'article 9 du Code civil dispose que « Chacun a droit au respect de sa vie privée ». La question qui se pose en sous-entendu pour *Superman* est de savoir si son anonymat fait partie de sa vie privée et s'il faut alors le respecter. Chacun de nous a ce droit de protéger son intimité et ce droit nous pouvons l'opposer à quiconque essaierait de lui porter atteinte. La notion de vie privée est large et il n'existe pas de définition légale. On pourrait *a priori* se dire que *Superman* étant un personnage public, il échapperait à une telle protection. La 1re chambre civile de la Cour de cassation a pu juger au contraire le 23 octobre 1990 que « toute personne, quel que soit son rang, sa naissance, sa fortune, ses fonctions présentes ou à venir, a droit au respect de sa vie privée »[6]. Être un personnage public n'enlève en rien le droit de voir sa vie protégée, surtout lorsque la divulgation a un impact majeur sur son intimité.

6 Civ. 1re, 23 octobre 1990, n° 89-13163, publié au bulletin.

En révélant par la voie de presse l'identité de *Superman*, Lois Lane porte atteinte au droit au respect de sa vie privée. Outre le fait de divulguer indirectement son lieu de travail, ses habitudes, peut-être même son domicile, elle met en danger également ses amis et les membres de sa famille, *Superman* étant un personnage avec de nombreux ennemis.

La jurisprudence concernant ce mode de divulgation est claire et constante : il peut s'agir d'une exposition publique du portrait[7], diffusion du journal, de la revue ou du livre, projection à l'écran, à la télévision, sur un site Internet[8]. Et la Cour de cassation précise également que le fait pour l'auteur d'avoir recueilli cette information de manière licite n'assure pas son immunité[9].

Mais ce droit au respect de la vie privée n'est pas non plus un droit absolu. Certains éléments peuvent relativiser ce droit, notamment – et cela paraît logique – le fait d'avoir consenti préalablement à cette divulgation. On imagine toutefois que Clark Kent n'a pas consenti à ce que son identité soit révélée.

Un autre critère permet de justifier la divulgation : c'est l'intérêt légitime de l'information. Chaque fois que le public a un intérêt à connaître la vie privée d'une personne, il n'y a pas atteinte. Est-ce que la population de Métropolis avait un intérêt à connaître l'identité secrète de *Superman* ? Difficile à dire, bien qu'une réponse négative puisse être envisagée. En effet, si cette divulgation change tout pour Clark Kent, elle ne change rien pour les citoyens.

On peut faire un parallèle avec cette auteure de romans à succès, Elena Ferrante, qu'un journaliste a traqué afin de dévoiler sa véritable identité. Cette divulgation avait tout d'une atteinte à la vie privée : aucun intérêt public n'existait. Cette divulgation ne changeait rien pour les lecteurs, mais tout pour l'auteure. Un journaliste s'interroge alors : « le désir de savoir peut-il vraiment constituer un droit de savoir ? »[10]. La réponse est, cette fois et sans aucun doute, négative. Concernant Clark Kent, son statut de super-héros ne justifie en rien une telle atteinte et sa vie privée est donc bafouée par la presse du *Daily Planet*.

Michel Foucault dans *l'Archéologie du savoir* exprimait ceci : « Ne me demandez pas qui je suis... C'est une morale d'état civil ; elle régit nos papiers. Qu'elle nous laisse libre

7 CA Paris, 1re ch., 19 avril 1985.
8 CA Paris, 10 février 1999.
9 Civ. 1re, 31 mai 1988, n° 87-11.772, publié au bulletin.
10 J. Confavreux, « Elena Ferrante » : le nom d'une polémique littéraire mondiale, site Mediapart.fr, jeudi 6 octobre 2016.

quand il s'agit d'écrire »[11]. *Superman* aurait pu dire la même chose : « Ne me demandez pas qui je suis... C'est une morale d'état civil ; elle régit nos papiers. Qu'elle nous laisse libre quand il s'agit de sauver le monde ».

Les super-héros sont donc bien malmenés par la presse. Pour autant, cette presse peut aussi être instrumentalisée par ces super-héros. Si *Spider-man* et *Superman* étaient de nouveau au centre des développements subséquents, un troisième super-héros – le terme « justicier » serait plus approprié – doit attirer notre attention : *The Green Hornet, Le Frelon Vert.*

II- La presse instrumentalisée par les super-héros

Superman, *Spider-man* et *Le Frelon Vert* permettent de questionner les conflits d'intérêts, ainsi que les problèmes d'ordre déontologique. Il est par ailleurs légitime de s'interroger sur la motivation de ces personnages et la formule inaugurale « je t'aime moi non plus », pour le moins énigmatique.

A. Conflits d'intérêts et problèmes déontologiques

Qu'est-ce qu'un conflit d'intérêts ? Là non plus – tout comme la vie privée – il n'y a pas de définition légale. Il est toutefois communément défini comme la situation où un individu a à exercer une fonction d'intérêt général tout en exerçant en parallèle une fonction répondant à des intérêts personnels. Le conflit d'intérêts se situe donc dans cette concurrence qui peut influencer la personne dans l'exercice de ses fonctions.

Les journalistes sont concernés par cela. Ils doivent avoir une éthique professionnelle. Dans la charte d'éthique professionnelle, il est notamment précisé que le journaliste « tient l'esprit critique, l'intégrité, l'équité, l'impartialité, pour les piliers de l'action journalistique », qu'il « proscrit tout moyen déloyal et vénal pour obtenir une information », qu'il ne doit pas user « de la liberté de la presse dans une intention intéressée », qu'il doit refuser et combattre « comme contraire à son éthique professionnelle, toute confusion entre journalisme et communication » et surtout qu'il ne doit pas confondre « son rôle avec celui du policier ou du juge »[12].

Les trois superhéros que sont *Spider-man*, *Superman* et *The Green Hornet* sont concernés par ces situations. Tous les trois protègent une identité secrète et s'inscrivent professionnellement dans le milieu de la presse : Clark Kent alias *Superman*

11 M. Foucault, *L'archéologie du Savoir*, Gallimard, 1969, p. 28.
12 Charte d'éthique professionnelle des journalistes, Syndicat national des journalistes, 1918/38/2011 : http://snj.fr/content/charte-d'éthique-professionnelle-des-journalistes.

est journaliste au *Daily Planet* ; Peter Parker alias *Spider-man* est photographe pour le *Daily Bugle* et Britt Reid alias *Le Frelon Vert* possède un journal, le *Daily Sentinel*.

Concernant Clark Kent/*Superman*, plusieurs éléments relativisent son éthique apparemment irréprochable.

Dans un *comics* de 2016, il a par exemple accepté d'écrire pour le Daily Planet une chronique quotidienne contre le crime. On y voit Perry White, le patron du *Daily Planet*, féliciter Clark : « C'est du bon boulot Clark ! La diffusion a explosé depuis que tu as commencé à écrire cette nouvelle série d'articles sur la criminalité. Et Clark de répondre : Merci Perry ! J'espère avoir un autre scoop demain ! Je dois filer maintenant et suivre une piste ! ». Assez dérangeant quand on sait que Clark Kent nourrit ses chroniques sur la criminalité à partir de ses exploits super-héroiques.

Encore dérangeant lorsque dans le film *Superman* de 1978, on voit Clark Kent privilégier sa collègue dont il est secrètement amoureux – Lois Lane – en lui offrant une interview exclusive de *Superman*, c'est-à-dire lui-même, pour en plus le journal dans lequel il travaille.

La déontologie en prend un coup : Clark agit sans impartialité ni indépendance, il agit de manière déloyale dans l'obtention ou la transmission d'une information, en confondant clairement journalisme et communication.

En ce qui concerne Peter Parker/*Spider-man*, là aussi règnent les conflits d'intérêts et les problèmes de déontologie. Peter est un jeune étudiant et il cherche à financer son quotidien et ses études. Jusque-là, rien de plus normal. Seulement il trouve une place de photographe au *Daily Bugle* et propose des photographies... de lui-même, en costume, dans des situations héroïques avantageuses afin de véhiculer une meilleure opinion de lui-même... en vain. Outre le fait d'utiliser la presse dans une intention intéressée, de tomber dans la communication et d'être déloyal dans l'obtention de ces photographies (rien de plus simple de se prendre en photo et d'échapper aux appareils des photographes concurrents), il se fait payer par le journal pour ces photos, rajoutant à ces charges la vénalité, proscrite par la charte professionnelle des journalistes et la déontologie de manière générale.

Enfin, concernant Britt Reid/*Le Frelon Vert*, le conflit d'intérêts est clairement établi. Dans le film de 2011 réalisé par Michel Gondry, Britt Reid hérite du journal de son père, le *Daily Sentinel* et met en scène *Le Frelon Vert* (lui-même) et son acolyte, en se faisant passer non pas pour un super-héros exemplaire, mais un criminel. Cette supercherie est mise sur pied afin d'attirer l'attention d'un vrai criminel qu'il poursuit secrètement et désire arrêter. Il détruit donc les laboratoires de méthamphétamine du criminel russe et laisse sa carte pour se faire connaître en titrant ses « exploits » le lendemain dans le *Daily Sentinel*. Intention intéressée, méthodes déloyales voire vénales, puisqu'il vit de son journal, communication contre véritable information, réalité déformée : *Le Frelon Vert* instrumentalise lui aussi la presse pour servir ses intérêts.

Le constat est sans appel : si les super-héros ont comme objectif de faire le bien et de faire régner la justice, ce qui est louable (et c'est aussi pour cela qu'on les apprécie autant), ils ne sont pas exemplaires lorsqu'il s'agit de leur vie professionnelle liée à la presse.

B. La motivation des super-héros

Alors que retenir de cette brève analyse du rapport entre la presse et les super-héros ? De ces tensions entre leurs vies super-héroïque et leurs vies professionnelles ? Quelles sont les motivations sous-jacentes de ces personnes hors du comment ?

Les super-héros ont beau être connus de tous, être l'objet d'articles, de photographies, ils sont seuls. Profondément seuls. S'inscrire dans une vie professionnelle est la possibilité, pour eux, de se convaincre qu'ils font partie de la société et qu'ils ont un rôle à jouer, de manière ordinaire, comme n'importe quel citoyen.

S'il est question de la presse ici, il apparaît que l'engagement des super-héros dans la vie professionnelle est de manière générale très flagrant : le choix des professions n'est pas anodin. Il y a des militaires, des policiers, des avocats, des médecins. Les journalistes rentrent dans cette logique : être au cœur de la société pour défendre, informer, prévenir et réprimer par les mots et les positions. En costume d'araignée, avec une cape, un slip rouge, un masque, un costume trois pièces ou un Sweat et un Jean, le super-héros cherche donc à agir toujours dans un idéal de justice et d'équité, pour soi-même, mais aussi pour les autres.

La presse n'est cependant pas toujours tendre avec eux. On peut comprendre certaines réserves, mais difficilement les diffamations ou les injures. Le super-héros tente alors de rétablir l'équilibre et de forcer l'adhésion à son personnage, au détriment d'une certaine déontologie, mais toujours dans un but qui apparaît louable. Là est peut-être la différence entre la mission de justice et celle du justicier. Poursuivre un idéal, mais le sien, au détriment parfois de l'intérêt général. Poursuivre des criminels, au détriment des lois. Aspirer à une vie normale et professionnelle, au détriment de ses codes sociaux ou déontologiques.

Et c'est ce qui le rapproche paradoxalement des vilains. *Ra's Al Ghul*, formateur et ennemi de *Batman* pointait du doigt ce problème dans le film *Batman Begins* de Christopher Nolan : « Un justicier n'est qu'un homme égaré dans une course effrénée vers son auto satisfaction »[13].

Le *Joker* disait également ceci dans *The Dark Knight* du même réalisateur : « La seule façon raisonnable de vivre en ce bas monde, c'est en dehors des règles »[14].

Les règles peuvent devenir des contraintes pour les super-héros. Elles le sont déjà pour les hommes. Il faut alors se tourner vers Blaise Pascal qui a pensé cette question. Il plaidait dans ses *Pensées* en faveur d'un rapprochement entre le droit et la force, un peu dans la problématique du second opus d'Avengers au cinéma qui opposait *Captain America* à Tony Stark. Il expliquait ceci :

> Il est juste que ce qui est juste soit suivi ; mais il est nécessaire que ce qui est le plus fort soit suivi. La justice sans la force est impuissante et la force sans la justice est tyrannique. La justice sans force est contredite, parce qu'il y a toujours des méchants. Mais la force sans la justice est accusée. Il faut donc mettre ensemble la justice et la force, et pour cela faire que ce qui est juste soit fort ou que ce qui est fort soit juste[15].

Il s'agirait donc d'encadrer juridiquement l'activité de ces super-héros… Et le présent ouvrage apporte assurément son lot de réponses sur la question ![16]

13 *Batman begins* de Christopher Nolan (2008).

14 *The Dark Knight* de Christopher Nolan (2005).

15 B. Pascal, *Pensées*, n° 103.

16 A. Ciaudo, « L'encadrement juridique de l'activité de super-héros », *infra* p. 113.

Les super-héros, super-contribuables ?

Frédéric DURAND
Maître de conférences à l'Université de Lorraine

S'intéresser aux rapports du droit fiscal avec les super-héros pourrait paraître saugrenu au premier abord. En effet, ces super-héros, objet du présent ouvrage, qui sont-ils ?

Traditionnellement, ils sont envisagés comme des êtres fantastiques, parfois dotés de super-pouvoirs et sauvant le monde de périls toujours plus grands.

Il serait possible de rétorquer qu'il s'agit aussi, et surtout, de superbes machines à générer du « cash », aux mains de quelques multinationales que sont *Marvel* et *DC comics* pour ne citer qu'elles. Envisager les rapports du droit fiscal avec les super-héros revient à aborder la question de l'imposition des produits des films, *comics* et autres produits dérivés dont regorge le marché. Le fait est que la jurisprudence fiscale américaine connaît des arrêts tels que Marvel vs États-Unis dans lesquels se pose la question du traitement fiscal des figurines *X Men*, afin de déterminer si ces dernières ressemblent suffisamment à des êtres humains pour être taxées comme des « poupées » (qui ressemblent par définition à des êtres humains) ou s'il faut leur appliquer le traitement fiscal des « autres jouets »...

Les *Marvel* et autres *DC Comics* sont des compagnies internationales qui, comme les *Starbucks* et autres *Apple* tentent de gérer au mieux leur charge fiscale. Ce n'est toutefois pas ce sens des rapports du droit fiscal avec les super-héros que nous nous proposons d'envisager, mais bien de voir la place que retient le droit fiscal dans le monde des super-héros.

Contrairement à d'autres univers, tels que *Star Wars*, le droit fiscal ne ressort pas directement de la culture des super-héros qui, dans une large mesure, apparaissent comme le reflet de leur époque. En son temps les *Superman* et autres *Captain America* ont dû lutter contre l'ennemi nazi puis contre le communisme pour, dans les années 70, promouvoir la place de la femme au sein de la société et l'émancipation raciale.

Notre société post-crise financière, fort encline à dénoncer les excès de la finance et la fraude, aurait pu voir émerger un nouveau super-héros, sorte de super-agent de l'IRS optimisé au Code général des Impôts. Or, à ma connaissance, un tel personnage, dont l'ennemi serait la finance, n'a nullement vu le jour de l'autre côté de l'Atlantique.

Mais alors, les super-héros sont-ils totalement perméables au droit fiscal ?

Selon Benjamin Franklin, « en ce bas monde il n'est rien de certain à part la mort et les impôts ». Le dernier film des aventures de *Superman* nous a appris qu'un super-héros pouvait mourir[1] alors, faut-il admettre que, lui aussi, doit payer des impôts !

L'imposition d'une personne, fut-elle un super-héros, soulève un certain nombre de problèmes. Certains tiennent au fond du droit et conduisent à se demander dans quelle mesure le sauveur de l'univers pourrait tomber sous la loi fiscale. D'autres concernent la procédure proprement dite et conduisent à s'intéresser aux rapports qu'entretient l'Administration fiscale avec le super-héros en vue d'imposer ce dernier.

Tout ceci nous conduira donc à aborder d'une part, la soumission du super-héros à la loi fiscale ; d'autre part, les relations du super-héros avec l'administration fiscale.

Compte tenu de la multitude des impôts qu'a créée le législateur, nous centrerons essentiellement nos développements autour de l'impôt sur le revenu.

Le champ d'application de celui-ci est fixé à l'article 4A du Code général des impôts (ci-après CGI), qui dispose que les personnes sont imposables en France à l'IR à raison de leurs revenus mondiaux ou de source française, selon qu'elles disposent ou non de leur domicile dans cet État. Ce faisant, ce texte définit son champ d'application personnel en se référant à la notion de « personne » sans autre précision. Mais un super-héros est-il une personne ?

Si pour certains d'entre eux, tels que *Hawk Eye*, *Iron Man*, *Black Widow*, la question ne se pose pas, pour d'autres elle est beaucoup plus délicate. Rappelons ainsi que *Thor* est un dieu. Un dieu est-il une personne ? De même *Vision*, androïde créé par Ultron dans le dernier opus des aventures des Avengers est un androïde[2]. Un androïde est-il une personne ? Et que dire de *Rocket Racoon* et de *Groot*, deux gardiens de la galaxie, qui sont

1 *Batman vs. Superman : L'aube de la justice* de Zack Snyder (2016).
2 *Avengers : L'ère d'Ultron* (2015) de Joss Whedon.

respectivement un raton laveur génétiquement modifié et un extraterrestre végétal à l'allure d'arbre ?

On peinera à trouver une quelconque réponse dans la jurisprudence ou bien dans le CGI. Tout juste peut-on rappeler que notre impôt sur le revenu est issu de deux lois de 1914 et de 1917, imposant initialement des personnes physiques morales. Si une société, une association, qui est à la base de pures fictions juridiques peuvent être qualifiées de personnes et taxées comme tel, pourquoi en irait-il différemment d'un dieu, d'un kryptonien ou de tout autre super-héros.

Se pose alors la question des modalités d'imposition du super-héros. Pour certains, la chose semble aisée. En effet, *Faucon, Hawk Eye, Black Widow* sont des agents du SHIELD. Ils réalisent les missions que Nick Fury leur confie. Leur situation les rapproche donc de salariés.

Mais que dire de *Hulk* ? Qui oserait dire qu'il est sous la dépendance hiérarchique de tel ou tel autre personnage ? Il ne fait que ce qu'il veut. Il ne saurait être qualifié de salarié. Pour autant *Hulk* mange – et pas qu'un peu. Il lui faut donc bien assurer les moyens de sa subsistance. Mais d'où viennent-ils ? Il ne travaille pas. Il fracasse... En fait, *Hulk* est logé gratuitement chez Tony Starck. Il vide le frigo, profite de sa télévision, le tout, sans bourse délier. Autrement dit, il est entretenu.

Par le passé, le Conseil d'État[3] a été confronté à de telles situations, à propos de femmes et d'hommes mariés, généralement d'âge plus mûr. Il a pu estimer que la femme entretenue par un tiers devait être soumise à l'IR, au titre des bénéfices non commerciaux, à raison des sommes qu'elle perçoit. Aussi, peut-on valablement penser que *Hulk* devrait être également taxé selon ces modalités.

Imposer une personne, c'est identifier une personne, mais aussi déduire des charges. Parmi les accessoires indispensables du super-héros figure naturellement le super-costume – généralement moulant et destiné à mettre en valeur les formes avantageuses de celui qui le porte. Ce costume constitue-t-il un vêtement professionnel ?

Qu'il s'agisse tant des traitements et salaires que des bénéfices non commerciaux, les frais afférents aux vêtements sont déductibles. Pour cela ils doivent être spécifiques à la profession exercée ou s'ils ne le sont pas, il faut qu'ils soient caractéristiques de cette profession. À titre d'exemple sont des vêtements professionnels :

---

3 CE, plén., 29 juillet 1983, n° 34223 : *JurisData* n° 1983-607544 ; Dr. *fisc.* 1983, comm. 2255, concl. J.-F. Verny ; *RJF* 1983, n° 1142, chron. P.-F. Racine, p. 491s.

- les vêtements de travail portés par les ouvriers des différents corps de métiers (bleus de travail, souliers spéciaux...) ;
- les vêtements de danse des artistes chorégraphiques (collants, justaucorps, pointes et demi-pointes...) ;
- le costume officiel des membres de l'université.

La diversité des vêtements portés par les super-héros est telle qu'il est fort difficile d'identifier un quelconque trait spécifique à ces derniers. Souvent, il portera une cape, mais pas toujours : *Captain America* n'en a pas. Souvent, le costume sera de couleur voyante. Mais pas toujours, celui de *Batman* est noir...

Qui oserait toutefois dire que la tenue de *Superman*, de *Batman*, de *Wonder Woman* n'est pas un attribut de sa profession ? Qui, en effet, oserait s'habiller de la sorte hors du cadre spécifique de la lutte contre les super-vilains – sauf à finir dans un asile d'aliénés ? Assurément, le costume de super-héros, qui fait partie de la définition de son identité, constituera un vêtement professionnel dont les frais seront déductibles. Dans certains cas, tels *Iron man* ou *Batman*, la charge sera fort lourde. Dans d'autres, tel qu'*Hulk*, elle sera minime.

Imposable du fait de ses activités, le super-héros tombera sous le coup de la loi fiscale. Il devra payer des impôts et, pour se mettre en conformité, entretenir des relations – dangereuses ? – avec les services fiscaux. Aussi, à l'étude des relations du super-héros avec la loi fiscale doit suivre d'autre part celle de ses relations avec le fisc.

Il n'échappera à personne – calendrier oblige – que, pour pouvoir payer ses impôts, encore faut-il préalablement avoir déclaré sa situation ! On imagine dès lors la conversation ubuesque de superman avec un agent du fisc :

- *L'agent* : votre profession ?
- *Superman* : super-héros, défenseur de la veuve et de l'orphelin
- *L'agent* : nationalité ?
- *Superman* : kryptonienne
- *L'agent* : krypto quoi ?

Et de suivre une discussion de sourds au cours de laquelle *Superman* devrait raconter ses origines, préciser son domicile, ses sources de revenus, ses charges déductibles, telles que sa cotisation annuelle à la Ligue des justiciers... Bref, autant d'informations du plus haut intérêt et que souhaiterait connaître Lex Luthor afin d'anéantir Superman et que ce dernier souhaiterait, à l'inverse, conserver secrètes. Secrètes... Le secret, cet autre trait caractéristique du super-héros, qu'il ne souhaite nullement ébruiter. D'où la question : peut-on tout dire au fisc ?

Selon l'article L103 du Livre des procédures fiscales (LPF) l'obligation du secret professionnel telle qu'elle est définie au Code pénal, s'applique à toutes les personnes appelées à l'occasion de leurs fonctions ou attributions à intervenir dans l'assiette, le contrôle, le recouvrement ou le contentieux des impôts, droits, taxes et redevances prévus au CGI. Autrement dit, le fisc est tenu au secret. On peut tout lui dire, tout lui avouer, dans la mesure toutefois où aucun texte de nature pénale n'impose aux agents de l'administration de prévenir le Parquet. Mais, pour autant, peut-on avoir confiance dans une personne, quand bien même elle serait tenue au secret ? L'affaire Wikileaks nous apporte la réponse : assurément non !

Si l'on veut qu'un secret le reste, la seule solution est de le garder pour soi. De ne pas divulguer, par exemple, l'existence de la bat-cave. D'en taire l'existence au fisc et par la même de frauder les impôts locaux y afférents et, devenir un super fraudeur ! Super fraudeur, voilà sans doute le trait caractéristique de tout super-héros. Et voila sans doute pourquoi la question fiscale est systématiquement omise dans le monde des super-héros.

Le droit des marques : une nouvelle arme pour les super-héros

Yann BASIRE
Maître de conférences au CEIPI, Université de Strasbourg
Directeur général et Directeur de la section française du CEIPI

Introduction : Qu'est-ce qu'un super-héros ?

Qu'est-ce qui caractérise un super-héros ? Ses supers pouvoirs comme pour Peter Parker et Steve Rogers ? Ses aptitudes physiques comme pour Bruce Wayne ou Oliver Queen ? Son argent, pour citer le cas Tony Stark ? Ou son intelligence hors norme comme pour Bruce Banner ou Reed Richards ? La liste des caractéristiques est longue et finalement assez hétérogène, à tel endroit qu'il est difficile de trouver un dénominateur commun. Bien entendu, il serait tentant d'évoquer simplement les valeurs qu'ils véhiculent avec cette volonté d'œuvrer pour la justice. Leur approche de la justice peut toutefois s'avérer diamétralement opposée. Difficile, en effet, de trouver des similitudes sur ce point dans les méthodes de Franck Castle, alias *The Punisher*, et celles de Clark Kent, alias *Superman*. Le dénominateur commun de la quasi-totalité, si ce n'est la totalité, des super-héros se veut finalement beaucoup plus prosaïque. Ils partagent la volonté d'exister en tant que super-héros à travers des signes distinctifs : un pseudonyme (*Daredevil*, *Hawkeye*, *Black Widow*), un costume ou bien encore un emblème. Un apprenti super-héros se doit donc de se trouver un pseudonyme, susceptible de marquer les esprits, doublé d'un costume tout aussi reconnaissable. C'est ainsi que Dave Lisewski trouve un sens à sa vie en menant une vie de super-héros sous le nom de *Kick-Ass*[1]. Il en va de même pour tous les super-héros de *One Punch Man*, regroupés au sein de l'Association des héros et dont

1 *Kick-Ass* de M. Vaughn (2010).

le conseil affuble chaque membre d'un pseudonyme. C'est ainsi que Saitama, le héros, est recensé dans l'almanach des héros comme étant *le Chauve Capé*.

Des signes distinctifs protégeables

Ces signes distinctifs sont potentiellement saisissables des droits de propriété intellectuelle, c'est-à-dire des droits portant sur des choses incorporelles, issues le plus souvent d'un effort créatif, et pouvant concerner des œuvres de l'esprit, avec le droit d'auteur, des inventions – créations techniques –, avec les brevets, ou bien encore des signes distinctifs, avec le droit des marques.

Les emblèmes ou costumes des super-héros pourront ainsi être protégés au titre du droit d'auteur, sous réserve toutefois qu'ils soient originaux, c'est-à-dire qu'ils s'agissent de créations propres à leurs auteurs[2]. Plus difficile sera la protection des pseudonymes. D'une part, il est plus difficile pour un mot seul de se voir reconnaître la qualité d'œuvre de l'esprit. D'autre part, il apparaît que les noms choisis par les super-héros sont le plus souvent d'une grande banalité. Deux exemples suffisent à illustrer cette assertion : *Spider-man* pour un individu ayant été piqué par une araignée radioactive ; *la Torche* pour un super-héros ayant la faculté de contrôler le feu et de se transformer en torche humaine.

C'est toutefois un autre droit de propriété intellectuelle qui doit tout particulièrement attirer l'attention : le droit des marques. En effet, bien que les différents éléments caractéristiques d'un super-héros participent d'un certain esthétisme, difficile de croire que cette finalité soit prépondérante dans leurs choix. L'idée qui sous-tend l'utilisation de pseudonymes, de costumes ou d'emblèmes est la volonté d'être reconnu aisément par le public et de se distinguer, le cas échéant, des autres super-héros[3]. Ces éléments caractérisant le super-héros ne seraient-ils finalement pas utilisés comme des marques, dont l'essence même est de distinguer des produits et des services[4] ? Si tel devait être le cas, le super-héros pourrait-il trouver un quelconque intérêt à se prévaloir d'un droit de marque sur son nom, son emblème ou son costume ? Pour tenter de s'en convaincre, il convient de déterminer si un super-héros est en mesure de se voir reconnaître un droit

2 CJUE, 16 juillet 2009, aff. C. 5/08, *Infopaq*, point 37.

3 V. Jeffzewanderer, « Pourquoi les super-héros portent-ils ces costumes », *Comic Talk*, http://comictalk.fr/les-super-heros-portent-ces-costumes/ : « En fait pour réellement comprendre d'où viennent les costumes des super-héros, il faut traverser le quatrième mur et pénétrer de plein pied dans le monde réel. Il y a sans doute à la base de cela une nécessité narrative propre à tout récit visuel : il faut que le principal (où les principaux) protagoniste(s) soi(en)t aisément identifiable(s). Qu'il se distingue des autres non seulement par son rôle mais aussi par son apparence ».

4 CPI, art. L. 711-1.

de marque sur les éléments qui le caractérisent (I), afin d'apprécier ensuite son éventuel exercice à l'égard des tiers (II).

I- La reconnaissance d'un droit de marque au profit des super-héros

Le droit de marque se définit comme un droit exclusif portant sur un signe distinctif ayant pour objet d'identifier des produits et des services. La naissance du droit implique le respect de conditions de fond (B), mais aussi de forme, la marque devant être déposée préalablement en vue d'être enregistrée (A).

A. Les conditions de forme

Obligation de dépôt

Contrairement au droit d'auteur, mais comme les autres droits de propriété industrielle (les brevets et les dessins et modèles), le droit de marque est conditionné par un dépôt du signe, aux fins d'enregistrement, auprès d'une autorité compétente : l'Institut national de la propriété industrielle (INPI), si l'on souhaite obtenir une marque valable en France française, l'United States Patent and Trademark Office (USPTO), si l'on souhaite obtenir une marque valable sur le territoire américain ou bien encore l'Office de l'Union européenne pour la propriété intellectuelle (EUIPO), si l'on souhaite une marque valable pour l'ensemble du territoire de l'Union européenne.

Le simple acte de dépôt peut constituer une première source de difficultés pour les super-héros. En effet, seule une personne physique ou une personne morale peut procéder au dépôt. Plus précisément, il est impossible de demander l'enregistrement d'une marque sous un pseudonyme. Les super-héros, partisans de l'anonymat, souhaitant se prévaloir d'un droit de marque se retrouveraient face à un obstacle particulièrement difficile à dépasser. Difficile en effet d'imaginer Bruce Wayne – voire Wayne Entreprises – ou Clark Kent déposer respectivement les marques *Batman* et *Superman*. Un tiers, proche du super-héros – Alfred Pennyworth, Loïs Lane –, pourrait procéder au dépôt, pour ensuite concéder une licence d'exploitation. Une telle démarche aurait toutefois pour conséquence de mettre en danger ces tiers, les registres de marque étant publics et susceptibles d'être consultés par les ennemis des super-héros. Au-delà de ces considérations liées à l'anonymat, les textes n'envisagent pas la problématique des dépôts opérés par des divinités – *Thor* – ou des individus ayant une origine extraterrestre – le *Surfer d'argent*. Le recours au droit des marques leur semble donc être prohibé, sauf, encore une fois, à ce qu'ils décident de passer par l'intermédiaire d'un tiers.

Contenu de la demande d'enregistrement

La demande d'enregistrement doit ensuite contenir deux éléments essentiels : le signe que l'on souhaite voir protéger au titre du droit des marques et les produits et services pour lesquels il fera l'objet d'un droit exclusif.

La marque devra par conséquent être rigoureusement reproduite dans la demande d'enregistrement. De même, il conviendra à l'auteur du dépôt de désigner avec précision et clarté les produits et/ou services pour lesquels il recherche une protection. En effet, le droit de marque n'est pas un droit absolu, en ce sens qu'il ne permet pas de protéger le signe en soi. Il est gouverné par le principe de spécialité. Ainsi, sauf exception, la marque enregistrée est protégée uniquement dans sa relation avec les produits et les services désignés dans les registres. Afin de respecter l'obligation de clarté et de précision dans la désignation des produits et des services, les super-héros pourront se référer à l'énumération de ceux-ci visés dans la classification internationale de Nice[5], grâce à laquelle ils sont répartis dans des classes par ordre alphabétique et par thématique. Bruce Wayne – si tant est qu'il ait trouvé une solution pour la personne procédant à l'acte de dépôt – pourrait être tenté, par exemple, de déposer le terme Batmobile pour désigner des véhicules en classe 12. Le *Professeur Xavier* et *Jean Grey*, dotés tous deux de pouvoirs télépathiques, pourraient essayer de déposer le terme *X-Men* en classe 38 pour désigner des services de télécommunication. Bien qu'il ne soit pas fait mention de la télépathie dans cette classe, la liste n'est pas exhaustive et il est parfaitement loisible au déposant d'y ajouter un nouveau service. Il ne fait par ailleurs guère de doutes que le Professeur Xavier ait également déposé le terme *Institut Xavier*, le nom de son académie pour mutants, pour des services d'enseignements en classe 42.

Plus généralement, la classe 45 pourrait enfin s'avérer particulièrement pertinente pour les super-héros. Matt Murdoch, alias *Daredevil*, y trouverait même un double intérêt. Il s'agit en effet de la classe relative aux services juridiques – le nom d'un cabinet d'avocats trouverait donc à être déposé dans cette classe – et des services de sécurité pour la protection des biens et des individus. Il serait également tentant de désigner pour un super-héros, toujours en classe 45, les services extrajudiciaires de résolution de différends. De même, *Batman* pourrait également souhaiter déposer sa marque pour les services d'enquêtes sur des personnes portées disparues.

5 CPI, art. R. 712-3. La classification internationale de Nice est le fruit de l'Arrangement de Nice de 1979. Il y a aujourd'hui plus de 80 parties contractantes. Les produits et services sont répertoriés dans 45 classes (34 pour les produits, 11 pour les services). La référence aux classes au moment du dépôt n'a qu'une valeur administrative, en ce qu'elle est utile pour le paiement des taxes. La portée du droit de marque est déterminée par le(s) produit(s) ou service(s) désignés dans la demande.

En tout état de cause, les listes alphabétiques de la classification internationale de Nice ne sont pas exhaustives. Dès lors, les Avengers, par l'intermédiaire du S.H.I.E.L.D pourraient parfaitement innover en souhaitant protéger les noms, emblèmes ou costumes de ses membres pour désigner, par exemple, des services de luttes contre les invasions extraterrestres.

Sauf exception, les conditions de forme à respecter afin d'obtenir l'enregistrement de marques au profit des super-héros ne s'avéreront pas totalement insurmontables. Il en va de même pour les conditions de fond.

B. Les conditions de fond

Les super-héros souhaitant se prévaloir d'un droit de marque sur les signes distinctifs les caractérisant devront toutefois répondre à deux types de conditions de fond. D'une part, ils ne devront pas tomber sous le coup d'un motif absolu de refus (1), examinés d'office par l'autorité compétente (cf. *supra*). D'autre part, ils ne devront pas se voir opposer un motif relatif de refus (2), dont l'existence est examinée à l'unique condition qu'un tiers en fasse la demande. Ces conditions devront toujours être appréciées au moment du dépôt de la demande d'enregistrement et par rapport aux produits et services désignés pour lesquels la protection est recherchée.

1. Les motifs absolus de refus

Exigence de représentation du signe

Quel que soit le signe que l'on souhaite enregistrer à titre de marque, perceptible ou non par la vue, celui-ci doit être représenté d'une manière qui permette aux autorités compétentes et au public de déterminer précisément et clairement l'objet bénéficiant de la protection conférée à leur titulaire[6]. La règle se veut particulièrement accueillante et permet de demander à l'enregistrement tout type de signe – verbal, sonore, figuratif, etc. – sous réserve qu'il soit représenté de manière claire, précise, distincte, facilement accessible, intelligible, durable et objective[7]. Tout au plus, ne pourront pas être enregistrés à titre de marque les signes olfactifs, tactiles ou gustatifs, éléments intéressant finalement assez peu les super-héros.

---

6 CPI, art. L. 711-1.

7 CJCE, 12 déc. 2002, aff. C-273/00, Sieckmann.

Exigence de licéité

L'exigence de représentation étant facile à respecter concernant les signes distinctifs des super-héros, il conviendra ensuite d'examiner l'exigence de licéité[8] : une marque ne doit pas être contraire à l'ordre public et aux bonnes mœurs, en ce sens qu'ils ne doivent pas porter atteinte à des principes essentiels au bon fonctionnement de la société. C'est ainsi que doivent être refusés à l'enregistrement des signes subversifs, obscènes, à connotation raciste ou incitant à l'usage de stupéfiants. Tout comme celle de représentation, l'exigence de licéité ne devrait pas être source de difficultés pour les super-héros, leurs signes distinctifs n'ayant pas vocation à choquer le public. Il importe en outre peu que certains de ces super-héros, tels que *Deadpool* ou *The Punisher*, adoptent des méthodes contraires à la morale et aient des comportements choquants ou subversifs. La marque est indépendante et sa validité ne dépend aucunement du comportement de son titulaire.

Exigence de distinctivité

Le signe distinctif demandé à l'enregistrement doit enfin être distinctif[9], condition essentielle de l'existence du droit de marque. La marque ayant pour finalité d'identifier des produits et des services, elle se doit d'être distinctive. Deux formes de distinctivité sont recensées : la distinctivité intrinsèque – *per se* ou autonome – et la distinctivité extrinsèque.

Une marque est distinctive « extrinsèquement » lorsqu'elle est arbitraire au regard des produits et services désignés dans la demande d'enregistrement. En d'autres termes, elle ne doit être ni descriptive d'une des caractéristiques du produit, ni générique. C'est pourquoi il est, par exemple, inconcevable de voir enregistrer le terme « cigarette » pour des produits de tabac. S'agissant des super-héros, il conviendra ainsi de répondre à la question suivante : les pseudonymes *Batman, Spider-man, Captain America ou Green Arrow*, sont-ils arbitraires pour un service d'aide à la personne ou pour un service extra-judiciaire de règlement des conflits ? Une réponse positive s'impose. Si les noms des super-héros sont descriptifs, cette descriptivité ne concerne que certains de leurs attributs – Peter Parker choisit *Spider-man* après avoir été piqué par une araignée radioactive, *Batman* choisit la chauve-souris comme symbole afin d'effrayer et d'intimider les criminels de Gotham city, etc. – et ne renvoie pas aux services qu'ils pourraient proposer. Le même raisonnement doit pouvoir être adopté s'agissant des emblèmes et des costumes des super-héros.

---

8 CPI, art. L. 711-2.

9 CPI, art. L. 711-2.

La marque doit ensuite être distinctive « intrinsèquement », c'est-à-dire qu'il est impératif qu'elle soit perçue par le consommateur comme étant un signe à même d'identifier des produits et des services. En d'autres termes, le signe demandé à l'enregistrement doit, aux yeux des consommateurs, être susceptible de remplir la fonction de la marque. Des réserves peuvent être émises quant à cette exigence. S'agissant des costumes, tout d'abord, il convient de savoir que les offices – français et de l'Union européenne – font preuve d'une grande rigueur et refusent le plus souvent d'enregistrer des marques tridimensionnelles. Il est en effet exigé qu'une marque 3D diverge, de manière significative, de la norme ou des habitudes du secteur afin de pouvoir être considérée comme distinctive[10]. Cette appréciation pourrait conduire à refuser à l'enregistrement le costume de Saitama, héros de *One Punch Man*, qui s'illustre par sa grande banalité au regard des normes du secteur. Il conviendra pour d'autres – *Superman, Aquaman, Thor, Wonder Woman* – de déterminer au cas par cas, grâce, notamment, aux combinaisons de couleurs ou à la présence d'éléments très particuliers, la distinctivité de leurs costumes. Il conviendra également pour l'office de déterminer que les éléments figuratifs présents sur les costumes ne sont pas exclusivement décoratifs, mais ont aussi une portée distinctive. Précisons enfin que les éléments fonctionnels, c'est-à-dire remplissant un rôle technique, ne pourront être pris en considération pour apprécier la distinctivité du costume[11].

Quid, ensuite, du nom des super-héros et de leurs éventuels emblèmes ? Il est acquis qu'un signe auquel le consommateur attache un certain nombre de valeurs, sans lien avec des produits et des services, sera difficilement perçu par celui-ci comme étant une marque. C'est à ce titre, par exemple, que la photo de Che Guevara fut annulée pour désigner des vêtements. Si la photo constituait un signe arbitraire au regard des produits et des services désignés, elle apparaissait néanmoins comme étant particulièrement emblématique et ayant un fort pouvoir d'évocation. Le consommateur n'était pas en mesure de percevoir ce signe comme un signe identifiant l'origine des produits et services désignés, mais comme une référence faite, à des fins politiques ou artistiques, à l'œuvre de Korda qui magnifie Che Guevara[12]. C'est également sur la base de ce motif de refus que l'INPI envisageait en 2015 de refuser à l'enregistrement les demandes portant sur le signe #JesuisCharlie[13]. Les noms et les emblèmes des super-héros pourraient se voir opposer ce motif de refus. En effet, les *Batman*, *Superman*, *Iron Man* ou bien *Thor* opèrent comme des symboles aux yeux du public. *Superman* n'est-il pas parfois

10 CJCE, 12 févr. 2004, aff. C-218/01, Henkel.

11 CPI, art. L. 711-2.

12 CA Paris, 21 nov. 2008, Propr. industr. 2009, n° 5, comm. N° 33, obs. P. Tréfigny-Goy.

13 INPI, communiqué, 13 janvier 2015. Voir Y. Basire, « Je suis Charlie » : la tentative de récupération d'un « symbole » par le droit des marques, Propr. industr. 2015, étude 5.

présenté comme une figure divine[14] ? Pour autant, rien n'exclut qu'ils soient également perçus par le consommateur comme des signes distinctifs, identifiant les super-héros et leurs activités. La portée symbolique semble d'ailleurs particulièrement limitée dans *One Punch Man* où les super-héros sont répertoriés par l'association des héros dans l'almanach des super-héros. C'est, dans ce cadre, la fonction distinctive du signe qui prédominera.

En tout état cause, c'est encore au terme d'une appréciation au cas par cas qu'il conviendra de déterminer si le signe demandé à l'enregistrement est perçu exclusivement comme un symbole, auquel cas la demande sera rejetée, ou comme un symbole, mais aussi une marque potentielle, hypothèse dans laquelle la marque sera alors enregistrée. Au-delà de l'aspect symbolique, on pourrait reprocher à certains noms d'être trop simples ou exclusivement laudatifs. N'est-ce pas le cas du nom *Superman* pour évoquer une personne dotée de super pouvoirs protégeant Metropolis et le monde ? Les autorités compétentes pourraient légitimement conclure au fait que le signe échoue à remplir la fonction distinctive de la marque. Quelle que soit l'hypothèse, le défaut de distinctivité pourrait être purgé en démontrant que l'usage du signe lui a fait acquérir une certaine distinctivité auprès du public pertinent[15].

Au regard de ces motifs absolus de refus, il est possible de conclure qu'aucun obstacle dirimant ne semble pouvoir empêcher l'enregistrement à titre de marque. Qu'en est-il des motifs relatifs ?

2. Les motifs relatifs de refus : l'exigence de disponibilité

L'exigence de disponibilité

L'exigence de disponibilité est qualifiée de motif relatif de refus en ce sens que les autorités compétentes ne procèdent pas d'office à l'examen de celle-ci. Elle sera envisagée à la condition qu'un tiers en fasse la demande, soit pendant la phase d'enregistrement, dans le cadre d'une procédure d'opposition, soit postérieurement à celle-ci, dans le cadre d'une action en nullité[16].

Un signe est considéré comme disponible lorsqu'il n'est pas susceptible de porter atteinte à un droit antérieur (une marque, une œuvre de l'esprit, un nom commercial, un nom de famille, etc.). Au regard de cette exigence, il serait parfaitement possible de voir naître des conflits entre certains noms de famille similaires à ceux choisis pour les

14 Voir *Man of Steel* (2013) et *Batman vs. Superman : l'aube de la justice* (2016) de Zack Snyder
15 CPI, art. L. 711-2.
16 CPI, art. L. 711-4.

super-héros ou entre certains noms, costumes et emblèmes de super-héros, à condition que soit démontré un risque de confusion entre les signes en conflit[17]. Pour ce faire, il conviendra de comparer les signes en conflit et l'impression d'ensemble qu'ils dégagent en tenant compte non seulement des éléments de ressemblances, mais aussi de différenciation, afin de déterminer si le consommateur est susceptible de croire que les signes ont une origine commune.

Tout comme les motifs absolus, l'exigence de disponibilité ne semble pas être un obstacle insurmontable à l'enregistrement de la marque pour un super-héros. Une fois cet enregistrement obtenu, convient-il désormais d'analyser les perspectives qu'un droit de marque peut offrir aux super-héros en bénéficiant.

II. La protection du super-héros par le droit des marques

Comme tout droit de propriété intellectuelle, le titulaire d'un droit de marque bénéficie d'une action en contrefaçon contre les tiers qui porteraient atteinte à son droit exclusif (B). Il pourra cependant pleinement s'en prévaloir à la condition qu'il fasse un usage sérieux de sa marque (A).

A. L'obligation d'exploitation : le risque de déchéance

Le principe de la déchéance

Une fois la marque enregistrée, le super-héros bénéficiera d'un droit exclusif pendant 10 ans, à compter du dépôt. Cet enregistrement pourra être renouvelé de manière indéfinie, offrant ainsi la possibilité au titulaire de bénéficier d'une protection perpétuelle. Convient-il toutefois de préciser que pèse sur les épaules de celui-ci une obligation d'exploitation. Le droit de marque, contrairement au droit de propriété portant sur une chose corporelle, n'est pas un droit « oisif ». L'article L. 714-5 du Code de la propriété intellectuelle prévoit à ce titre que le titulaire d'un droit de marque est déchu de celui-ci s'il n'a pas fait un usage sérieux de sa marque, sans justes motifs, pendant une période de cinq suivant l'enregistrement du signe comme marque ou son dernier acte

17 CA Paris, 15 décembre 2000, Viagra c. Virag, *D.* 2001, p. 1306.

d'exploitation. Les super-héros devront faire preuve d'une attention toute particulière à ce sujet.

L'exploitation des marques par les super-héros

D'une part, il arrive que certains super-héros mettent leur activité entre parenthèses pendant un certain nombre d'années. On pense notamment à Tony Stark, alias Iron Man, ayant décidé de se retirer de son activité au sein des Avengers suite à la « décimation » de Thanos ayant emporté, notamment, la disparition de la moitié de l'humanité[18]. Le risque de voir, dans une telle hypothèse, un tiers demander la déchéance des droits, c'est-à-dire la perte pour l'avenir des droits de Tony Stark sur la marque *Iron Man*, serait réel. Pire, cette déchéance aurait pour conséquence de faire de la marque une *res nullius*, permettant à quiconque de déposer à nouveau, à son profit, la marque en question. L'usage sérieux visé par les textes s'entend d'un usage conforme à la fonction essentielle de la marque, supposant « une utilisation de celle-ci sur le marché des produits ou des services protégés par la marque et pas seulement au sein de l'entreprise concernée »[19]. Il doit ainsi s'agir d'un usage opéré à titre de marque, en vue d'identifier des produits et des services, ayant vocation de créer ou conserver des débouchés commerciaux[20], étant précisé qu'un usage à but lucratif n'est pas nécessaire au maintien des droits[21]. En outre, l'usage ne doit pas être effectué à titre symbolique, dans le seul but de maintenir les droits conférés par la marque. Il appartiendra donc aux super-héros de maintenir une activité régulière sous leurs noms, avec leurs costumes et emblèmes.

D'autre part, les emblèmes ou les costumes des super-héros peuvent évoluer avec le temps[22]. Ainsi, lors de sa première apparition, le S utilisé par *Superman* ressemblait à un blason médiéval en forme d'écu. De la même manière, *Captain America* débuta ses aventures avec un bouclier en forme d'écu médiéval. Une telle évolution pourrait emporter des conséquences au regard du droit des marques et du risque de déchéance. L'article L. 714-5 du Code de la propriété intellectuelle prévoit à ce sujet que l'usage d'une marque sous une forme modifiée peut constituer un usage sérieux permettant d'éviter la déchéance, sous réserve que les modifications n'altèrent pas le caractère distinctif du signe. Les modifications apportées à la marque devront par conséquent apparaître comme négligeables afin de ne pas altérer le caractère distinctif de la marque et que les signes – le signe tel qu'enregistré et le signe tel qu'exploité – sont considérés comme

18 *Avengers : Infinity War* de Joe et Anthony Russo (2018).
19 CJCE, 11 mars 2003, aff. C-40/01, *Ansul BV et Ajax Brandbeveiliging BV*, pt. 37.
20 CJCE, 15 janvier 2009, aff. C-495/07, *Siberquelle*.
21 CJCE, 9 déc. 2008, aff. C-442/07, *Verein Radetzky-Orden*.
22 W. Blanc, *Super-héros, Une histoire politique*, Libertalia, p. 125.

globalement équivalents[23]. À défaut, le risque de déchéance sera réel et il conviendra de procéder à un nouveau dépôt pour les signes exploités sous une forme modifiée.

Pour conclure, il est important de préciser que le titulaire risquant la déchéance de ses droits pourra toujours se prévaloir d'une excuse légitime, ce que les textes qualifient de justes motifs, c'est-à-dire un empêchement lui étant extérieur et suffisamment sérieux pour rendre l'usage de la marque impossible ou déraisonnable. Les super-héros victimes de la « décimation » de Thanos, ayant disparu pendant 5 ans de la surface de la Terre, pourront, à n'en pas douter, l'invoquer comme un juste motif afin d'éviter la déchéance de leurs droits.

B. La protection contre les usages non autorisés

Le droit exclusif conféré par le droit de marque permet, par principe, d'agir dans le cadre de la spécialité, c'est-à-dire pour des usages litigieux portant sur des produits et services identiques ou similaires (1). Lorsque la marque jouit d'une certaine renommée, le titulaire bénéficie d'une protection spécifique allant au-delà du simple cadre de la spécialité (2).

1. La protection dans le cadre de la spécialité

Conditions de mise en œuvre du droit de marque

À l'inverse des autres droits de propriété industrielle, le droit de marque est relatif. Le titulaire ne peut exercer son droit exclusif que lorsque les tiers font usage d'un signe identique ou similaire, sans autorisation, pour désigner des produits ou services identiques ou similaires. En sus de cette condition liée au principe de spécialité, l'usage litigieux, pour être sanctionné, doit être fait dans la vie des affaires, à titre de marque et porter atteinte à la fonction de garantie d'identité d'origine. L'usage dans la vie des affaires se définit comme un usage qui ne se situe pas dans le domaine privé, mais dans le contexte d'une activité commerciale visant un avantage économique[24]. L'usage à titre de marque signifie ensuite que l'usage litigieux soit fait en vue d'identifier des produits et des services. Enfin s'agissant de l'atteinte à la fonction de garantie d'identité d'origine, la Cour de justice exige que l'usage litigieux crée un risque de confusion dans l'esprit du consommateur[25], c'est-à-dire que le public peut être amené à croire que les produits ou

23 TPICE, 23 février 2006, aff. T-194/03, *Bainbridge*, pt. 50.
24 CJCE, 12 novembre 2002, aff. C-206/01, *Arsenal*.
25 *Ibidem* ; CJCE, 18 juin 2009, aff. C-487/07, *L'Oréal e.a.*

services en cause proviennent de la même entreprise ou, le cas échéant, d'entreprises liées économiquement entre elles.

Quelles perspectives ?

Au regard de ces conditions de mise en œuvre du droit de marque, l'usage fait dans les médias du nom, costume ou emblème d'un super-héros ne constituera pas une atteinte au droit de marque. Impossible dès lors de voir sanctionner le *Daily Bugle* ou le *Daily Planet* pour contrefaçon de marque, l'usage qu'ils font des signes caractéristiques de *Spider-man* et de *Superman* étant opéré à des fins informatives et non à titre de marque.

De même l'usage parodique que peut faire le *Joker* de l'emblème de *Batman* ne constituera pas *ipso facto* une contrefaçon, aucun usage dans la vie des affaires ne pouvant être constaté. Toutefois, si cet usage devait s'inscrire dans une logique commerciale, la solution serait tout autre et Batman pourrait tenter de se prévaloir de son droit exclusif, sous réserve qu'il démontre que l'usage est opéré dans la même spécialité – ce qui n'est vraisemblablement pas le cas lorsqu'il est question d'un super-vilain. Batman pourrait, sans aucun doute, plus facilement mettre en œuvre son droit exclusif à l'encontre des « copycats » reprenant de manière assez grossière les traits de son costume et de son emblème.

Plus généralement, tout super-héros pourrait mettre à profit son droit de marque à l'encontre d'autres super-héros qui aurait la mauvaise idée d'imiter son emblème ou costume. Il appartiendra alors au juge compétent, saisi d'une action en contrefaçon, d'apprécier le risque de confusion en tenant compte non seulement des ressemblances, mais aussi des différences. Pourrait-on alors conclure, sur cette base, à l'existence d'un risque de confusion et, partant, d'une contrefaçon entre *Maskman* et les *Power Rangers* ? Entre *Ant-Man* et *Atom* ? *Captain America* et *Commander Steel* ? *Catwoman* et *Black Cat* ? *Bumblebee* et *Wasp* ?

2. La protection au-delà du cadre de la spécialité

Protection au titre de la marque renommée

Nombreux sont les super-héros à jouir d'une renommée. Celle-ci pourrait s'avérer particulièrement utile appliquée au droit des marques, la renommée étant le facteur permettant d'être protégé non seulement dans la spécialité, mais aussi au-delà, à l'encontre d'usages litigieux portant sur des produits et services différents de ceux désignés par le titulaire de la marque.

Une marque est considérée comme renommée lorsqu'elle est connue par une large fraction du public pertinent, c'est-à-dire le public concerné par les produits et services de la marque. Il ne fait guère de doute que celle-ci sera facile à démontrer pour les super-héros souhaitant l'invoquer.

La mise en œuvre de la protection au titre de la marque renommée implique, tout comme la contrefaçon traditionnelle, que l'usage litigieux soit fait à titre de marque et dans la vie des affaires. Enfin, le titulaire sera protégé dans trois hypothèses particulières :

- en cas de dilution, lorsque s'opère une dispersion d'identité, en ce sens que la marque renommée n'est plus en mesure de susciter une association immédiate dans l'esprit du consommateur entre le signe et les produits ou services désignés ;
- en cas de ternissement, lorsqu'il est porté atteinte à l'image de la marque renommée ;
- en cas de parasitisme, lorsque le tiers cherche à tirer indûment profit du caractère distinctif ou de la réputation de la marque renommée.

Le super-héros pourrait ici faire le choix de bénéficier de cette protection spécifique à l'encontre de la commercialisation de produits dérivés, peut-être de mauvaise qualité, le concernant. Il pourrait également se servir du droit de marque à l'encontre d'un super-vilain tentant d'immiscer le doute dans l'esprit du public en se faisant passer pour lui. Le droit de marque pourrait, en tout état de cause, être plus utile en ayant recours à la renommée de la marque – et plus facile à mettre en œuvre – que dans le cadre de la contrefaçon « traditionnelle ».

Les super-héros existent, au-delà de leurs supers pouvoirs ou de la volonté de combattre le mal, à travers leurs signes distinctifs : noms, emblèmes ou bien encore costumes. Ces signes leur permettent non seulement d'être identifiés par le public, mais aussi de se distinguer des autres super-héros – voire des super-vilains. Il était légitime de penser au droit de marque afin de protéger ces signes. Si aucun obstacle dirimant ne vient empêcher le dépôt de tels signes à titre de marque, ceux-ci demeurent nombreux et invitent les super-héros à la plus grande vigilance. Une fois enregistrés, ils pourront tenter de s'en prévaloir à l'égard des tiers. Là encore, les actions devront être diligentées avec intelligence, la mise en œuvre du droit de marque impliquant la réunion de plusieurs conditions. Ainsi, à la question le droit de marque est-il une nouvelle arme pour les super-héros, il convient de répondre par la positive… mais il s'agit d'une arme à la portée toute relative.

Super-héros et brevet : De grands pouvoirs impliquent-ils de grands brevets ?

Amélie Favreau
Maître de conférences HDR, Université Grenoble-Alpes

Yann Basire
Maître de conférences au CEIPI, Université de Strasbourg
Directeur général et Directeur de la section française du CEIPI

Des inventions dans l'univers des brevets

Comme la marque, le droit portant sur un brevet est à ranger dans la catégorie des droits de propriété intellectuelle, plus précisément celle des droits de propriété industrielle. Le brevet est « un titre délivré par une autorité publique qui confère à son titulaire un droit exclusif d'exploitation territorial et limité dans le temps sur l'invention qui en est l'objet en échange de la révélation des moyens qui la composent »[1]. L'invention ne fait pas l'objet d'une définition légale. L'on entend généralement qu'il s'agit d'un ensemble de connaissances mettant en œuvre des moyens techniques qui apportent une réponse technique à un problème technique[2]. La réservation privative d'une invention par un brevet octroie à son titulaire un monopole d'exploitation avec des prérogatives légales qui lui permettent non seulement de se réserver certaines utilités économiques de la chose, mais également d'exclure les tiers de son usage. Cette dernière proposition sur

1 J. Raynard, E. Py, P. Tréfigny, *Droit de la propriété industrielle*, LexisNexis, 2016, n° 34, p. 25.
2 A. Chavanne, J.-J. Burst, *Droit de la propriété industrielle*, Dalloz, 5e éd. 1998, n° 18s.

l'exclusivité du monopole que confère le brevet[3] est possiblement une prérogative intéressante pour qui devient un super-héros grâce à « ses » super-pouvoirs.

Des inventions dans l'univers des super-héros

Il est très fréquemment question d'invention dans l'univers des super-héros. L'on pense notamment à la combinaison d'*Ant-Man*, aux innovations qui composent la panoplie de Batman ou encore à ce qui fait *Iron Man*. Dans le deuxième épisode des *Avengers* – l'Ère d'Ultron[4] – les inventions liées à l'intelligence artificielle mises en œuvre par *Stark Industry* sont au cœur de l'intrigue. Plus rarement, il est question directement de brevets. Ils occupent même une place significative dans les *Quatre Fantastiques*. Détenus par le Docteur Reed Richards, ils participent de la richesse de l'équipe de super-héros, mais aussi de sa décadence, ces titres ayant été abandonnés – par le biais d'une expropriation ? – au gouvernement américain, conduisant l'équipe à la ruine. Si les termes d'« inventions » et de « brevets » parsèment le paysage des comics, il convient de se demander s'il s'agit d'un abus de langage ou s'il peut exister de tels objets juridiques dans ces univers fantastiques ? Les brevets ont-ils une place dans l'univers des super-héros ? Les inventions qui confèrent de grands pouvoirs peuvent-elles constituer des brevets ? Qui en seraient les titulaires ? *In fine*, le droit des brevets présente-t-il un intérêt pour les super-héros ?

Après avoir déterminé qui détiendra les droits sur l'invention (I) découlera le sort de cette invention et la possibilité de la protéger par le droit des brevets (II).

I- Le super-héros, titulaire de brevet ?

Les règles relatives à la titularité des droits sur les inventions sont, pour la partie législative, établies par les articles L. 611-6 et L. 611-7 du Code de la propriété intellectuelle. Le super-héros est-il nécessairement l'inventeur des inventions qu'il utilise ou profite-t-il simplement de celles qui ont été réalisées par des tiers ? Par principe, l'invention appartient à la personne qui l'a mise au point (A). De manière dérogatoire, les droits

3 Précisons qu'il n'est pas le seul moyen de protection contre les usages des tiers. Il existe des modes de réservation non privative (le secret, le contrat ou la responsabilité) qui pourrait également être discuté pour la protection des inventions des pouvoirs des superhéros.

4 *Avengers : l'Ère d'Ultron* de Joss Whedon (2015).

peuvent être transférés *ab initio* à la personne morale qui a fourni les moyens de sa réalisation (B).

A. La titularité des « grands pouvoirs » par le super-héros

Le super-héros, inventeur

Lorsque l'invention a été réalisée par une seule personne, le principe en droit des brevets est très simple : le droit visé à l'article L. 611-6 al. 1er du Code de la propriété intellectuelle appartient exclusivement à l'inventeur. Dit autrement, c'est la personne physique qui dispose des droits sur l'invention et qui décidera par voie de conséquence si elle opte pour une réservation privative par le brevet ou non privative, afin de la conserver secrète, notamment par le biais du contrat. Plusieurs super-héros sont des scientifiques de renom : Tony Stark, Hank Pym, Reed Richards, le Fauve ou bien encore le Docteur Bruce Banner. L'on pourrait également reconnaître cette qualité à Bruce Wayne. S'ils sont à l'origine des inventions relatives à leurs pouvoirs, ils auraient alors toute légitimité à réaliser le dépôt de la demande de brevet.

Le super-héros déposant

Dans un souci de simplicité, l'article L. 611-6 al. 3 dispose que lors de la procédure devant le directeur de l'Institut national de la propriété industrielle, le demandeur est réputé avoir droit au titre de propriété industrielle. La personne physique, tout super-héros qu'elle soit, se verra reconnaître la qualité d'inventeur au moment du dépôt de la demande de brevet et sera titulaire de cette demande de brevet. *Quid* si deux super-héros parvenaient au même résultat brevetable de manière totalement indépendante et honnête, l'un aux États-Unis et l'autre en France ? Chacun d'eux aurait droit au titre. Il n'est toutefois, *a fortiori* dans l'univers des super-héros, pas concevable de délivrer deux brevets pour la même invention. Une règle permet donc de résoudre ce conflit et ne faire droit qu'à une seule demande. Dans notre système européen, la prime est donnée au premier déposant (*first to file*), alors que certains pays reconnaissent de préférence le droit au titre au premier inventeur (*first to invent*). Les États-Unis ont longtemps adhéré au système du *first to invent*, pour adopter avec la loi du 16 septembre 2011 la solution du *first to file*[5]. Dans l'exemple cité, le super-héros premier déposant pourra prétendre à la protection.

5 La « Leahy-Smith America Invents Act » ou loi AIA, P. L. n° 112-29, du 16 septembre 2011.

Le cas de l'anonymat du super-héros

Tony Stark est l'exemple même du super-héros notoirement connu. Il accepterait sans aucun doute que son nom figure comme inventeur sur la demande de brevet. Il en va de même pour Reed Richards. Toutefois, lorsque l'on fait face aux plus grandes forces maléfiques de l'univers, l'on peut comprendre la nécessité d'aspirer au repos de l'anonymat et se dévêtir de son costume de super-héros pour se retrouver tel, Monsieur et Madame tout le monde. Tel est le cas de Bruce Wayne, qui ne souhaite pas être associé à Batman.

Est-ce pour autant compatible avec le droit des brevets ? La situation dans cette hypothèse est plus délicate. Il n'est pas envisageable de déposer la demande sous le pseudonyme *Batman*, la démarche étant sanctionnée d'irrecevabilité. En effet, les informations contenues dans la demande de brevet doivent permettre d'identifier l'inventeur (et en l'occurrence le déposant) pour des nécessités administratives et financières. Une solution pourrait se situer dans la convention de prête-nom. Elle est traditionnellement définie comme le contrat par lequel une personne (le prête-nom) s'engage, moyennant rémunération ou à titre gratuit, à passer un ou plusieurs actes juridiques en son propre nom, mais pour le compte d'une autre personne (le commettant). C'est une opération risquée pour le super-héros (le commettant) qui implique toute confiance en la personne (le prête-nom) qui réalisera le dépôt de la demande de brevet sur l'invention. Le fait générateur du brevet est l'acte de dépôt. De ce fait générateur découle la titularité. En cas de trahison, le super-héros se retrouverait dépossédé. La solution la plus pertinente pour préserver l'anonymat serait alors d'obtenir l'écran juridique, mais également technique, de la personne morale. Les dépôts de demande de brevets réalisés par Wayne Enterprise ne mènent pas directement à Batman – sous réserve de la prudence nécessaire de ne pas apposer le logo des ailes noires sur tous les schémas de la description de l'invention.

B. La société du super-héros, titulaire des droits sur l'invention

La société, de la finance au titre

Il est une réalité à laquelle même les super-héros n'échappent pas : il faut de l'argent pour inventer ! La technologie de pointe contenue dans les costumes et autres gadgets des super-héros implique de forts investissements. La structure de la société est alors celle privilégiée. La prospérité des entreprises support des super-héros est ostentatoire dans leur univers. Elle est un gage de réussite, mais également de confiance pour l'avenir. L'on pense notamment à *Stark Industry*, pour Iron Man, à la société des *Quatre Fantastiques* ou à *Wayne Enterprises* pour Batman. Le brevet apparaît alors comme l'outil rémunérateur des inventions coûteuses en recherche et développement réalisées. Il est perçu comme le moyen de réaliser « un retour sur investissement », grâce à l'exploitation qui en sera faite, notamment par le jeu de contrats telles que des licences[6].

La société est considérée comme titulaire *ab initio* des droits sur l'invention brevetable dans deux situations. La première, la plus classique est l'hypothèse où elle est déposante de la demande de brevet sur l'invention. Telle est très certainement la situation de *Stark Industry* ou de la société des *Quatre Fantastiques*. Tony Stark et Reed Richard sont dans cette situation, non titulaires de la demande de brevet ou du brevet, mais peuvent toutefois être déclarés inventeurs et bénéficier d'une forme de droit moral de l'inventeur. La seconde est l'hypothèse de l'invention réalisée par un salarié dans le cadre d'une invention de mission. Cette règle est posée à l'article L. 611-7 du Code de la propriété intellectuelle et elle fait naître pour le salarié l'obligation de déclarer ses inventions à son employeur. Le salarié perçoit alors une rémunération équitable au sens de l'article L. 611-7, 1° du Code de la propriété intellectuelle. Le seuil de cette rémunération est fixé par la loi, par un accord collectif ou à défaut par la négociation entre les parties.

Quid pour les super-héros ? Prenons l'exemple de Hank Pym qui fut salarié du SHIELD. Au moment de la création de sa fameuse combinaison (dans le Marvel cinématic universe[7]), s'il s'inscrit dans le cadre d'une mission inventive définie dans son contrat de travail, les droits sur la demande de brevet déposée pour protéger la combinaison appartiendra depuis l'origine au SHIELD. Les discussions commenceront à être croustillantes quand il s'agira de déterminer le montant de la rémunération supplémentaire, devant la Commission des inventions de salariés, si les parties ne parviennent pas à un accord, qui plus est lorsque l'on a conscience de la valeur inestimable d'une telle innovation.

En tout état de cause, cette question de la titularité des droits n'a de sens que si l'invention créant les super pouvoirs est brevetable.

II- Les super pouvoirs, des inventions brevetables ?

De super brevets, sur quoi ?

Lorsque l'on s'interroge sur la possibilité de protéger au titre du brevet les inventions relatives aux super pouvoirs cela implique de les faire entrer dans les catégories du droit des brevets. Même si l'invention ne fait pas l'objet d'une définition formelle par le Code

6 J. Daily, R. Davidson, *The law of Superheroes, Gotham*, 2012, p. 290.
7 *Ant-Man* de P. Reed (2015).

de la propriété intellectuelle, de nombreuses dispositions permettent de la circonscrire. Ne seraient par exemple pas brevetables une théorie scientifique, une méthode mathématique ou encore une simple découverte. La combinaison d'*Iron Man*, les gadgets de *Batman* seraient-ils alors susceptibles d'entrer dans ces catégories ? Plus complexes sont les questions relatives au sérum du super soldat de *Captain America* ou des ADN mutants dans *Logan*[8] ?

Finalement, c'est la question de l'intérêt de protéger par le droit des brevets les inventions relatives aux super pouvoirs qui se pose.

A. Les super pouvoirs dans le filet des catégories juridiques du droit des brevets

Les inventions brevetables

L'article L. 611-10 du Code de la propriété intellectuelle dispose que pour être brevetable une invention doit être nouvelle, impliquer une activité inventive et être susceptible d'application industrielle.

Concernant tout d'abord l'activité inventive, elle est définie à l'article L. 611-14 du Code de la propriété intellectuelle comme toute invention qui pour un homme du métier ne découle pas de manière évidente de l'état de la technique. L'homme du métier est un personnage fictif, un standard de la propriété intellectuelle, un homme moyen du secteur concerné (secteur de la technologie de l'invention) se tenant informé de l'innovation dans son secteur sans pour autant démontrer une intelligence particulière. Il est pour la Cour de cassation « celui qui possède les connaissances normales de la technique en cause et est capable, à l'aide de ses seules connaissances professionnelles, de concevoir la solution du problème que propose de résoudre l'invention »[9]. Pour l'OEB l'homme du métier est « un praticien du domaine concerné, qui dispose de connaissance et d'aptitudes moyennes et qui possède les connaissances générales dans le domaine concerné à une date donnée »[10]. Cette condition est particulièrement importante, car elle est le seuil d'exigence imposé aux inventions. De ce fait, elle est une garantie de l'enrichissement collectif que l'invention apporte. Pour autant, la loi demeure indifférente à la qualité et au mérite des résultats obtenus. La réalisation d'un progrès technique n'apparaît, en aucune façon, comme une condition autonome de la brevetabilité. Peu importe, donc, la qualité de l'effet technique obtenu pourvu qu'il y en ait un, même

8 *Logan* de J. Mangold (2017).

9 Cass. Com. 26 février 2008, n° 06-19149, *Newmat*.

10 Directive rel. à l'examen pratiqué à l'OEB, avril 2010, partie C, chap. IV, 11.3.

s'il s'agit d'une régression[11]. Il ne saurait, en particulier, être tenu compte de la désutilité d'une invention affaiblissant les performances d'un produit connu pour conclure à sa non-brevetabilité. Or, telle ne semble pas la difficulté dans le monde des super-héros. En effet, les inventions se rapprochent plus des exigences qui sont apparues dans des droits étrangers, comme la « hauteur inventive » allemande[12] ou le « *flash of genius* » américain. L'on songe notamment au réacteur Ark miniaturisé de *Iron Man* ou à la Batmobile de *Batman*.

Concernant ensuite l'application industrielle, elle implique selon les textes que l'objet soit fabriqué dans tous types d'industries. En d'autres termes, selon Roubier : « on ne fait pas breveter une idée immatérielle et insaisissable ; on fait breveter l'invention d'un produit ou d'un procédé nouveau qui constitue un résultat tangible pour l'industrie »[13]. Que les inventions sur les pouvoirs soient reproductibles par une industrie, même de pointe, ne semble pas faire de doute. Il est à notre sens deux difficultés avec la condition d'application industrielle. La première tient à la réalité de cette reproductibilité à plus ou moins grande échelle de l'invention. Derrière l'exigence de l'application industrielle se trouve en filigrane l'idée que l'invention brevetée doit être susceptible de profiter à tous et ne doit pas demeurer secrète. Or, dans cette optique, la combinaison d'*Iron Man* deviendrait rapidement un déguisement d'enfants. La seconde interroge sur le caractère achevé des inventions des super-héros. Bien souvent, un sentiment d'inachevé se dégage d'elles. Elles sont présentées comme au stade du prototype ou en cours d'expérimentation. La condition d'application industrielle est un « garde-fou » qui permet d'éviter ce que le Pr. Vivant qualifiait « d'industrieuses arabesques »[14] pour décrire la tendance à protéger les inventions très en amont de leur résultat industriel.

Concernant enfin la nouveauté, il s'agit d'une condition essentielle au droit des brevets. La nouveauté implique que l'invention ne se trouve pas dans l'état de la technique, c'est-à-dire que l'invention n'a pas déjà été brevetée ou qu'elle n'ait pas déjà été divulguée par l'inventeur. En d'autres termes, l'élément clé est le caractère accessible au public de la connaissance. On considère qu'une invention qui s'appuie sur des

---

11 Cass. com. 13 juin 1966, Bull. civ. III, n° 297 ; CA Paris, 30 juin 1967, Ann. propr. ind. 1967, p. 250 ; CA Paris, 30 janvier 1992, PIBD 1992, n° 523, III, p. 303.

12 Telle a été la lecture pendant près de cinquante ans du *Patenthamt* allemand qui exigeait : « pour évaluer le caractère inventif d'une innovation, le principal critère n'est absolument pas de savoir si elle requiert un effort intellectuel particulièrement important ou si sa conception est très éloignée du chemin le long duquel la technique se développait. Ce qui est bien plus décisif, c'est le résultat que l'innovation permet d'atteindre en comparaison de ce qui était atteint précédemment » (cité par J. M. Mousseron, *Traité des brevets*, Litec, 1984, n° 349, p. 365).

13 P. Roubier, *Le droit de la propriété industrielle*, Librairie du Recueil Sirey, tome 2, 1954, p. 86.

14 M. Vivant, « An 2000 : l'information appropriée ? », dans *Mélanges offerts à J.-J. Burst*, Litec, 1997, p. 652.

connaissances dont le statut est public ne mérite pas d'être brevetée. L'information relative à l'invention doit être conservée secrète, notamment par des accords de confidentialité, avant tout dépôt d'une demande de brevet. On comprend donc que ni le lieu de la divulgation, ni le nombre de personnes n'ont d'importance sur ce point. La nouveauté est pour cette dernière raison souvent qualifiée d'absolue. En ce qui concerne les super-héros, c'est l'utilisation publique des prototypes qui questionne ici. Dès lors que *Batman* ou *Ant-Man* utilisent leurs armures en pleine rue très rapidement après leur mise au point, une telle divulgation aurait pour conséquence de détruire la nouveauté et de conduire au refus de la protection lors de l'examen de la demande de brevet. Il faut toutefois que les éléments qu'ils divulguent lors de cette démonstration soient suffisamment précis pour que l'homme du métier parvienne à reproduire l'invention. Rien n'est moins sûr... S'il ne fait pas de doute qu'une arme laissée sur le « champ de bataille » – un batarang par exemple – constituera une divulgation destructrice de nouveauté, il est peu probable que le simple fait d'arborer une armure le soit également. En tout état de cause, l'empressement à l'utilisation et l'imminence des risques jouent contre la brevetabilité des inventions super-héroïques.

Les inventions non brevetables

Il est des objets qui fort heureusement ne peuvent pas faire l'objet d'un monopole, même temporaire, d'exploitation. Deux exemples nous intéressent ici particulièrement : les simples découvertes et les inventions issues du corps humain. Les découvertes, en premier lieu, ne peuvent pas être considérées comme des inventions, car elles ne sont que la mise en évidence d'un phénomène physique, d'une substance naturelle jusque-là inconnue, inexpliquée. Le travail menant à la découverte peut-être considérable et son résultat prometteur. Il n'en demeure pas moins que le droit des brevets n'est pas applicable sur le fondement de l'article L. 611-10 du Code de la propriété intellectuelle. C'est ainsi que la simple découverte d'un symbiote ne pourrait constituer en soi un objet brevetable.

En second lieu, la question de la brevetabilité des éléments d'origine humaine a été mise en lumière par les progrès de la génétique et les retentissements de la célèbre affaire Moore[15] sur la brevetabilité des séquences génétiques des cellules humaines. Les possibilités de modifier le patrimoine génétique d'un grand nombre d'organismes vivants suscitent d'importants débats qui dépassent la seule question de la brevetabilité. Sur ce sujet, la directive 98/44/CE du Parlement européen et du Conseil du 6 juillet 1998 relative à la protection juridique des inventions biotechnologiques a posé des principes imparfaitement transposés en droit français par les lois du 8 décembre 2004 relatives

15 B. Edelman, « L'homme aux cellules d'or », *D.* 1989, chr., p. 225.

à la protection des inventions biotechnologiques et du 6 août 2004 relative à la bioéthique. Les inventions portant sur une matière biologique (vivante) sont, par principe, brevetables conformément à l'article 3.1 de la directive : « 1. Aux fins de la présente directive, sont brevetables les inventions nouvelles, impliquant une activité inventive et susceptible d'application industrielle, même lorsqu'elles portent sur un produit composé de matière biologique ou en contenant, ou sur un procédé permettant de produire, de traiter ou d'utiliser de la matière biologique ». Le texte a été transposé avec des nuances plus restrictives sur la protection de la brevetabilité des éléments du corps humain. L'article L. 611-18 du Code de la propriété intellectuelle énonce que : « le corps humain, aux différents stades de sa constitution et de son développement, ainsi que la simple découverte d'un de ses éléments, y compris la séquence totale ou partielle d'un gène, ne peuvent constituer des inventions brevetables [...] ». Que seule « une invention constituant l'application technique d'une fonction d'un élément du corps humain peut être protégée par brevet ». Nous noterons enfin que sont exclus de la brevetabilité les procédés de clonage des êtres humains ou les procédés de modification de l'identité génétique de l'être humain ». Dans le monde des super-héros, cette question est sensible et au centre des dernières aventures au cinéma de *Logan*[16]. Difficile, en tout cas, au regard de ces éléments de croire que Transgen ait obtenu des brevets sur des clones de mutants, sauf à admettre que le film prédise de futures modifications législatives sur le sujet.

B. La nécessité de reconnaître des super pouvoirs aux super-héros ?

Les défis

Il existe quelques difficultés majeures, nous semble-t-il, à admettre les super pouvoirs des super-héros dans le droit des brevets. Elles tiennent en deux principaux arguments.

De la territorialité des inventions intergalactiques

Le brevet est un titre délivré par une autorité administrative nationale, comme l'Institut National de la propriété intellectuelle (INPI) pour la France ou une autorité reconnue par la France, comme l'Office européen des brevets (OEB). Une conséquence importante de cette délivrance est la territorialité du titre. En d'autres termes, le titulaire ne possédera de droit exclusif sur l'invention désignée dans le brevet que sur le territoire de l'État qui a délivré le titre ou sur l'État qui a été désigné dans la demande de brevet. Ce qui signifie que si la demande de brevet a été déposée (ou le brevet délivré) seulement

16 *Logan* de J. Mangold (2017).

aux États-Unis, *Stark Industry* ne pourra pas empêcher l'utilisation de la combinaison d'*Iron Man* par un super-méchant sur le territoire européen.

Les super pouvoirs, ça ne se partage pas !

Il y aurait deux freins majeurs à la possibilité de déposer des brevets sur les super pouvoirs des super-héros, qui tiennent en des logiques opposées.

Le premier est que la logique du brevet est sous-tendue par l'idée d'une contre-partie : on accorde un monopole sur un marché économique à un inventeur pour le récompenser de son investissement à condition qu'il y ait une répercussion collective des bénéfices de son invention. Pour y parvenir, sont à la charge du breveté d'invention deux obligations : la description de son invention dans la demande de brevet et l'obligation d'exploitation. Concernant la description, elle est imposée par les articles L. 612-2 et L. 612-5 du Code de la propriété intellectuelle. Cette divulgation est corrélée à la liberté de la recherche. L'article L. 613-5 du Code de la propriété intellectuelle dispose : « Les droits conférés par le brevet ne s'étendent pas : [...] Aux actes accomplis à titre expérimental qui portent sur l'objet de l'invention brevetée, favorise le progrès technique ». Cette discussion dans le monde des super-héros est presque irréaliste. Il n'est pas question de faire profiter la terre entière des avancées technologiques des super-héros. Le super-héros atteint son statut grâce à son unicité et au privilège exclusif de disposer de tels pouvoirs. Le partage des connaissances qu'implique le brevet ne fait pas partie de la logique du super-héros. On le remarque, rares sont les super-héros qui partagent leur technologie, même par voie de licence. Au-delà, l'industrie du super-héros ne s'inscrit pas dans l'itération des connaissances. Bien souvent, l'activité de recherche est présentée comme solitaire, déconnectée des activités de recherche des laboratoires parallèles. La réussite à un résultat potentiellement brevetable est celle d'un seul et ne participe pas à l'idée d'accroissement propre au brevet. La conservation du secret autour de l'invention serait plus proche des aspirations des super-héros.

Le second est que l'investissement économique lié au brevet implique une exploitation commerciale, que l'on retrouve dans l'exigence d'application industrielle. Tel n'est pas du tout l'objectif des super-héros ou des sociétés qui contribuent à la réalisation des inventions super-héroïques. En effet, il n'est pas question de cession des inventions, de licences ou autres modes de commercialisation de l'invention. Le droit des brevets s'inscrit pour les super-héros dans un mode privé, d'utilisation exclusive. Cela devient dirimant avec la logique du brevet lorsqu'aucune commercialisation n'est prévue. Le caractère temporaire du monopole est inutile. En effet, personne n'attendait avec impatience l'écoulement du délai de vingt ans pour l'entrée de l'invention dans le domaine public pour en user librement, parce que précisément elle n'avait pas vocation à être utilisée librement, par un *quidam*.

En somme, la question reste ouverte : les brevets sont-ils vraiment des outils adaptés aux super-héros ?

Les super-héros dans la jurisprudence américaine

Jean-Christophe RODA
Agrégé des Facultés de droit
Professeur à l'Université Jean Moulin – Lyon 3

Droit et super-héros... le sujet ne manquera pas d'étonner les juristes français ou, à tout le moins, ceux qui considèrent que, en toute occasion, « le droit doit être grave »[1]. Pourtant, évoquer le thème des super-héros et traiter celui-ci sous l'angle du droit n'est pas véritablement original, si l'on se place du point de vue américain. Aux États-Unis, plusieurs auteurs, praticiens et universitaires, se sont déjà penchés sur la question et ont notamment publié en 2012 l'ouvrage *The Law of Super Heroes*, présenté comme « *an intriguing and entertaining look at how America's legal system would work using the world of comic books* »[2].

Le sujet conduit ainsi à porter un regard différent et décalé sur le droit américain. Mais, envisagé sous un angle un peu plus large, celui de la sociologie du droit, il est également une occasion de mettre au jour les liens étranges qui unissent droit et super-héros. D'abord, l'étude de ce thème permet de revenir sur les rapports féconds qu'entretiennent les juristes américains avec l'univers des *comics* et, plus largement, avec celui de la *pop-culture* : nouvelle manifestation du *Law and Literature* ou simple manifestation de la manière dont les juristes s'approprient un phénomène culturel dans leur manière de penser et de pratiquer le droit, le sujet traité révèle une porosité étonnante entre ces univers *a priori* si éloignés (I). Ensuite, et de façon peut-être plus surprenante pour un lecteur français, le sujet offre aussi l'opportunité de découvrir

1 J. Carbonnier, *Sociologie juridique*, PUF (coll. « Quadrige »), 1994, p. 387. Voir sur ces rapports entre droit et *pop-culture*, et la manière dont ceux-ci peuvent être perçus en France : J.-C. Roda, *Harry Potter et le droit : propos introductif*, dans V. Ndior, N. Rousseau (dir.), *Harry Potter et le droit*, Endrick B. éd. 2019.

2 J. Daily, R. Davidson, *The Law of Super Heroes*, 2012, tiré du blog *Lawandthemultiverse.com*.

l'existence de nombreuses décisions se référant au monde des super-héros. Au-delà de l'anecdote, les jurisprudences étudiées permettent de dresser un portrait étrangement saisissant et précis de ces personnages (II).

– I –

Ce qui pourrait de prime abord apparaître comme des facéties commises par des juristes passionnés par l'univers des *comics* s'inscrit en réalité dans un mouvement plus large, confrontant le droit à la *pop culture*, afin de renouveler les méthodes d'enseignement du droit. Enseigner le droit à partir de la culture populaire est en effet un objectif que se sont assignés certains universitaires[3], convaincus que les étudiants américains du début du XXIe sont plus attentifs lorsqu'il s'agit de travailler à partir de séries télévisées ou de *comics*, plutôt qu'en se basant sur les textes shakespeariens, comme l'ont fait longtemps leurs prédécesseurs, dans la plus pure tradition des *law schools*[4]. Autres temps, autres mœurs... et autres supports de réflexion pour les tenants du mouvement *Law and Literature*[5].

Au-delà de l'aspect pédagogique, le droit est omniprésent dans la vie des Américains et, en particulier, dans les œuvres littéraires, cinématographiques, télévisuelles ou autres[6]. La culture populaire construit (ou déforme) la perception du droit des citoyens américains et modifie même le comportement des acteurs du système judiciaire[7], y compris les délinquants qui n'hésitent plus à s'inspirer des séries policières[8]. En réalité, l'interface entre droit et *pop-culture* est assez logique aux États-Unis, pays dans lequel la doctrine juridique est moins frileuse à s'emparer de ces thèmes, pour y faire des

3 M. Asimow, S. Mader, *Law and Popular Culture : a Course Book*, Peter Lang, 2nd éd. 2013. Voir également les travaux de C. Corcos et son blog *Law & Humanities*.

4 Sur Shakespeare en tant que sujet d'intérêt pour les juristes, voir par exemple J. M. Beck, *Shakespeare and the Law*, 15 A.B.A. J. 133 (1929); A. S. Bruneau, *Shakespeare's Law*, 17 McGill L. J. 792 (1971) ; G. W. Keeton, *Shakespeare at Law*, 3 Anglo-Am. L. Rev. 150 (1974).

5 A. Schur, *Flourishing or Perishing? Law and Literature Airbrushed*, 26 Law & Literature 105 (2014). Sur les évolutions du mouvement, voir déjà J. A Smith, *The Coming Renaissance in Law and Literature*, 7 Md. L. F. 84 (1977-1978).

6 Il suffit de songer récemment à *Erin Brockovich, Dead Man Walking, Philadelphie, Law and Order* ou encore *Ally Mc Beal*. Pour d'autres références, voir R. Mersky, *The Law in Pop Culture Collection*, 25 Legal Reference Services Q. 1 (2006).

7 D. R. Papke, *The American Courtroom Trial: Pop Culture, Courthouse Realities, and the Dream World of Justice*, 40 S. Tex. L. Rev. 919 (1999).

8 C'est le fameux « *CSI effect* », du nom de la série (« les experts » en France). Voir par exemple K. Podlas, *The CSI Effect and Other Forensic Fictions*, 27 Loy. L.A. Ent. L. Rev. 87 (2006-2007) ; S. A. Cole, R. Dioso-Villa, *Should Judges Worry about the "CSI Effect"*, 47 Ct. Rev. 20 (2011).

références plus ou moins discrètes dans des articles[9], voire pour mobiliser plus directement le sujet afin d'évoquer les grands thèmes du droit[10].

Si l'on revient au thème des super-héros, ceux-ci font incontestablement partie du patrimoine culturel commun américain depuis la Seconde Guerre mondiale (le *Golden Age*), durant laquelle *Captain America* ou *Superman* et d'autres étaient utilisés comme des figures de propagande[11]. Au regard de ce qui vient d'être évoqué, il était finalement assez naturel que les juristes s'intéressent à ces personnages dans leurs écrits. Là où la chose peut paraître plus surprenante, à tout le moins pour un juriste continental, c'est lorsque les juges se réfèrent à leur tour aux super-héros, dans les décisions de justice. Des auteurs ont ainsi répertorié une cinquantaine de références directes à *Batman* ou *Superman* dans la jurisprudence[12]. En élargissant la recherche aux autres super-héros, l'on dénombre plusieurs centaines de références.

Une illustration récente et éclatante de cette tendance est donnée par la Cour suprême fédérale elle-même. Dans l'affaire *Kimble* de 2015, les *Justices* se sont référé, dans le *holding* de la décision, aux aventures de *Spiderman*, citant en note le numéro du *comics* duquel était extraite la phrase de l'oncle Ben Parker, selon laquelle « *with great power there must also come – great responsibility* »[13]. Certes, l'affaire concernait un litige impliquant l'entreprise Marvel, détentrice des droits concernant l'homme araignée. Mais l'utilisation de la sentence pour s'interroger sur l'opportunité d'opérer un revirement de jurisprudence, à propos d'une règle élaborée cinquante ans auparavant, est un choix audacieux et montre à quel point l'image des super-héros fait partie de l'imaginaire collectif américain. Les juges profitent également de la grande liberté de ton qui leur est habituellement octroyée : cette dernière a permis à l'humour judiciaire de

9 Parmi quelques illustrations, on peut citer : J. R. Coben, *Gollum Meets Smeagol: a Schizophrenic Rumination on Mediator Values Beyond Self-Determination and Neutrality*, 5 Cardozo J. Conflict Resol. 65 (2004) ; N. H. Montano, *Hero with a Thousand Copyright Violations: Modern Myth and an Argument for Universally Transformative Fan Fiction*, 11 Nw. J. Tech., Intell. Prop. 689 (2013) ; J. G. Browning, « A Long Time Ago », dans *A Courtroom Far, Far Away There's No Denying That the Force Is All Around Us-Even Judges Refer to George Lucas's Pop Culture Science Fiction Saga*, 77 Tex. B.J. 158 (2014).

10 Voir parmi de nombreux exemples, D. R. McConnell, *The Nature in Natural Law*, (2008) 2 Liberty U. L. Rev. 797 où l'auteur se réfère de nombreuses fois aux *Seigneurs des Anneaux* de J. R. R. Tolkien et à la trilogie cinématographique de P. Jackson pour expliquer certains concepts.

11 N. R. Sheppard, *Invincible: Legacy and Propaganda in Superhero Comics*, Univ. of New Orleans Theses and Dissertations, 1943 (2014).

12 J. Greenberg, *Batman v. Superman: Let the Courts Decide*, 33 Quinnipiac L. Rev. 127 (2014-2015).

13 *Kimble v. Marvel Entertainment*, 2015 WL 2473380 U.S., 22 juin 2015, Concurrences n° 3-2015, obs. J.-C. Roda.

devenir une pratique bien ancrée de l'autre côté de l'Atlantique, surtout lorsque les faits s'y prêtent[14].

Sans s'attarder sur les cas dans lesquels les protagonistes s'identifient eux-mêmes à des super-héros[15], les litiges de propriété intellectuelle, dans lesquels les droits relatifs à l'univers des *comics* sont concernés, constituent évidemment un prétexte pour glisser des références judiciaires à *Batman*, *Superman*, *Wolverine* ou *Spiderman*[16]. Mais l'on observe aussi que, dans certaines affaires qui n'ont pas directement trait à ces questions, les juges n'hésitent pas à se référer à la figure du super-héros[17] ou même d'ailleurs à celle du super-vilain[18]. À l'instar des juges anglais du XIXe qui aimaient glisser quelques allusions littéraires dans leurs décisions[19], puis de leurs homologues américains du XXe citant John Steinbeck[20] ou Harper Lee[21], les juges contemporains n'hésitent plus à renvoyer à des œuvres beaucoup plus récentes et de moins en moins « classiques », au sens où on l'entend habituellement[22].

Si l'on cherche à dépasser le simple aspect anecdotique de ces références, on constate que celles-ci peuvent parfois revêtir une signification un peu plus profonde.

---

14 L. K. Hori, Bons Mots, *Buffoonery, and the Bench: the Role of Humor in Judicial Opinions*, UCLA L. Rev. Disc. 16, vol. 60, 2012, p. 18s.

15 Pour un cas dans lequel l'accusé s'identifiait à l'*incroyable Hulk*, obligeant les juges à une note explicative sur ce personage, voir *U.S. v. Sims*, U.S. Army Court of Military Review, 28 août 1991, 33 M.J. 684.

16 Voir par exemple l'affaire *Mark Towle* où l'une des décisions est truffée d'allusions amusantes à la série *Batman* des années soixante : *DC Comics v. Towle*, United States Court of Appeals, Ninth Circuit, 23 septembre 2015, 802 F.3d 10122015 Copr.L.Dec. P 30, 822116 U.S.P.Q.2d 1068.

17 Pour des références à *Superman*, mais aussi aux *Who*, *Bob Dylan* et aux *Beatles*, dans une affaire concernant un crédit à la consommation, voir *Midland Funding LLC v. Tagliafferro*, Civil Court, City of New York, Richmond County, 27 septembre 2011, 33 Misc.3d 937935 N.Y.S.2d 2492011 N.Y. Slip Op. 21344.

18 Le sombre seigneur sith *Darth Vader* est une figure utilisée dans une affaire de détournements d'actifs à la suite d'un divorce (avec aussi une référence à *Star Trek* et [...] l'Odyssée) : *Anthony v. Mazon*, Court of Appeal, Fourth District, Division 3, California, 26 juin 2006, Not Reported in Cal.Rptr.3d2006 WL 1745769.

19 Voir par exemple *Eastman Photographic Materials Co Ltd v Comptroller General of Patents, Designs and Trade Marks*, House of Lords [1898] A.C. 571; *Lanchbury v. Bode*, Chancery Division [1898] 2 Ch. 120.

20 *Traxler v. State*, Criminal Court of Appeals of Oklahoma, 10 décembre 1952, 296 Okla.Crim. 231251 P.2d 815; *Olsen v. Olsen*, Supreme Court of Idaho, 17 novembre 1976, 98 Idaho 10557 P. 2d 604.

21 *O'Neal v. Macon County Bd. of Educ.*, Supreme Court of Alabama, 31 janvier 1986, 484 So.2d 40131 Ed. Law Rep. 334.

22 Les références cinématographiques sont désormais fréquentes. V. par ex. pour une citation d'une phrase du Colonel Kilgore, personnage du film *Apocalypse Now* de Francis Ford Coppola (« *Someday this war's gonna end* ») : *Com. v. Spuck* (Pa. Super. Ct. 2014) 86 A.3d 870, 877 ; les séries TV ne sont pas en reste, comme cette affaire débutant par une citation de Tyrion Lannister, personnage principal de la série *Game of Thrones*: *Rodriguez v. City of Doral*, United States Court of Appeals, Eleventh Circuit, 19 juillet 2017, 863 F.3d 134342 IER Cases 9027 Fla. L. Weekly Fed. C 25 (« *A wise man once said a true history of the world is a history of great conversations in elegant rooms* »).

Partant du principe que les décisions de justice doivent être comprises par le plus grand nombre, certains juges décident de s'adapter à leur temps et mobilisent la figure du super-héros pour faire comprendre des concepts qui pourraient être délicats à cerner pour le commun des justiciables. L'univers des *comics* devient alors une sorte de référentiel pédagogique au service du juge. Par exemple, dans plusieurs affaires, l'image de la *kryptonite* est employée pour évoquer le point faible de tel accusé[23] ou de telle règle jurisprudentielle[24].

Il ne faut toutefois pas exagérer la portée de ces références. Dans la majorité des décisions examinées, il est surtout question d'hommage : le juge se révèle alors homme (ou femme) de Loi, mais aussi *fan* de *comics*. Autrement dit, l'utilisation du super-héros dans la jurisprudence américaine relève le plus souvent du clin d'œil plutôt que d'une véritable tendance de fond. Cela étant, des traits communs se dessinent et l'on retrouve les thèmes classiques de l'univers des super-héros, rendant presque trouble la frontière entre épisodes de *comics* et décisions de justice.

– II –

Si l'on se penche plus attentivement sur le contenu des décisions de justice évoquant plus ou moins directement le sujet des super-héros, une sorte de portrait-robot de ces personnages peut être dressée. Les thèmes classiques des *comics* sont revisités à travers le prisme des juges qui diffusent une image assez fidèle de ce que le lecteur pourrait s'attendre à trouver dans une encyclopédie consacrée aux super-héros.

Parmi les thèmes fréquemment abordés, on retrouve ainsi celui de l'*alias*. La double identité des super-héros est en effet un sujet récurrent des univers *Marvel* ou *DC Comics*[25]. Leurs protagonistes doivent se cacher parmi leurs concitoyens, parfois pour leur sécurité, le plus souvent afin de ne pas effrayer leurs contemporains. L'utilisation d'une identité de façade est donc la norme chez les super-héros et l'on retrouve cette particularité dans plusieurs décisions. Ainsi, dans une affaire dans laquelle un avocat voyait sa responsabilité mise en jeu et tentait de se défendre en expliquant qu'il ne pouvait être poursuivi en tant que personne physique (puisque c'était sa société professionnelle qui avait contracté avec le client), la juridiction a estimé que le défendeur ne pouvait tenter de se soustraire à ses obligations de la sorte[26]. Pour le juge, « *defendant's activities are governed by a Code of Professional Responsibility and not the "smoke and mirror*

23 *New Jersey Division of Child Protection and Permanency v. L.M.A.*, Superior Court of New Jersey, Appellate Division, 11 juin 2018, Not Reported in Atl. Rptr.2018 WL 2921972.

24 *Krzalic v. Republic Title Co.*, United States Court of Appeals, Seventh Circuit, 26 décembre 2002, 314 F.3d 875.

25 On devrait plutôt parler de *multivers*.

26 *Spina v. Michael J. Defilippo P.C.* (N.Y. Civ. Ct. 2010) 27 Misc.3d 1225(A) [911 N.Y.S.2d 696].

illusions" of a carnival funhouse. Defendant must be reminded that Zorro (Don Diego de la Vega), The Shadow (Lamont Cranston) and Superman (Clark Kent) each had an alter-ego but was in fact only one person who understood the difference between right and wrong and, unlike the defendant, never sought to disavow responsibility for their own actions ». La métaphore de la double identité est ici pleine de sens multiples. L'avocat serait-il une sorte de « super-héros » du droit qui, bien qu'il puisse jouer avec les apparences (et les structures sociétaires), ne peut échapper à sa responsabilité vis-à-vis de ceux qu'il est censé protéger ? Derrière le rapprochement opéré, l'idée de rigueur déontologique se dégage : parce qu'il est celui qui vient au secours du client désespéré, le professionnel du droit doit être irréprochable, comme un personnage de *comics*. On retrouve l'idée qu'un grand pouvoir implique de grandes responsabilités.

Dans la même veine, un super-héros est fréquemment identifié grâce à son costume. Bien souvent, il s'agit d'un moyen de se protéger (*Iron Man*), de se dissimuler (*Spiderman* ou *Batman*) ou, à l'inverse, de se présenter sous son véritable jour (*Superman* ou *Wonder-Woman*). Quoi qu'il en soit, cette seconde peau est un trait caractéristique des super-héros que même la jurisprudence souligne. Le Tribunal du district de New York a ainsi affirmé, à propos de poursuites entreprises par les détenteurs des droits de *Superman* à l'encontre des producteurs de la série *The Greatest American Hero*, sur le fondement du droit du *copyright* et de la concurrence déloyale, que « *each main character wears a costume of the type common to super-heroes. That a super-hero wears such a costume can never, without more, be copyrightable* »[27]. Le costume est ainsi un trait si commun de ces personnages qu'il ne peut, en tant que tel, faire l'objet d'une protection au titre de la propriété intellectuelle. La solution serait bien sûr différente en cas de reproduction grossière des codes, symboles et des couleurs.

Plus fondamentalement encore, une autre thématique centrale de l'univers des super-héros est celle des pouvoirs de ces personnages. Par définition, ces facultés sont celles qui caractérisent les super-héros et en font des personnages hors du commun. Même si certains personnages, tels *Batman*, *Daredevil*, *Iron Man* ou *Kick-Ass*, ne disposent pas précisément de pouvoirs surnaturels (ou sur-humains), tous bénéficient de moyens extraordinaires pour mettre en œuvre leurs objectifs (une fortune colossale pour Bruce Wayne, une perception exarcebée pour Matt Murdock[28], un don en robotique pour

27 *Warner Bros., Inc. v. American Broadcasting Companies, Inc.* (S.D.N.Y. 1982) 530 F.Supp. 1187, aff'd (2d Cir. 1983) 720 F.2d 231.

28 Encore que le sixième sens du héros, acquis au contact de déchet radioactifs, puisse être considéré comme un « super-pouvoir », voire une mutation à l'instar des *X-Men*.

Tony Stark[29] ou une très grande résistance à la douleur pour Dave Lizewski). La grande diversité de ces pouvoirs (y compris magiques ou mystiques, si l'on prend l'exemple du *Docteur Strange*) rend toutefois délicate la détermination d'un dénominateur héroïque commun. Une mutation génétique permet-elle de faire d'un cobaye humain un super-héros ? *Iron-Man* doit-il être exclu de la liste des super-héros, dans la mesure où il n'est aidé que d'une machine ? La dimension divine ou quasi-divine d'un personnage disqualifie-t-elle *Thor*, *Starlord* ou le *Docteur Manhattan* de notre sujet d'étude ?

Dans une affaire dans laquelle une entreprise de l'industrie du tabac était accusée de violer un engagement (« *consent decree* ») de ne pas utiliser de « *cartoon* » pour promouvoir la consommation de cigarettes, la Cour d'appel du quatrième district de Californie a eu l'occasion d'apporter sa contribution à la définition des super-pouvoirs et donc, *in fine*, à la délimitation de ce qui relève ou non de la catégorie des super-héros[30]. En l'espèce, les parties s'opposaient sur l'interprétation à donner au terme « *cartoon* ». L'accord (« *master settlement agreement* » ou MSA) conclu entre l'entreprise Reynolds et les autorités interdisait l'utilisation de telles illustrations. Or, dans le magazine *Rolling Stones*, le cigarettier avait représenté plusieurs objets, sous forme dessinée, dans l'esprit d'une illustration de *comics* (un robot avec une guitare-fusée ou encore un tracteur volant). Or, le MSA qui interdisait le recours aux « *cartoons* » définissait ainsi cette notion : « *any drawing or other depiction of an object, person, animal, creature or any similar caricature that satisfies any of the following criteria: [¶] (1) the use of comically exaggerated features; [¶] (2) the attribution of human characteristics to animals, plants or other objects, or the similar use of anthropomorphic technique; or [¶] (3) the attribution of unnatural or extrahuman abilities, such as imperviousness to pain or injury, X-ray vision, tunneling at very high speeds or transformation* ». Le litige s'était en particulier cristallisé sur le dernier point du passage reproduit, Reynolds estimant que « *the "unnatural ... abilities" language "cover[s] only super-hero-like powers* ». La Cour d'appel, pour rejeter l'interprétation de l'entreprise, se livra à une intéressante tentative d'appréhension de la notion de super-pouvoir, jugeant que des « *Inanimate objects cannot be portrayed with "super-hero-like" abilities such as imperviousness to pain and X-ray vision. Reynolds argues that objects can have "super-hero-like" abilities, citing the supposed examples of "Aladdin's magic carpet and the Wicked Witch of the West's flying broomstick." Carpets and broomsticks, however, cannot be depicted as acting heroically even when they are defying the rules of gravity. The word "hero" denotes human attributes such as courage and principle. An object can be depicted as having "super-hero-like" powers only if human characteristics are attributed to the object, which would violate the second criterion of the MSA's definition of the term "cartoon"* ».

29 Agrémenté d'une fortune importante, tout comme Bruce Wayne. Mais Tony Starck, sans ses moyens financiers, est aussi à même de se sortir de situations perilleuses, grâce à son inventivité.
30 *In re Tobacco Cases I* (2010) 186 Cal.App.4th 42, 44 [111 Cal.Rptr.3d 313, 315].

Ainsi, pour la Cour, les super-pouvoirs sont propres aux super-héros ; et ces derniers sont avant tout éminemment... humains !

Ceci amène à s'intéresser à la dimension psychologique des super-héros qui a fait, là aussi, l'objet de l'attention de la jurisprudence américaine. Qu'est-ce qui, au fond, anime les super-héros ? Les figures de *Superman* ou de *Captain America* ont longtemps été prédominantes dans la mythologie des super-héros, drainant avec elles l'image de personnages animés d'intentions toujours irréprochables, agissant pour le bien commun de l'Humanité (et surtout des États-Unis), et de manière (presque) toujours désintéressée. Mais, à partir des années 80, après le désastre du Vietnam et à l'apogée de la guerre froide, l'univers des super-héros s'est considérablement assombri, oscillant entre utopie et pessimisme profond. Des dystopies, telles que la série des *Watchmen* de Alan Moore ou celle du *Dark Knight* de Franck Miller, ont présenté les super-héros sous un jour nouveau : humain, terriblement humains, avec leurs défauts et parfois, leurs névroses. De manière paradoxale, c'est à partir de cette période qu'une nouvelle catégorie de personnage a fait son apparition, les super-héros de plus en plus humains et, souvent, de plus en plus névrosés. Deux mondes se sont mis à coexister : d'une part, les super-héros du « *golden age* », parfaits et souvent venus d'un autre monde, et, d'autre part, les « super-humains », dotés de pouvoirs extraordinaires, mais finalement peu différents du reste de leurs semblables dans l'intimité. Cet antagonisme sera figuré dans les *comics*, notamment à travers les affrontements entre *Batman* et *Superman* et, plus tard, dans la saga *Civil War* de Mark Millar.

Une autre lecture de cette opposition, sous un angle plus juridique cette fois-ci, est proposée dans l'arrêt *Warner Bros., Inc. v. American Broadcasting Companies, Inc.* dans lequel les créateurs du *Greatest American Hero* étaient poursuivi par l'entreprise *Warner Bros.*, détentrice des droits sur *Superman*[31]. Pour le juge Motley, « *owners of motion pictures, television shows and comic books featuring "Superman" could not recover on copyright infringement claim against creators and broadcasters of television series entitled "The Greatest American Hero," in light of fact that the defendants' works, in which average man was given a suit with powers and accepted such super-human powers and superman-sized responsibility with reluctance and internal confusion, were not substantially similar to plaintiffs' works which featured nonstylish, broad-shouldered, big-muscled, calm and confident "Superman" endowed with super-human powers since arriving from another planet* ». Le personnage objet du litige apparaît si humain qu'il ne peut être confondu avec *Superman*, sorte de quasi-divinité que ses créateurs n'arriveront d'ailleurs jamais à tuer définitivement. Le *Greatest American Hero* est ainsi « *still portrayed as the model*

31 *Warner Bros., Inc. v. American Broadcasting Companies, Inc., préc.*

American young man of the 70's and 80's-trim, hungry-looking, non-macho, concerned with family and the everyday problems of life. He remains all too human. He remains embarrassed to be seen in the suit. He remains the average man in a highly incongruous situation-given super-human powers and a superman-sized responsibility he did not ask for but which he accepts with reluctance and internal confusion. Just as no reasonable jury could find that the character in the pilot was substantially similar to Superman, none could find the character in the sequels to be substantially similar ». La décision préfigure l'avènement des super-héros de la nouvelle génération, plus sombres, plus humains. Loin d'être des repoussoirs pour le public, ces « super-héros-américains-moyens » vont au contraire renouveler et redynamiser le genre jusqu'à brouiller les frontières entre le bien, le mal, l'anormalité et la folie.

Cette nouvelle façon d'envisager les super-héros conduit à aborder un autre élément de ce qui définit ces personnages. De façon négative, le super-héros moderne se définit aussi en fonction de son ennemi juré : le *super-vilain*. Tout aussi important – voire parfois plus important[32] – que le héros lui-même, l'ennemi est désormais l'autre pilier du récit des super-héros. Que seraient, en effet, *Batman* sans le *Joker*, les *X-men* sans *Magneto*, ou *Superman* sans *Lex Luthor* ? Le couple est si intime que les héros sont de plus en plus fréquemment dépeints avec un côté sombre, les rapprochant de la figure de l'anti-héros[33], tandis que les super-vilains deviennent aussi populaires que les héros eux-mêmes[34]. Parfois, les auteurs inversent même les rôles[35]. Dans la jurisprudence, on retrouve alors logiquement des références, certes moins fréquentes, aux super-vilains. Par exemple, dans une affaire *Williams v. State*, la Cour d'appel du Maryland s'est amusée à évoquer l'emblématique figure de *Lex Luthor*. Le défendeur, accusé de possession de drogues, avait révoqué son avocat lors de son procès et invoquait ensuite le non-respect d'une règle obligeant les juges à vérifier les raisons pour lesquelles un accusé pouvait agir de la sorte. Évoquant la possibilité qu'une telle révocation puisse être une tactique d'un accusé « rusé », la Cour note, afin d'écarter cette possibilité, que « *Williams does not resemble even vaguely Lex Luthor, the human criminal mastermind and nemesis of Superman* »[36]. De manière ironique, c'est l'intelligence incroyablement élevée et retorse de l'ennemi de *Superman* qui est ici mise en avant, comme si, s'agissant de criminels, les super-vilains ne pouvaient être que les seules références mobilisables.

***

32 En ce sens, voir l'incroyable succès du personnage du Joker, dans la trilogie cinématographique de Christopher Nolan et, surtout, dans le film réalisé par Todd Philips.

33 Voir la série *The Dark Knight* de Frank Miller, évoquée précédemment.

34 Voir par exemple le personnage de *Venom*, créé par David Michelinie, Mike Zeck et Todd McFarlarne.

35 On songe par exemple à la série *Nemesis*, par Mark Millar et Steve McNiven.

36 *Williams v. State* (2013) 435 Md. 474, 491 [79 A.3d 931, 941].

Le contraste apparaît saisissant avec le droit français. Le style de rédaction et de motivation des décisions de justice interdit ce genre de fantaisies. Hormis pour des contentieux relatifs à la propriété intellectuelle, les super-héros ne sont jamais évoqués par les juges français. Du côté de la doctrine, le ton est généralement tout aussi sérieux. Lorsque le sujet ne concerne pas la propriété intellectuelle, rares sont les auteurs qui s'autorisent des références décalées à l'univers des *comics*[37]. À la rigueur, s'agissant du neuvième art, *Tintin* a la préférence des juristes français[38]. Les choses sont toutefois en train d'évoluer[39]. Une nouvelle génération d'auteurs s'intéresse de plus en plus aux rapports qu'entretiennent le droit et la *pop-culture*, dans la lignée des travaux de la doctrine américaine. Le but est parfois récréatif, mais il peut aussi se révéler plus ambitieux, avec une démarche parfaitement scientifique et rigoureuse. Sans trop se prendre au sérieux, mais en faisant sérieusement du droit, l'auteur de ces lignes forme en tout cas le vœu que le présent ouvrage s'inscrira dans cette tendance et permettra de dépasser l'image du juriste français qui serait nécessairement un « classique », plus habitué à s'intéresser à Balzac[40], Shakespeare ou à l'opéra[41], plutôt qu'à ce genre de (sous ? contre ?) culture.

37 Et encore... les super-héros doctrinaux convoqués sont des notions classiques de droit, comme par exemple la cause, ou des règles d'urbanismes aux noms barabares ! V. F. Rome, La cause à l'arrêt ! *D.* 2013. 1201 ; P. Cornille, Urbanisme – ALUR VS BIMBY ? Construction – Urbanisme n° 6, juin 2014, repère 6.

38 Voir J. Heymann (dir.), *Tintin et le Droit*, LexisNexis (coll. « Beaux Livres »), 2020.

39 Voir par exemple N. Bronzo, « Après la bataille : responsabilité civile et réparation des dommages dans l'univers Marvel », *D.* 2016. 1552, dans la lignée des différents colloques organisés par « l'école de Strasbourg » à l'initiative, notamment, de Yann Basire et Anne-Laure Mosbrucker.

40 N. Dissaux (dir.), *Balzac. Romancier du droit*, LexisNexis, 2012.

41 M. Péna, E. Putman (dir.), *Droit et musique*, PUAM, 2001.

II- Le rôle attribué au super-héros par la société

L'encadrement juridique de l'activité de super-héros

Alexandre CIAUDO
Professeur agrégé de droit public à l'Université de Bourgogne-Franche-Comté (CRJFC)
Avocat à la Cour

« Les protecteurs rendent la justice de façon illégale »
Tom Noir (Warren ELLIS, Black Summer, Milady éditions, 2009)

« Pour moi un super-vilain est un type masqué qui refuse de respecter la loi »
Maria Hill (Mark MILLAR, Civil War 1, Panini, 2007)

« **Who** *watches the watchmen ?* » s'interroge Alan Moore en 1986 dans sa célèbre uchronie *Watchmen*[1] qui s'intéresse aux conséquences sur la géopolitique mondiale de l'apparition du premier surhumain américain en 1959, le *Doctor Manhattan*, dans un contexte de guerre froide. Cette question adapte à la situation des super-héros celle posée par le poète romain Juvénal au Ier siècle après Jésus-Christ qui s'intéressait au statut des gardiens que les citoyens romains désignaient pour veiller sur leur maison en leur absence : « *sed quis custodiet ipsos custodes ?* » : (mais qui gardera ces gardiens ?)[2]. Elle interroge la légitimité et la légalité de l'auto-justice, également décrite par l'anglicisme vigilantisme.

Ce vigilantisme constitue une réponse citoyenne à l'échec de l'État dans la défense de l'ordre social. Il a souvent pris la forme de lynchages, de milices privées ou encore de tribunaux parallèles, que l'on retrouve notamment aux États-Unis au XIXe siècle. Ce n'est donc pas un hasard si, dans une œuvre de fiction américaine, il prend la forme de personnages se conférant à eux-mêmes la mission de défendre l'ordre et la justice

1 A. Moore, *Watchmen*, Zenda (6 tomes), 1987; rééd. Delcourt, 1998 ; Urban comics, 2012.
2 Juvénal, *Satires* (VI), ligne 347.

en dehors de tout cadre légal. La particularité de ces héros tient avant tout dans leurs aptitudes surhumaines[3].

Toutefois, comme l'a si bien démontré Umberto Eco[4], la plus grande spécificité du super-héros américain ne réside pas dans ses pouvoirs surnaturels que l'on retrouve de manière assez classique chez les héros de romans, mais dans la facilité du lecteur à s'identifier à lui. Qui ne rêverait pas de mettre fin à la médiocrité de son quotidien et de disposer de capacités surhumaines lui permettant de rendre la justice ?

Néanmoins, quel que soit son désir d'évasion ou le légalisme qu'il poursuit dans son intime, le juriste ne peut qu'être profondément surpris que l'État laisse un individu doté de super pouvoirs, le plus souvent masqué, arrêter des criminels et rendre la justice en dehors du cadre de la loi. Peut-on sérieusement imaginer l'État laisser un tel individu assurer d'abord une mission de police administrative et/ou judiciaire, puis rendre la justice judiciaire sans que son identité ne soit connue, que ses compétences ne soient contrôlées, et qu'il n'agisse en son nom ?

Montesquieu avait déjà averti au XVIIIe siècle que « C'est une expérience éternelle que tout homme qui a du pouvoir est porté à en abuser [...]. Pour qu'on ne puisse abuser du pouvoir, il faut que, par la disposition des choses, le pouvoir arrête le pouvoir »[5]. Il ne s'agit naturellement pas de travestir ici la pensée de l'auteur qui envisageait la séparation des pouvoirs de l'État, mais d'appréhender le statut du super-héros à travers l'indispensable régulation de son activité.

Il n'est guère besoin de démontrer qu'un individu doté de capacités physiques hors du commun constitue un danger potentiel pour la société. La question est d'ailleurs envisagée dans la bande dessinée américaine. Les intentions du super-héros sont toujours louables puisqu'il est un héros et non un « vilain », mais ses actions peuvent le conduire à violer la loi, voire à commettre les plus graves exactions si son omnipotence n'est opposée à aucune forme de contrôle. *John Horus* dans *Black Summer*[6] ou l'équipe d'*Authority*[7] dans la série éponyme finissent par assassiner le Président américain au

---

3 Les super-héros ne sont toutefois pas l'apanage des américains : Voir S. Lehamn, *La brigade chimérique*, Intégrale, L'Atalante, 2012 ; S. Lehamn, *Masqué*, 4 tomes, Delcourt, 2012-2013 ; Voir cependant D. Lorenz, « Modalités et enjeux de la réappropriation culturelle de la figure du super-héros dans *La brigade chimérique* et *Masqué* de Serge Lehman », dans M. Atallah, A. Boillat (dir.), *BD-US : les comics vus par l'Europe*, Infolio, 2016, p. 151.

4 U. Eco, « Le mythe de Superman », dans *De Superman au surhomme*, Grasset, 1993, p. 131 s. (texte remanié d'une conférence donnée en 1968).

5 Montesquieu, *De l'esprit des lois*, livre XI, chapitre IV, 1748.

6 W. Ellis, *Black Summer*, Milady éditions, 2009.

7 M. Millar, *Authority*,13 s., *Authority*, 8s., Semic Editions, 2001.

motif qu'ils condamnent ses actions et sa politique extérieure. *Judge Dredd* n'hésite pas à exercer des missions de police judiciaire et à exécuter lui-même des sentences de mort qu'il ordonne immédiatement, sans véritable contrôle. Le *Punisher* procède seul à des travaux d'enquête judiciaire et applique discrétionnairement la peine capitale.

La nécessité d'encadrer l'activité des super-héros a été magistralement envisagée dans l'un des *crossovers* les plus populaires de l'univers Marvel : *Civil War*. Après une intervention désastreuse d'une équipe de jeunes super-héros, les *New Warriors*, dans le cadre d'une émission de téléréalité ayant entraîné la mort de 612 personnes, dont 60 enfants à Stamford dans le Connecticut, le Congrès américain adopte le *Super-Human Registration Act*, loi de recensement des super-humains. Le texte contraint tous les super-humains à dévoiler leur identité et à travailler pour le Gouvernement, notamment au sein du projet « Initiative des 50 États » qui crée une équipe de super-héros au sein de chaque État américain. L'application de la loi donne lieu à une scission entre les super-héros, ses partisans étant menés par *Iron man*, ses détracteurs par *Captain america*.

L'arc narratif est légèrement différent dans l'adaptation cinématique de l'histoire avec le film Captain america : *Civil War*. Les dommages collatéraux sont des diplomates Wakandais, tués par accident par *Wanda Maximoff*, la Sorcière rouge, lors d'une opération des *Avengers* à Lagos en territoire Nigérian ; l'encadrement nécessaire de l'activité des surhumains prend la forme d'une convention internationale, les accords de Sokovie, adoptée dans le cadre de l'ONU.

Dans sa version originale ou dans sa traduction au sein du *Marvel Cinematic Universe* (MCU), l'histoire de Mark Millar pose des questions essentielles. Peut-on laisser des individus dotés de super pouvoirs intervenir librement, sur le territoire étatique et même à l'étranger, sans que l'État ou une organisation internationale ne contrôle leur activité ? La réponse s'avère assurément négative. Aussi louables que soient les intentions d'un super-héros, il ne dispose d'aucune légitimité démocratique pour rendre la justice et son action ne peut se dispenser d'un cadre légal. Tout juriste qui se respecte devrait soutenir la démarche d'*Iron man*.

Plusieurs moyens sont à la disposition de l'État pour encadrer l'activité des super-héros : un recensement obligatoire, l'institution d'un monopole étatique ou la création d'une profession réglementée.

En d'autres termes, si l'État souhaite restreindre le danger potentiel que constitue l'exercice de super pouvoirs par des individus, il doit nécessairement imposer leur enregistrement afin d'évaluer la menace qu'ils peuvent représenter, mais surtout connaître leur identité secrète (I). Une fois l'information acquise, reste à l'État de choisir entre un enrôlement de force, faisant des super-héros des conscrits (II), ou la délivrance sous-condition d'une autorisation étatique d'activité supra-humaine. Le super-humain recensé serait alors contraint dans cette perspective de devenir un agent public ou de n'utiliser ses pouvoirs que dans le strict cadre d'une profession réglementée (III).

I- Le recensement nécessaire du super-héros

La première étape incontournable de l'encadrement de l'activité de super-héros reste celle du recensement. Il ne serait en effet pas envisageable de contraindre des surhumains à embrasser la carrière d'agent public ou d'autoriser l'utilisation de leurs pouvoirs dans l'espace public ou privé tant que ces individus ne sont pas précisément identifiés par la puissance publique. Sur le terrain juridique, ce recensement ne serait pas difficile à mettre en œuvre.

En effet, selon l'article 3 de la loi n° 51-711 du 7 juin 1951 sur l'obligation, la coordination et le secret en matière de statistiques, « Les personnes sont tenues de répondre, avec exactitude, et dans les délais fixés, aux enquêtes statistiques qui sont rendues obligatoires ». L'article 1 bis de ce texte permet à l'autorité administrative de conférer un caractère obligatoire à une enquête. Le Premier ministre pourrait ainsi instituer par décret le recensement obligatoire de tous les individus disposant de super pouvoirs, après avis du Conseil national de l'information statistique (dont sont notamment membres : des parlementaires, des représentants des élus locaux, des représentants des syndicats, des universitaires et des membres de la société civile)[8]. On relève à ce titre que le Conseil d'État a déjà considéré que l'article 8 de la Convention européenne des droits de l'homme sur le droit au respect de la vie privée et familiale n'interdit nullement un traitement automatisé de données à caractère personnel recueillies au cours des opérations de recensement de la population[9].

Il est donc parfaitement envisageable de créer un fichier « S », de super-héros, par la voie d'un simple recensement, sans nécessiter la rédaction de « notes blanches » par les services du Ministère de l'Intérieur[10]. Le fichage des surhumains pourrait être parfaitement officiel. Les motifs que le Gouvernement pourrait avancer au soutien de son projet de décret seraient assez évidents.

8 Décret n° 2009-318 du 20 mars 2009 relatif au Conseil national de l'information statistique, au comité du secret statistique et au comité du label de la statistique publique.

9 CE, 16 juillet 2008, Hoffer, n° 308666, Rec. T.

10 Voir notamment sur ces notes CE, 11 décembre 2015, Gauthier, n° 394990, Rec. ; CE, 3 mars 2003, Ministre de l'intérieur c/ Rakhimov, n° 238662, Rec. ; CE, 22 janvier 2016, Abdelmalek, n° 396116, Rec. T.

En premier lieu, l'atteinte potentielle à l'ordre public de l'utilisation de pouvoirs surhumains dans l'espace public ne nécessite guère de développement tant elle apparaît évidente au regard des dommages aux personnes et aux biens susceptibles d'être causés par des individus dotés de super pouvoirs et qui ne disposent d'aucune autorisation étatique en ce sens. Le cœur de l'opposition entre *Superman* et *Batman* dans le film de Zack Snyder consiste précisément dans les conséquences de l'attaque de *Métropolis* pour ses habitants et l'absence totale de comptes rendus par le Kryptonien sur les dommages collatéraux de cette bataille.

En second lieu, les super-héros étant le plus souvent costumés et masqués, l'utilisation de leurs pouvoirs dans l'espace public viole assurément l'interdiction de la dissimulation du visage dans l'espace public instituée par la loi n° 2010-1192 du 11 octobre 2010. Le recensement permet donc de prévenir une contravention de cinquième classe réprimée par l'article R. 645-14 du Code pénal.

Reste la délicate question de la définition du super pouvoir à recenser. Dans *Civil War*, la loi s'applique à tous les individus disposant d'aptitudes surnaturelles acquises naturellement, au moyen de la science ou de la magie ainsi que les humains n'ayant pas de pouvoirs, mais utilisant une technologie particulière. La définition paraît suffisamment large pour englober les extraterrestres (*Superman*), les dieux (*Thor*), les *X-men* dont les pouvoirs mutants apparaissent naturellement à l'adolescence, les héros titulaires de pouvoirs à l'issue d'expériences scientifiques délibérées comme *Captain america* ou *Luke Cage*, ou encore d'accidents comme *Hulk*, *Spider-man* ou *Daredevil*, les magiciens (*Doctor Strange, Doctor Voodoo*), mais également des héros costumés qui ne disposent pas de pouvoirs extraordinaires, mais bénéficient d'un équipement hors du commun comme *Iron man* ou *Batman*.

Le recensement pourrait évidemment être critiqué en ce qu'il renvoie aux heures sombres de la Seconde guerre mondiale en constituant la première étape d'une procédure d'internement systématique des surhumains dans des camps, comme dans la célèbre saga des *X-men Days of future past*[11]. La situation ne serait pas saugrenue à l'heure où des personnalités politiques de tous bords plaident pour la création de centres de « désendoctrinement » ou de « déradicalisation » pour les terroristes islamistes. Ce recensement s'avère toutefois un préalable indispensable à l'éventualité de contraindre les individus concernés à travailler pour l'État ou à leur interdire d'utiliser leurs pouvoirs en l'absence d'autorisation administrative.

11 C. Claremont, « Uncanny X-men 141 », dans *Spécial Strange 35*, Lug éditions ; *X-men L'intégrale* 1981, Panini comics.

II- L'obligation facultative de servir du super-héros

Dans *Watchmen*, après une grève sans précédent des services de police qui estimaient que les aventuriers costumés les empêchaient de faire leur travail, le *Keen Act* est adopté le 3 août 1977. Il interdit l'activité des héros masqués, excepté lorsqu'elle est exercée pour le compte du Gouvernement. Certains héros raccrochent le masque, d'autres opèrent dans la clandestinité, les derniers acceptent de travailler pour l'État.

Dans la bande dessinée américaine, il n'est pas rare qu'un super-héros se voie doté de la qualité d'agent public. Il est alors chargé d'exécuter des missions régaliennes en utilisant ses pouvoirs au nom et pour le compte de l'État ou d'une organisation internationale. Les *Avengers*[12] ont pu intervenir sous mandat de l'ONU, de même que l'équipe *Stormwatch*[13], en qualité de force de maintien de la paix mondiale. Durant la seconde guerre mondiale, l'équipe des *Invaders*[14], composée notamment de *Captain america, Bucky, Human Torch* et *Namor*, est déployée en tant que force militaire au nom des Alliés ; il en est de même des *Ultimates*[15] au nom des États-Unis d'Amérique, ce qui provoque d'ailleurs une réaction assez hostile de la communauté internationale.

Certains super-héros sont clairement des militaires au service des États-Unis : *Captain america* est le super-soldat américain, le *Doctor Manhattan* de *Watchmen, l'American* de *Cla$$war*[16], *Hyperion* et *Doctor Spectrum* dans *Supreme Power*[17].

Dans *Secret War*[18], *Nick Fury* va mener une mission d'espionnage en territoire étranger aux côtés de *Captain america, Luke Cage, Daredevil, Spider-Man* et *Wolverine*. D'autres personnages sont enrôlés pour effectuer officiellement des missions de police judiciaire, comme le *Savage Dragon*[19], l'équipe du *Top Ten*[20], le *Marshal Law*[21] ou encore *Matthew Bright* dans *Rising Stars*[22]. *Batman* se trouve lui-même collaborateur occasionnel du service public lorsque le commissaire Gordon actionne le Batsignal.

---

12 L. Hama, « Avengers 329 », dans *Strange 275*, Semic éditions, 1992.

13 Voir notamment W. Ellis, « Stormwatch 37 s. », dans *Nova 228 s.*, Semic éditions, 1997 ; *Authority. Les années Stormwatch*, Urban comics, 2016.

14 R. Thomas, « Invaders », dans *Titans 23 s.*, Lug éditions, 1979 ; « Saga of the Sub-mariner 5 », dans *Spécial Strange 67*, Semic éditions, 1990.

15 M. Millar, *Ultimates*, Marvel comics, 2002.

16 R. Williams, *Cla$$war*, Delcourt, 2005.

17 J. M. Straczynski, *Supreme Power*, Panini comics, 2004.

18 B. Bendis, « Secret War », dans *Marvel Méga 19, 21 et 25*, Panini comics, 2005.

19 E. Larsen, « Savage Dragon », dans *Collection image 2*, Semic éditions, 1996.

20 A. Moore, *Top 10*, Semic éditions, 2000.

21 P. Mills, *Marshal Law*, Urban comics, 2019.

22 J. M. Straczynski, *Rising Stars*, Semic éditions, 2000.

Contraindre les super-héros à mettre leurs pouvoirs au service de l'État constitue à cet égard une opportunité pour l'État et un avantage stratégique indéniable dans l'exercice de ses missions régaliennes. On peut imaginer les possibilités d'un agent du renseignement télépathe ou invisible, d'un militaire invulnérable, d'un policier télékinésiste, ou d'un juge omniscient.

Faire des super-héros des conscrits ne serait au demeurant pas d'une originalité démesurée dès lors que le droit français a déjà connu une classe d'agents publics contraints avec les appelés au service militaire, de la loi du 21 mars 1905[23] à celle n° 97-1019 du 28 octobre 1997, dont on se souvient qu'elle avait échappé de justesse au contrôle de constitutionnalité[24]. Saisi d'une loi contraignant les individus dotés de super pouvoirs à devenirs des agents publics, le Conseil constitutionnel pourrait alors concilier la nécessité de garantir l'ordre public et la liberté d'entreprendre[25], en faisant très facilement primer la première sur la seconde. Le droit de l'Union n'y ferait pas davantage obstacle si l'État français se prévalait d'une « obligation de servir les intérêts de la sécurité du territoire »[26]. Il est de même fort probable que la Cour de Strasbourg reconnaîtrait une forte marge d'appréciation des États en la matière, voire un consensus entre eux sur l'obligation de servir.

Néanmoins, l'État pourrait retenir une vision extrémiste en faisant de tous les individus dotés de super pouvoirs des conscrits, ou une attitude plus modérée en les contraignant à ne les utiliser que pour le compte de l'État. Le choix entre les procédés envisagés dans *Civil War* et *Watchmen* résulte d'une politique publique à définir. Il est toutefois peu probable que l'État se prive, au nom de la liberté de quelques individus, d'une main-d'œuvre inestimable.

III- L'utilisation réglementée des super pouvoirs

Dans le cas où les êtres dotés de pouvoirs surhumains viendraient à se multiplier de manière exponentielle et où leur recrutement systématique ne serait plus matériellement envisageable, ou si l'État faisait le choix d'un exercice libéral, mais encadré de l'activité de super-héros, une régulation étatique resterait nécessaire. Comme l'a si bien démontré Jacques Chevallier, l'externalisation récente et de plus en plus fréquente de

23 N. Kada, « Le dernier "Cadeau de César" : l'abandon de la conscription », dans C. Ribot (dir.), *Droit et bande dessinée*, PUG, 1998, p. 313.
24 CC, 7 novembre 1997, n° 97-392 DC, Loi portant réforme du service national.
25 Voir note P. Gervier, *La limitation des droits fondamentaux constitutionnels par l'ordre public*, thèse, LGDJ, BCSP, t. 143, 2014.
26 CJCE, 11 mars 2003, Dory, C-186/01, § 38, *AJDA* 2003, p. 1041.

missions de police au profit du secteur privé ne prive pas l'activité de police de son caractère régalien dès lors que l'État reste responsable de l'encadrement de la sécurité privée[27]. L'État pourrait très bien organiser une profession réglementée de super-héros.

De sérieux obstacles s'élèvent toutefois quant à la possibilité de déléguer à des personnes privées l'exercice de missions intrinsèquement régaliennes. On exclura de manière certaine la délégation de la mission de justice qui est toujours rendue au nom de l'État et sous sa responsabilité[28]. Faute d'être pourvus des atours de la juridiction, les super-héros ne sauraient par définition trancher des litiges ou sanctionner des atteintes à la loi pénale. On pourrait néanmoins envisager la mise en place d'une juridiction d'exception, elle-même composée de super-héros, chargée de juger les crimes et délits commis par des personnes physiques dotées de super pouvoirs.

En revanche, l'exercice de missions de police par des surhumains reste parfaitement concevable. On le sait, la notion de police dispose d'une diversité d'objets, de qualifications et de sens qui rend son appréhension particulièrement délicate[29]. Cette police est ici conçue de manière globale au travers de la notion de sécurité intérieure, c'est-à-dire de la branche policière des politiques publiques sécuritaires regroupant l'ensemble des dispositifs de police administrative et de police judiciaire[30].

La délégation d'un pouvoir de police administrative à des super-héros pourrait poser difficulté. On se souvient que dans le célèbre arrêt *Ville de Castelnaudary*[31], le Conseil d'État avait posé le principe de l'interdiction de la délégation du pouvoir de police[32] en interdisant la surveillance de propriétés rurales par un agent privé non placé sous l'autorité directe de l'administration. Plus récemment le Conseil d'État a constaté l'illégalité d'un contrat de délégation à une société privée de la surveillance nocturne des

27 J. Chevallier, « La police est-elle encore une activité régalienne ? », dans *La police administrative*, C. Vautrot-Schwartz (dir.), PUF, 2014, p. 18 ; Voir également X. Latour, « La puissance publique et les contrôles exercés sur les entreprises de sécurité privée », *AJDA*, 2009, p. 800.

28 CE, 27 février 2004, Mme Popin, n° 217257, Rec., p. 86, concl. R. Schwartz, *AJDA*, 2004, p. 653, chron. F. Donnat et D. Casas.

29 E. Picard, *La notion de police administrative*, thèse, t. 1, LGDJ, BDP, t. 146, 1984, p. 17 s.

30 M.-A. Granger, Constitution et sécurité intérieure. Essai de modélisation juridique, thèse, LGDJ, BCSP, t. 138, 2011.

31 CE, 17 juin 1932, Ville de Castelnaudary, Rec., p. 595.

32 J. Moreau, « De l'interdiction faite à l'autorité de police d'utiliser une technique d'ordre contractuel », *AJDA*, 1965, p. 3 ; J. Petit, « Nouvelles d'une antinomie : contrat et police », *Mélanges Jacques Moreau*, Economica, 2003, p. 345 ; E. Lemaire, « Actualité du principe de prohibition de la privatisation de la police », *RFDA*, 2009, p. 767 ; M. Lavaine, « Contrat et police : la facturation des activités des forces de l'ordre à des personnes privées », *AJDA*, 2018, p. 2226.

voies publiques dans certains quartiers communaux, qui ne se limite pas à des tâches de surveillance et de gardiennage des immeubles et du mobilier urbain[33].

Le Conseil constitutionnel a enfoncé le clou dans sa décision sur la loi LOPPSI en considérant contraire à l'article 12 de la Déclaration de 1789, sur la nécessité d'une force publique pour l'avantage de tous, « la délégation à une personne privée des compétences de police administrative générale inhérentes à l'exercice de la « force publique » nécessaire à la garantie des droits »[34], ce qui est le cas selon lui de l'exploitation d'un système de vidéo-protection de la voie publique et de la surveillance privée des abords d'une installation privée, mais sur la voie publique. Dans la même décision, le Conseil constitutionnel a également rappelé l'interdiction absolue de déléguer une mission de police judiciaire en considérant que des pouvoirs d'enquête criminelle et délictuelle ne peuvent être confiés qu'à des agents placés sous l'autorité d'officiers de police judiciaire[35].

L'étendue des activités privées susceptibles d'être déléguées à des personnes privées semble bien restreinte. Le caractère bénévole de l'activité super héroïque reste sans incidence sur cette difficulté. En ce sens, on partage pleinement la solution rendue par le Tribunal administratif de Montpellier sanctionnant l'incompétence du conseil municipal de Béziers à créer une milice privée, composée de citoyens volontaires bénévoles chargés uniquement de missions de gardes statiques devant les bâtiments publics et de déambulations sur la voie publique, et devant alerter les forces de l'ordre en cas de troubles à l'ordre public ou de comportements délictueux, dite « garde biterroise »[36].

Plusieurs arguments militent en faveur d'une révision de cette interdiction générale et de principe. La question a déjà été envisagée par la doctrine au regard du développement du besoin de sécurité, de la multiplication des atteintes aux biens et aux personnes, à la prégnance de la menace terroriste, et à la faiblesse des moyens de l'État face au coût de la sécurité. Les débats autour du coût supplémentaire des mesures de sécurité pour l'organisation de l'Euro de football en 2016 l'ont parfaitement illustré. L'État ne peut plus se passer de la sécurité privée au nom d'un sacro-saint principe

33 CE, 29 décembre 1997, Commune d'Ostricourt, n° 170606, Rec. T., p. 706, *JCP*, 1998. II. 10139, note X. Prétot.

34 CC, 10 mars 2011, n° 2011-625 DC, Loi d'orientation et de programmation pour la performance de la sécurité intérieure, cons. 19. ; Voir notamment sur les fondements de l'interdiction M.-A. GRANGER, *Constitution et sécurité intérieure. Essai de modélisation juridique*, thèse, LGDJ, BCSP, t. 138, 2011, p. 131 s.

35 M.-A. Granger, « La distinction police administrative/police judiciaire au sein de la jurisprudence constitutionnelle », *RSC*, 2011, p. 789.

36 TA Montpellier, 19 janvier 2016, Préfet de l'Hérault, n° 1506697, *AJDA*, 2016, p. 71, *JCP A*, 2016, act. 72 ; TA Montpellier, 5 juillet 2016, Préfet de l'Hérault, n° 1506696, *AJDA*, 2016, p. 1368.

refusant la délégation de missions régaliennes inhérentes à sa souveraineté. Compte tenu des restrictions juridiques précédemment évoquées, la délégation de missions de police à des super-héros exigerait sans doute une évolution législative[37], ainsi qu'une révision constitutionnelle[38].

Si l'exercice de missions de police par des surhumains est autorisé, l'État devra toutefois impérativement l'encadrer de manière restrictive. La première étape de cette réglementation consisterait logiquement à limiter l'accès à la profession de super-héros[39]. Une formation de plusieurs mois à l'utilisation des super pouvoirs en milieu urbain, composée de différentes options en fonction de la nature des capacités de l'individu, apparaîtrait indispensable. Celle-ci se solderait par la délivrance d'une carte professionnelle. Le champ territorial de l'action des super-héros pourrait être restreint par leur autorisation d'exercice en fonction des besoins de sécurité et de leurs aptitudes : limitation à certaines aires urbaines, autorisations de survol à différentes altitudes...

La seconde étape de la réglementation de la profession devrait consister en l'institution d'une réglementation sectorielle[40]. En ce sens, la création d'une nouvelle profession réglementée exigerait logiquement l'institution d'une autorité de contrôle, chargée de délivrer les autorisations d'exercice, mais aussi de les retirer en cas d'atteinte par le super-héros à des obligations déontologiques à définir : respect de l'intégrité physique et matérielle des personnes et des biens, de la propriété et de la vie privée des individus, absence d'utilisation des pouvoirs à des fins personnelles. La création à cet effet d'une personne morale de droit public *sui generis*, à l'image du Conseil national des activités privées de sécurité[41], apparaît nécessaire : un Conseil national des activités super héroïques. L'auteur de ces lignes se tient en ce sens à la disposition de l'État pour y siéger en qualité de personnalité qualifiée extérieure.

La régulation de l'activité exigerait enfin de s'intéresser à la liberté tarifaire des missions super-héroïques. Si la grande majorité des super-héros agit de manière désintéressée, certains d'entre eux n'hésitent pas à monnayer leurs talents pour le compte de sociétés privées, comme *Patriot* dans *Rising Stars*, *Revere* dans *No Hero*[42], ou encore à louer directement leurs services à la population contre rémunération comme les

37 X. Latour, « La place du secteur privé dans la politique moderne de sécurité », *AJDA*, 2010, p. 657.
38 X. Latour, P. Moreau, « Délégation et activités de police : stop ou encore ? », *JCP A*, 2012, n° 2117.
39 A. Perrin, « Les professions réglementées », *Dr. Adm.* 2008, n° 8, p. 10 ; article 3, § 1 de la directive n° 2005/36/CE du 7 septembre 2005 relative à la reconnaissance des qualifications professionnelles.
40 S. Nicinski, « La réglementation des professions », *RFDA*, 2017, p. 68.
41 X. Latour, P. Moreau, « Le Conseil national des activités privées de sécurité et la moralisation de la sécurité privée », *JCP A* 2011, n° 2146.
42 W. Ellis, *No Hero*, Milady éditions, 2010.

Heroes for Hire[43] composés notamment de *Luke Cage* et *Iron Fist*. L'encadrement d'une profession réglementée peut effectivement restreindre la liberté tarifaire et d'installation de ses membres[44]. On peut supposer à ce titre que l'institution d'une profession réglementée de super-héros n'aurait pas pour effet d'instaurer une rente de situation, en contrepartie de l'achat d'une licence – mécanisme critiqué notamment à propos des taxis, des notaires ou des avocats aux Conseils[45] – puisque leur nombre n'aurait pas à être limité compte tenu de la nature de leurs missions.

Dans cette perspective, l'État français devrait garder en tête que les principes communautaires de droit de la concurrence et de liberté de circulation n'autoriseraient pas l'institution de restrictions d'accès à cette profession réglementée aux seuls nationaux[46]. Ainsi, il ne serait pas impossible que *Captain Slovénie* ou la *Sentinelle irlandaise* réclament le droit d'arrêter les criminels et super criminels agissant sur le territoire français...

À la lecture de cette modeste contribution, le lecteur pourrait penser que son auteur a laissé son esprit divaguer dans la fiction d'une apparition des super-héros dans notre quotidien et s'est éloigné de la rigueur exigée d'un universitaire. L'éminent et regretté Umberto Eco eut pu répondre à une telle critique « N'est-il pas naturel que le jouisseur cultivé – qui dans ses moments de tension intellectuelle, attend du tableau informel ou du texte sériel qu'il stimule son intelligence et son imagination – aspire lui aussi, dans ses heures de détente et d'évasion (salutaires et indispensables), aux fastes de la paresse infantile, et demande au produit de consommation courante de l'apaiser par une orgie de redondance ? »[47]. L'auteur de ces lignes se limitera à exprimer son immense satisfaction à avoir pu, enfin, concilier ses deux passions.

---

43 Voir par exemple J. Ostrander, « Heroes for hire », dans *Marvel Monster édition*, Civil War 1, Panini, 2007.
44 Y. Gaudemet, « Synthèse générale : la réforme des professions juridiques réglementées et la Constitution », *JCP N*, 2015, n° 6, p. 30.
45 J.-B. Auby, « Les professions réglementées entre club et qualité », *Dr. Adm.* 2008, n° 8, p. 1.
46 Voir note M. Del Sol, « La dimension communautaire des professions réglementées : un paradigme en mutation », *Droit social*, 2016, p. 131
47 U. Eco, « Le mythe de Superman », dans *De Superman au surhomme*, Grasset, 1993, p. 160.

Les *Avengers* et les compétences de l'État en droit international

Raphaël MAUREL[1]
Docteur de l'Université Clermont-Auvergne, Centre Michel de l'Hospital, EA 4232 et CEDIN, EA 382

Dans le vaste monde des super-héros[2], les *Avengers* ont toujours occupé une place particulière. Cette célèbre équipe, connue dans les *comics* en version française sous le nom « Les Vengeurs », a été créée en 1963 par Stan Lee et Jack Kirby[3]. Face au succès de la série, une deuxième équipe est créée dans les années 1980 par Roger Stern et Bob Hall : les *Vengeurs* de la Côte Ouest[4], mettant en scène certains *Vengeurs* originels (comme *Œil-de-Faucon* qui en est à l'initiative) détachés de l'autre côté de l'État américain – mais semble-t-il sous le contrôle juridique des *Vengeurs* de la côte Est[5]. Qu'il s'agisse de *l'incroyable Hulk* dans les *comics* ou de *Loki* dans le film, les *Vengeurs* sont réunis par un besoin de coopérer pour éradiquer une menace qui dépasse à la fois les frontières et les compétences des autorités étatiques classiques. Ce faisant, l'équipe est nécessairement amenée à coopérer avec un ou plusieurs gouvernement(s) et leur activité soulève des problématiques éminemment juridiques.

1 L'auteur remercie Valère Ndior et Éloïse Petit-Prevost-Weygand pour leurs relectures attentives.

2 Le terme « monde » est très réducteur : en se limitant à l'univers Marvel, non seulement les super-héros évoluent régulièrement au niveau cosmique – donc à l'échelle de plusieurs galaxies – mais en outre diverses réalités coexistent...

3 *Avengers*, n° 1, septembre 1963.

4 *West-Coast Avengers*, n° 1, octobre 1984, publié en VF dans *Un Récit Complet Marvel*, n° 14, mai 1987. La première apparition des *Vengeurs* de la Côte Ouest en version française se fait dans *Nova*, n° 101, juin 1986.

5 Après le départ d'*Œil-de-Faucon* de l'équipe et les importants dégâts subis par cette dernière lors d'un combat contre *Ultron*, c'est en effet *Captain America*, chef des *Vengeurs* de la côte Est, qui décide de dissoudre le groupe.

Afin de réduire le champ de la contribution, celle-ci sera, malgré l'immense richesse des *comics*, limitée aux premiers films sur les *Avengers*, c'est-à-dire *The Avengers* (2012), *Avengers : L'Ère d'Ultron* (2015), ainsi que leur suite logique *Captain America : Civil War* (2016). Ceux-ci ne vont pas sans interroger le juriste internationaliste, du fait du traitement tout à fait original réservé au droit international et à la communauté internationale par les scénarios proposés. D'autres questions de droit international – spécifiquement de l'espace extra-atmosphérique – sont naturellement soulevées par les films ultérieurs : *Avengers: Infinity War* (2018) et *Avengers: End Game* (2019)[6]. Ces derniers relèvent cependant d'une logique différente – dans le sens où les lieux des actions ne sont plus globalement limités aux territoires des différents États et où les *Avengers* ne relèvent plus ni de la tutelle américaine, ni même de la tutelle internationale dont ils s'affranchissent au regard du danger affronté (Thanos)[7]. Ces deux derniers opus seront donc laissés de côté dans cette contribution, qui se focalise sur les relations entre les activités des *Avengers* et les compétences de l'État en droit international avant la guerre contre le Titan.

À titre introductif, il faut enfin revenir sur les notions juridiques employées : que sont les « compétences de l'État » ? Selon une définition largement admise, la compétence est un « pouvoir juridique conféré ou reconnu par le droit international à un État [...] de connaître d'une affaire, de prendre une décision, de régler un différend »[8]. Généralement, la compétence de l'État s'exerce sur son territoire[9], mais peut également s'exercer hors de son territoire, par l'intermédiaire de plusieurs techniques. Dans cette catégorie[10] peuvent être classées des compétences territoriales dites « mineures », ainsi que les compétences *personnelles* qui concernent certaines personnes physiques ou morales et certains objets. Pour déterminer quelles personnes sont soumises à une compétence *personnelle* d'un État, en droit international, il convient de s'intéresser aux *liens* entre les personnes et l'État concerné ; le principal étant la *nationalité*[11] des personnes, qui est généralement traduite par *l'immatriculation* lorsqu'il s'agit d'objets (engins spatiaux,

---

6 *Avengers: Infinity War* (2018) et *Avengers: End Game* (2019) de Joe et Anthony Russo.

7 L'on se rappellera, en ce sens, de l'échange entre *Captain America* et le Secrétaire d'État Ross au début d'*Infinity War*, alors que le premier et ses partisans étaient activement recherchés à la suite des événements de *Civil War* : « – [Ross] Le monde est en feu, et vous croyez que tout est pardonné ? – [Captain] Je ne cherche pas le pardon. Et j'ai dépassé le stade de la demande de permission. La Terre vient de perdre son meilleur défenseur. Donc nous sommes ici pour nous battre. Et si vous voulez vous dresser sur notre chemin, nous vous combattrons aussi ».

8 P. Daillier, M. Forteau, A. Pellet, *Droit international public* (Ngyuen Quoc Dinh †), Paris, LGDJ, 8e éd. 2009, p. 513, citant J. Basdevant (dir.), *Dictionnaire de la terminologie du droit international*, Paris, Sirey, 1960, p. 132.

9 L'on peut néanmoins considérer que c'est l'exercice de la compétence territoriale qui permet de définir le territoire d'un État et pas l'inverse ; voir *ibidem*.

10 P. Daillier, M. Forteau, A. Pellet, *Droit international public*, *op. cit.* note 6, p. 536.

11 Voir SFDI, *Droit international et nationalité*, Colloque de Poitiers, Pedone, 2012, 528 p.

navires par le pavillon, *etc.*)[12]. Enfin faut-il mentionner les exceptions ou les limites aux compétences de l'État, comme certains accords internationaux : l'on pense aux traités relatifs à l'Union européenne qui peuvent limiter l'exercice de certaines compétences des États sur leur territoire et, plus généralement, à tous les traités par lesquels les États renoncent à exercer une partie de leurs droits souverains, suivant « l'idée que la renonciation par l'État à certaines manifestations de sa souveraineté est une manière d'exercer sa souveraineté »[13]. Il faut également rappeler, au rang des exceptions, les privilèges et immunités des agents et locaux diplomatiques en mission sur un territoire étranger et dont il sera question *infra*.

L'analyse des films pertinents sous l'angle de l'exercice des compétences territoriale et personnelle pose la question de leur *résistance face aux multiples activités des Avengers*. Trois points de vue peuvent alors être dégagés pour embrasser l'ensemble de la problématique. À l'instar des trois épisodes d'une trilogie, il s'agira de se placer d'abord du point de vue des *Avengers* eux-mêmes (I), puis de celui des États de manière individuelle (II) ; ce n'est qu'en frôlant les limites du sujet qu'il sera enfin possible se placer du point de vue de la communauté internationale (III).

I- Du point de vue des *Avengers* : l'éloge de l'ignorance juridique

Il n'est de secret pour personne que les *Avengers* ne sont pas des juristes. Ce n'est certes pas ce qui est principalement attendu d'eux, mais l'on ne saurait assez recommander l'intégration dans l'équipe de *Daredevil, alter ego* de l'avocat Matt Murdock, ou de *Miss Hulk*, également avocate dans la vie civile[14], au regard des difficultés soulevées par leurs multiples actions. Le raisonnement juridique débutant généralement par la qualification, il est loisible de s'interroger sur celle du groupe *Avengers*, et de constater qu'il s'agit d'une *organisation informelle privée agissant sous mandat d'une agence américaine* qui, au cours de ses activités, est confrontée au droit international – ou en

12 Voir N. Aloupi, *Le rattachement des engins à l'État en droit international public (navires, aéronefs, objets spatiaux)*, Thèse de droit public soutenue le 27 avril 2011, Université Panthéon Assas, 602 p.

13 P. Daillier, M. Forteau, A. Pellet, *Droit international public*, *op. cit.* note 6, p. 534.

14 Miss Hulk, qui fait sa première apparition dans *Savage She-Hulk*, n° 1 en février 1980, intègre en réalité l'équipe dans *Avengers* n° 221, juillet 1982. Daredevil, qui apparaît dans le comics éponyme *Daredevil* n° 1 en avril 1964, est mentionné comme potentiel membre de l'équipe en figurant sur la couverture du même numéro *Avengers* n° 221, mais ne fait aucune apparition dans l'histoire.

tout cas devrait l'être, qu'il s'agisse du respect des frontières (A) ou des règles relatives à l'extradition (B).

A. La frontière, une notion inconnue des *Avengers*

La première des règles de droit international à laquelle sont confrontés les *Avengers* réside dans la notion de frontière. Réalité incontestable[15], elle permet d'encadrer et de limiter le territoire d'un État et constitue l'un des fondements du système juridique international :

> Respect et inviolabilité de la frontière, tels sont le ciment et la pierre angulaire qui, actuellement et pour toujours, maintiennent debout tout l'édifice d'un État. Toute atteinte à ou attaque contre la frontière emporte des conséquences aussi fondamentales qu'indésirables. L'histoire des frontières se confond avec celle des peuples et des États. Elle correspond à un besoin sociologique, humain, juridique et géographique des communautés qui ont à régler leurs rapports réciproques ainsi que leur existence mutuelle[16].

Or, les *Avengers* ignorent parfaitement la notion de frontière. Leurs déplacements et leurs actions, qui relèvent la plupart du temps de l'usage de la force au sens de la Charte des Nations Unies[17], ne sont jamais précédés de l'accord de l'État concerné. L'exemple topique est l'incident à Lagos au Nigéria au début de *Civil War*[18], qui a causé le décès de vingt-six personnes, dont onze ressortissants Wakandais. D'autres exemples peuvent être cités, comme l'intervention de *Captain America* et d'*Iron Man* à Stuttgart dans *The Avengers*. L'ordre d'intervenir, ou en tout cas le blanc-seing, est certes donné par Nick Fury, directeur d'une agence de défense américaine, ce qui pourrait conduire à penser que la responsabilité de ce fait internationalement illicite devait être imputée aux États-Unis d'Amérique. Néanmoins, il n'est pas totalement certain que le commandement du SHIELD puisse être considéré comme exerçant un contrôle effectif sur les *Avengers* – or, en droit de la responsabilité internationale, l'imputabilité des faits internationalement illicites à un État implique l'exercice par celui-ci d'un « contrôle effectif »[19] sur le groupe qui les a commis. En l'espèce, le contrôle ne semble pas effectif,

---

15 Ch. Rousseau, « Les frontières de la France », *RGDIP*, 1954, p. 374.

16 A. Abou-El-Wafa, « Les différends internationaux concernant les frontières terrestres dans la jurisprudence de la Cour internationale de Justice », *RCADI*, vol. 343, 2010, p. 27.

17 Il faut à cet égard différencier l'emploi de la force de l'agression. Cette dernière « n'est pas n'importe quel emploi de la force [...] [,] est plus étroite que la force prohibée et ne se confond pas avec l'usage de la violence et avec toutes les violations de l'article 2, § 4 » R. Rivier, *Droit international public*, PUF (coll. « Thémis Droit »), 2012, p. 551, § 705. La question de la qualification des actes des *Avengers* en comme « agression » pose en réalité celle de l'imputation à un État.

18 *Captain America: Civil War* de Joe et Anthony Russo (2016).

19 CIJ, arrêt, 27 juin 1986, Activités militaires et paramilitaires au Nicaragua et contre celui-ci (Nicaragua c. États-Unis d'Amérique), Fond, Rec. 1986, p. 64-65, § 115.

ni même global[20] ; d'ailleurs, dans *Civil War*, le secrétaire d'État américain qualifie les *Avengers* de « dangereux », seul adjectif capable de désigner selon lui « un groupe d'individus optimisés qui, alors qu'ils sont basés aux États-Unis, s'autorisent à ignorer systématiquement les frontières et à imposer leur volonté quand il leur plaît et où bon leur semble, qui plus est sans prendre en compte les pertes que ça peut occasionner ».

Il en va de même s'agissant de l'intervention humanitaire – qualification qui pourrait convenir à propos du sauvetage de la population de Sokovie par les *Avengers* et le SHIELD – comme du survol du territoire étatique. Il est vrai que le *quinjet* est difficilement qualifiable : l'on ne sait pas s'il s'agit d'un aéronef – dans ce cas serait-il civil ou militaire ? – ou d'un engin extra-atmosphérique[21]. Il n'en demeure pas moins que l'engin décolle des États-Unis et atterrit sur le territoire d'autres États, manifestement hors des infrastructures aéroportuaires et à des fins militaires. Le consentement des États du sol, dont l'existence est fort douteuse dans les trois films, est pourtant normalement indispensable.

B. L'enlèvement de *Loki* : un sentiment de déjà-vu

Au cours de leurs escapades extra-juridiques, les *Avengers* se permettent également quelques violations connues du droit international. L'une de celles qui marquent le plus l'esprit de l'internationaliste est l'enlèvement de *Loki* à Stuttgart, dans le premier film. Comment qualifier l'action des *Avengers* en Allemagne ? Concrètement, celle-ci visait à soustraire un individu à la juridiction de l'État territorialement compétent, soit pour exercer des sanctions en dehors de tout cadre juridictionnel, soit pour faire valoir

20 Le critère du « contrôle global » avait été retenu par le TPIY dans l'affaire *Tadić* (TPIY, Chambre d'appel, arrêt, 15 juillet 1999, affaire IT-94-1, *Le Procureur c. Tadić*), avant que la Cour internationale de justice ne lui préfère très expressément celui du contrôle effectif (CIJ, arrêt, 26 février 2007, *Application de la convention pour la prévention et la répression du crime de génocide (Bosnie-Herzégovine c. Serbie-et-Monténégro)*, Fond, Rec. 2007, § 406). Voir sur ce débat A. Pellet, « Remarques sur la jurisprudence récente de la C.I.J. dans le domaine de la responsabilité internationale », dans M. Kohen, R. Kolb, D. L. Tehindrazanarivelo, *Perspectives of International Law in the 21st century/Perspectives du droit international au XXIe siècle. Liber Amicorum Professor Christian Dominicé in Honour of his 80th Birthday*, Leiden/Boston, Martinus Nijhoff Publishers, 2012, p. 321-345 ou encore O. Corten, « L'arrêt rendu par la CIJ dans l'affaire du *Crime de génocide (Bosnie-Herzégovine c. Serbie)* : vers un assouplissement des conditions permettant d'engager la responsabilité d'un État pour génocide ? », *AFDI*, vol. 53, 2007, p. 249-279.

21 La limite entre l'espace atmosphérique et l'espace extra-atmosphérique n'est pas claire, du fait de l'absence de définition juridique de l'espace. La frontière entre l'espace aérien où s'exerce la souveraineté de l'État et l'espace extra-atmosphérique où d'autres règles s'appliquent est relativement mouvante du fait de la volonté des États de conserver une certaine liberté d'exploration spatiale ; elle oscille néanmoins, au regard de la pratique des États, entre 100 et 110 km au-dessus de la mer : Voir Ph. Achilleas (dir.), *Droit de l'espace. Télécommunication, Observation, Navigation, Défense, Exploration*, Larcier, 2009, p. 18.

un autre titre de compétence. Cette action n'est pas sans évoquer la célèbre affaire *Eichmann*.

En 1960, l'Argentine avait en effet saisi le Conseil de sécurité en raison de « la violation des droits de souveraineté de la République argentine par le transfert illicite et clandestin d'Adolf Eichmann du territoire argentin en territoire d'Israël, au mépris des règles du droit international et des buts et principes de la Charte des Nations Unies, ce qui crée un climat d'insécurité et de méfiance incompatible avec la préservation de la paix internationale »[22]. Dans son argumentation, Israël reconnaissait une violation du droit interne de l'Argentine, tout en présentant ses excuses à ce propos, mais considérait qu'il n'était pas possible d'assimiler les actes des quelques personnes qui avaient enlevé M. Eichmann à la violation délibérée de la souveraineté d'un État par un autre État. La jurisprudence montre bien qu'il n'en est rien et que le droit international proscrit ce qui s'assimile à la violation forcée de l'exclusivité des compétences de l'État : « la limitation primordiale qu'impose le droit international à l'État est celle d'exclure [...] tout exercice de sa puissance sur le territoire d'un autre État »[23]. L'arrestation et l'extradition de *Loki* auraient donc pu conduire à une demande de réparation de la part de l'État allemand – si l'on admet que les *Avengers* ont été mandatés par le SHIELD.

En revanche, ce n'est pas parce que l'arrestation a été irrégulière que le juge américain doit nécessairement se déclarer incompétent pour juger *Loki*, au regard de l'adage « *male captus, bene detentus* » : « un tribunal peut exercer sa compétence sur un accusé indépendamment des circonstances dans lesquelles cet accusé se trouve déféré devant lui »[24]. Selon ce principe, que la pratique des juridictions nationales confirme globalement[25], le juge américain aurait pu juger *Loki* malgré les circonstances de son enlèvement et nonobstant le non-respect du traité bilatéral liant l'Allemagne et les États-Unis[26] – la jurisprudence américaine ne refusant *a priori* d'appliquer le principe que lorsque l'enlèvement constitue un acte barbare et cruel[27], ce qui n'est pas le cas de celui de *Loki*. Néanmoins, *Loki* n'est pas jugé par les États-Unis : quand bien même

22 Lettre datée du 15 juin 1960, adressée au Président du Conseil de sécurité par le représentant de l'Argentine, S/4336.

23 CPJI, Affaire du « *Lotus* » (France c. Turquie), arrêt n° 9 du 7 septembre 1927, Recueil des arrêts, Publications de la Cour permanente de justice internationale (CPJI), 1928, série A, n° 10. Voir également CPA, *Affaire de l'île de Palmas (États-Unis d'Amérique c. Pays-Bas)*, sentence du 4 avril 1928, R.S.A, vol II.

24 TPIY, Chambre de première instance II, décision relative à l'exception d'incompétence du tribunal soulevée par la défense, 9 octobre 2002, affaire IT-94-2-PT, *Le Procureur c. Dragan Nikolic*, § 70.

25 *Ibidem*, § 70-93 ; la Chambre étudie de très nombreux précédents nationaux et notamment l'affaire Alvarez-Machain ; Cour suprême des États-Unis, *United States v. Alvarez-Machain*, 15 juin 1992.

26 Traité entre les États-Unis d'Amérique et la République Fédérale d'Allemagne relatif à l'extradition, fait à Bonn, 20 juin 1978.

27 Voir Cour suprême des États-Unis, *United States v. Toscanino*, 13 février 1974.

ceux-ci auraient voulu le juger, *Thor* transfère son frère en Asgard, ce qui peut s'analyser comme une forme de primauté – fort discutable – de la compétence personnelle de l'État asgardien.

II- Du point de vue de l'État : la résistance des *Avengers* face à l'exercice des compétences étatiques

Les États ont, en droit international, une obligation générale de *due diligence*, c'est-à-dire un devoir de vigilance, corollaire de la souveraineté, qui implique « l'obligation de protéger à l'intérieur du territoire les droits des autres États, en particulier leur droit à l'intégrité et à l'inviolabilité en temps de paix et en temps de guerre »[28]. Cette obligation, dont la Cour a pu relever la méconnaissance dans le passé (par exemple : omission de prévenir une prise d'otage[29], omission d'informer les autorités de la présence de mines ayant endommagé des navires de guerre[30]), vise schématiquement à prévenir, limiter et réprimer la commission de faits contraires au droit international sur les territoires sur lesquels ils exercent leurs compétences. Pour éviter d'être mis en cause sur la scène internationale, les États ont donc tout intérêt à agir pour limiter les actions manifestement illicites d'individus sur leur territoire dont ils ont connaissance ; en l'espèce, les États tentent bien d'exercer leurs compétences à l'encontre des *Avengers* en usant, s'il le faut, de la puissance publique et, en premier lieu, les États-Unis sur le sol desquels agissent majoritairement les *Avengers*. Ils se heurtent néanmoins à deux types d'obstacles ; les premiers sont juridiques (A), les seconds matériels (B).

A. Les obstacles juridiques à l'exercice des compétences nationales à l'encontre des *Avengers*

Les obstacles juridiques sont ceux qui vont empêcher les autorités territorialement compétentes d'exercer leurs compétences, notamment administratives et pénales, sur les *Avengers*.

Le premier d'entre eux est relatif au *statut juridique* de certains super-héros, qui peuvent se prévaloir d'immunités. Tel est notamment le cas de la *Panthère Noire* dans *Civil War*, même si officiellement le héros Wakandais ne fait pas partie de l'équipe dans le film. Dans la mesure où il s'agit de T'Challa, Roi du Wakanda, celui-ci bénéficie, au regard du droit international, des immunités classiques en la matière. La Cour internationale de

28 CPA, Affaire de l'île de Palmas (États-Unis d'Amérique c. Pays-Bas), *op. cit.*, p. 839.
29 CIJ, *Personnel diplomatique et consulaire des États-Unis à Téhéran (États-Unis d'Amérique c. Iran)*, arrêt du 24 mai 1980, C.I.J. Rec. 1980, p. 3.
30 CIJ, *Détroit de Corfou (Royaume Uni c. République Populaire d'Albanie)*, arrêt du 9 avril 1949 (fond), C.I.J. Rec. 1949, p. 4.

Justice a en effet jugé dans son arrêt concernant l'affaire du *Mandat d'arrêt du 11 avril 2000* que les immunités de l'État s'étendent à « certaines personnes occupant un rang élevé dans l'État, telles que le chef de l'État »[31]. Si la Cour conditionne l'octroi des immunités aux hauts représentants de l'État au fait que les agissements incriminés constituent « effectivement des actes accomplis dans le cadre de leurs fonctions en tant qu'organes de l'État »[32], le chef d'un État jouit pour sa part « d'une immunité de juridiction pénale et d'une inviolabilité totales »[33] le protégeant « contre tout acte d'autorité de la part d'un autre État qui ferait obstacle à l'exercice de ses fonctions »[34]. La Convention de Vienne consacre d'ailleurs cette coutume qui empêche les États d'arrêter, de juger ou d'exercer des mesures de police administrative sur les agents diplomatiques[35], et à plus forte raison les chefs d'État dont la protection est une « manifestation accessoire de l'immunité de l'État »[36].

Dans ces circonstances, les États-Unis ne peuvent arrêter et juger la *Panthère Noire*... sauf à considérer que T'Challa et la *Panthère Noire*, son *alter ego*, sont deux personnes juridiquement différentes, auquel cas il serait possible de juger l'un sans remettre en cause les immunités de l'autre ; il s'agirait d'une sorte de dédoublement de la personnalité juridique. L'idée, relativement inconnue de la doctrine[37], ne l'est pas dans l'univers des super-héros qui sont fréquemment confrontés à ce problème – l'on pense là encore à *Daredevil* et *Miss Hulk*, à la fois super-héros et avocats, ce qui ne va pas sans poser régulièrement quelques problèmes d'éthique voire d'ubiquité. La question pourrait également se poser pour *Thor*, fils d'*Odin* roi d'Asgard, sous un angle différent. Certes, *Thor* n'est pas un chef d'État[38], quoi qu'il le deviendra un jour, mais il est loisible de considérer que *Thor* est un ambassadeur d'Asgard. Cette possibilité relève néanmoins

31 CIJ, *Affaire relative au mandat d'arrêt du 11 avril 2000 (RDC c. Belgique)*, fond, arrêt du 14 février 2002, C.I.J. Rec. 2002, § 51.

32 CIJ, *Certaines questions concernant l'entraide judiciaire en matière pénale (Djibouti c. France)*, arrêt du 4 juin 2008, C.I.J. Rec., 2008, § 191.

33 CIJ, *Affaire relative au mandat d'arrêt du 11 avril 2000 (RDC c. Belgique)*, précité supra note 28, § 54.

34 *Idem*.

35 Convention de Vienne sur les relations diplomatiques, faite à Vienne, 18 avril 1961, *RTNU*, vol. 500, 1965, p. 95, n° 7310, notamment les articles 29, 31 et 37.

36 J.-Y. De Cara, « L'affaire Pinochet devant la Chambre des Lords », *AFDI*, vol. 45, 1999, p. 84.

37 La doctrine a néanmoins pu qualifier de « dédoublement de la personnalité pénale » la solution adoptée par la Cour de cassation française à propos du statut du chef de l'État (CCass, ass., 15 juin 2012, *M. Abdoul Aziz X*, n° 10-85678) ; ce dernier est en effet parfaitement protégé par l'article 67 de la Constitution lorsqu'il est accusé, mais « redevient mystérieusement un justiciable comme les autres » lorsqu'il est accusateur (R. Letteron, « Statut pénal du Chef de l'État : la réforme devient urgente », *Liberté, Libertés chéries*, 17 juin 2012, accessible en ligne : http://libertescheries.blogspot.fr/2012/06/statut-penal-du-chef-de-letat-la.html [page consultée le 1er novembre 2019]).

38 L'article 37 de la Convention de Vienne (précitée note 32) précise bien que « [l]es membres de la famille de l'agent diplomatique qui font partie de son ménage bénéficient des privilèges et immunités mentionnés

de l'imaginaire, car il n'existe manifestement aucune ambassade d'Asgard aux États-Unis d'Amérique[39], pour autant que la cité céleste soit reconnue comme un État. Dans le même ordre d'idées, *Captain America*, la *Veuve noire*[40] et *Œil de Faucon* sont des militaires américains et bénéficient, à l'étranger, d'immunités de droit coutumier, reconnues par la jurisprudence de la CEDH par exemple[41].

Le deuxième obstacle juridique à l'exercice des compétences de l'État réside dans la *nature* juridique de certains *Avengers*. Tel est le cas de *Vision*, qui fait son apparition dans *l'ère d'Ultron* et joue un rôle important dans *Civil War*. Dans la mesure où il s'agit d'un ordinateur ou plus précisément d'un *programme informatique* incarné dans une enveloppe robotisée, l'exercice de compétences à son encontre soulève de nombreuses difficultés. Pour parvenir à exercer des compétences sur la *Vision*, il faudrait d'abord déterminer s'il s'agit d'une personne ou d'un objet – c'est-à-dire un bien, meuble ou immeuble, pour reprendre les catégories du droit français. Le droit international est, il est vrai, de peu de secours sur ce plan pour l'instant ; l'exercice des compétences internationales de l'État dépend finalement des catégories du droit interne, tant qu'aucune convention internationale n'aura été négociée dans le but d'harmoniser les législations sur ce point. Cet état du droit est manifestement sur le point d'évoluer, « considérant que, de la créature de Frankenstein imaginée par Mary Shelley au mythe antique de Pygmalion, en passant par le golem de Prague et le robot de Karel Čapek (inventeur du terme), les humains ont, de tout temps, rêvé de construire des machines intelligentes, le plus souvent des androïdes à figure humaine »[42]. Notant que « la responsabilité civile pour les dommages causés par les robots est une question cruciale qui doit être analysée et à laquelle il importe de répondre au niveau de l'Union »[43], le Parlement européen a en effet demandé, en 2017, à la Commission d'élaborer un projet de directive relatif aux règles de droit civil sur la robotique sur la base de plusieurs recommandations. Un code de conduite éthique pour les ingénieurs en robotique, une charte sur la robotique ou encore un code de déontologie pour les comités d'éthique de la recherche sont également

dans les articles 29 à 36 ». Néanmoins, il est douteux que l'article s'applique aux enfants des chefs d'États majeurs depuis plusieurs siècles et exilés sur une autre planète.

39 Faute sans doute de relations diplomatiques entre les deux États.

40 Anciennement de nationalité russe.

41 CEDH, *Jones et autres c. Royaume-Uni*, 14 janvier 2014, n° 34356/06 et 40528/06.

42 Résolution du Parlement européen du 16 février 2017 contenant des recommandations à la Commission concernant des règles de droit civil sur la robotique (2015/2103[INL]), introduction. Le Parlement rappelle ensuite que « maintenant que l'humanité se trouve à l'aube d'une ère où les robots, les algorithmes intelligents, les androïdes et les autres formes d'intelligence artificielle, de plus en plus sophistiqués, semblent être sur le point de déclencher une nouvelle révolution industrielle qui touchera probablement toutes les couches de la société, il est d'une importance fondamentale pour le législateur d'examiner les conséquences et les effets juridiques et éthiques d'une telle révolution, sans pour autant étouffer l'innovation ».

43 *Ibidem*, § 49.

ébauchés par le Parlement. En 2019, le Parlement a d'ailleurs adopté, dans la continuité du texte de 2017, une nouvelle résolution visant à élaborer un cadre juridique européen commun pour l'intelligence artificielle, confirmant cette volonté de co-construction du droit pertinent[44].

B. Les obstacles matériels à l'exercice des compétences nationales à l'encontre des *Avengers*

Cette deuxième série d'observations est bien plus pragmatique et peut même être réduite à un unique concept : le déséquilibre des forces en présence. Les États sont tout simplement incapables d'exercer leurs compétences sur les *Avengers* de manière coercitive, quand bien même les considérations purement juridiques mentionnées ci-dessus seraient écartées ou résolues. Les États-Unis parviennent certes à gêner considérablement *Captain America* dans la série de films qui lui est consacrée, et parviendraient probablement à exercer leurs compétences sur la *Veuve Noire*, le *Faucon*, *Ant-man* et *Œil-de-Faucon*. Ces trois derniers ont d'ailleurs pu être emprisonnés dans *Civil War*, et les deux derniers ont été assignés à résidence avec bracelet électronique à la suite d'un accord passé avec le gouvernement américain pour éviter la prison à la suite des événements survenus en Allemagne dans *Civil War* (au début d'*End game* pour *Œil-de-Faucon* ; dans *Ant-man et la Guêpe* (2018) pour *Ant-man*). L'État américain pourrait, peut-être, exercer matériellement ses compétences également à l'égard d'*Iron Man*, car ce dernier rejoint les héros précédents : il s'agit d'humains améliorés par la technologie. Il semble toutefois évident que les forces gouvernementales ne pourraient rien faire contre *Thor*, *Hulk* et vraisemblablement la *Vision* – le cas de la *Sorcière Rouge* devant être réservé[45]. La construction, à des fins pénales ou administratives, d'une prison censée contenir *Hulk* dans *The Avengers* montre que les autorités américaines sont bien conscientes du

44 Résolution du Parlement européen du 12 février 2019 sur une politique industrielle européenne globale sur l'intelligence artificielle et la robotique (2018/2088[INI]).

45 Les pouvoirs exacts de Wanda Maximoff ne sont pas pleinement dévoilés dans les premiers films. Elle ne s'enfuit pas de la cellule où elle a été placée dans *Civil War* (film), sans qu'il soit possible de savoir si elle a tenté une évasion. Ses pouvoirs s'avèrent cependant précieux dans la lutte contre Thanos. S'agissant des *comics*, il faut rappeler que dans le crossover *House of M*, créé en 2005 par Brian Michael Bendis et qui précède *Civil War* (*comics*), la Sorcière Rouge, manipulée par son frère *Vif-Argent*, crée intégralement une nouvelle réalité. Il n'est cependant pas certain que sa puissance empêche un État d'exercer matériellement ses compétences administratives. Si une compétence pénale semble difficilement envisageable, la *Sorcière Rouge* demeure humaine et doit dormir. Ce temps de repos pourrait être mis à profit dans le cadre de l'exercice d'une mesure de police visant à prévenir la commission de nouvelles infractions – comme sa mise artificielle dans le coma. Une telle solution n'est pas envisageable pour *Thor* et *Vision*, qui ne dorment pas. Il n'est par ailleurs pas garanti que la mise dans le coma de Bruce Banner suffise à maîtriser *Hulk* ; l'on se rappellera que dans un épisode des *comics*, le docteur Samson avait réussi à séparer Banner de son *alter ego* ; le premier dans le coma, le second se déchaîna (*The Incredible Hulk*, n° 315, janvier 1986).

problème, mais la mesure présentée comme préventive par Nick Fury ne convainc pas vraiment : si *Thor* s'en est sorti sans peine, il est fort douteux qu'elle retienne *Hulk*, dont la force augmente à mesure que sa colère grandit.

III- Du point de vue de la communauté internationale : le triomphe du multilatéralisme ?

Fait suffisamment rare pour être souligné, les scénarios des films étudiés montrent un étonnant souci pour le réalisme juridique international lorsqu'il s'agit de réagir aux actions des *Avengers* (A) ; cette réaction appelle enfin à s'interroger sur le nouveau statut des membres de l'équipe (B).

A. Une solution multilatérale originale privilégiée

Face aux nombreux dégâts causés par les *Avengers*, qu'il s'agisse de leurs interventions à New York (invasion des extraterrestres), à Washington (crash de l'héliporteur du SHIELD), en Sokovie (lorsqu'un quartier de la ville s'est élevé avant d'être pulvérisé en vol), au Nigéria (explosion du terroriste dans un immeuble habité ou un hôtel), ou encore à Leipzig (dommages causés à l'aéroport), apparaît une idée qui n'est pas totalement inédite dans les *comics*, mais relativement originale dans les *blockbusters* américains : l'idée de responsabilité des super-héros.

Dans la mesure où les États, individuellement, ne peuvent manifestement rien faire, un seul recours subsiste : le multilatéralisme pour faire pression sur le groupe – avec, en fond, l'idée un peu utopique qu'un dieu asgardien se soumettra aux décisions des Nations Unies. C'est donc l'organisation internationale universelle qui agit en premier lieu, montrant la vitalité et l'efficacité – relative – du système des Nations Unies selon une chaîne de réaction simple :

1. Le constat d'une menace à la paix et à la sécurité internationale (l'invasion extra-terrestre) ;
2. La mise en place d'une réponse opérationnelle et institutionnelle (les *Avengers*) ;
3. Le constat des limites de la réponse au fil du temps, notamment sur le plan de la légitimité et de la responsabilité (se pose notamment la question de la responsabilité des *Avengers* face aux dégâts causés, lesquels ne peuvent être imputés aux Nations Unies) ;
4. Le développement de mécanismes visant à renforcer la légitimité de la réponse initiale et à encadrer ses conséquences.

Ce schéma simple est connu, car il caractérise dans l'ensemble la chaîne de réactions internationale à un nouveau problème. L'exemple topique réside dans la lutte contre le terrorisme, qui présente une chaîne exactement identique. En effet, pour répondre à cette menace transfrontière, la lutte s'est organisée de manière internationale. La création de Comités des sanctions des Nations Unies tenant des listes de terroristes en vue de les soumettre à des séries de sanctions (gel des avoirs, *etc.*) a rapidement montré ses limites[46], lesquelles résident essentiellement dans l'absence de tout recours face à l'inscription de son nom sur une liste de terroristes. Enfin, la quatrième étape réside dans le développement de mécanismes pour résoudre cette difficulté – telle la création du Bureau du Médiateur chargé de suivre et d'instruire les demandes de radiation des listes[47]. Ce schéma peut être décliné à propos de nombreuses situations réelles.

L'action de la communauté internationale se manifeste, dans la saga, par une Convention signée par 117 États et qui doit être ratifiée à Vienne – l'une des capitales du droit international où sont ratifiées les grandes conventions universelles de droit diplomatique. Le symbole choisi, Vienne, et le détail de la procédure sont marquants et démontrent le souci de réalisme juridique des scénaristes, qui n'est pourtant pas une norme dans le cinéma américain. Les Accords de Sokovie prévoient, pour reprendre les termes du Secrétaire d'État américain, que les *Avengers* agissent dorénavant « sous le contrôle d'un comité des Nations Unies et uniquement lorsque l'autorité l'aura jugé nécessaire ». Il s'agit donc de faire des *Avengers* un organe subsidiaire des Nations Unies[48] – alors qu'un raccourci scénaristique classique, mais juridiquement inexact, aurait pu placer l'équipe sous le contrôle direct du Conseil de sécurité. Le réalisme juridique est ainsi poussé à son paroxysme : le scénario adopte le système très classique, en droit international, de la création d'un organe de surveillance intégré à une convention multilatérale.

---

46 Particulièrement à l'occasion des affaires *Kadi* devant les tribunaux de l'Union européenne ; voir notamment CJUE, GC, 3 septembre 2008, *Yassin Abdullah Kadi et Yusuf et Al Barakaat International Foundation contre Conseil de l'Union européenne et Commission des Communautés européennes*, C-402/05 P et C-415/05 P. Dans cette saga judiciaire, M. Kadi, un ressortissant d'Arabie Saoudite dont les avoirs et ressources financières dans la Communauté avaient été gelés par un règlement européen pris en application d'une résolution du Conseil de sécurité, invoquait devant le Tribunal de Première Instance de l'Union européenne puis la Cour le droit à un procès équitable, le droit de propriété, le principe de proportionnalité et le droit à un contrôle juridictionnel effectif. La Cour a constaté en 2008 que M. Kadi n'avait pas pu défendre ses droits dans des conditions satisfaisantes, ni dans le cadre de son inscription sur une liste par le Comité des sanctions, ni devant le juge communautaire, et en a déduit une violation du droit à un recours juridictionnel effectif.

47 Résolution 1904 (2009) du 17 décembre 2009, Conseil de sécurité des Nations-Unies, S/RES/1904 (2009).

48 Pour une analyse de ces accords et de leurs conséquences, voir A.-L. Chaumette, Y. Lécuyer, V. Ndior, *Relations internationales et fictions. Ou comment j'ai appris à aimer le droit des relations internationales en regardant la TV*, Paris, Enrick B. Éditions, 2018, p. 102-103. Pour une nuance concernant le réalisme juridique dans la description des Nations Unies, qui apparaissent « comme excessivement bureaucratiques » dans les films, voir également *ibidem*, p. 79.

Ce système évite donc le stéréotype cinématographique de l'unité spéciale placée sous contrôle direct du Conseil de sécurité, mais pose toutefois un problème théorique : c'est le Conseil de sécurité qui a la responsabilité principale – mais certes pas exclusive[49] – du maintien de la paix et de la sécurité internationales. Il est donc curieux de confier le contrôle des *Avengers* à un organe de surveillance d'une autre Convention, quand bien même celle-ci serait conclue et signée sous l'égide des Nations Unies – ce qui est bien le cas, au regard du décor aux couleurs de l'organisation pendant les débats. L'on peut à cet égard imaginer que le Conseil de sécurité n'a pas réussi à s'accorder sur une position commune, qu'un État membre permanent a posé son *veto* et que, face à la menace, l'Assemblée générale a décidé de convoquer une Conférence avec les 117 volontaires en vue de la rédaction de la Convention. L'internationaliste ne peut voir dans cette solution qu'un grave risque de dilution de la responsabilité du maintien de la paix et de la sécurité internationale qui se retrouve fragmentée au sein même des Nations Unies. La question de la coordination entre le comité *ad hoc* et le Conseil de sécurité ne va pas non plus sans inquiéter, sur le plan opérationnel.

B. *The Avengers* : un statut juridique international à préciser

L'autre question soulevée par cette solution est celle du statut des *Avengers* au sein de ce futur organe – bien que l'interrogation, au regard des événements d'*Infinity War* et d'*End game*, apparaisse très théorique. Deux solutions sont à cet égard envisageables : soit les super-héros deviennent des fonctionnaires internationaux, soit des sortes d'experts opérationnels consultés par l'organe de la convention dès que nécessaire. L'on pourrait également voir dans l'équipe une société privée de sécurité ou *civil contractors*, à l'image de Blackwater ; la volonté d'institutionnalisation répondant justement à cette célèbre affaire[50]. Le fait que les *Avengers* soient une équipe permanente à disposition de l'organe des Accords de Sokovie incite cependant à ne pas retenir cette qualification,

---

49 Cette absence d'exclusivité, qui repose sur une lecture littérale de l'article 24, § 1 de la Charte des Nations Unies selon lequel les membres de l'organisation « confèrent au Conseil de sécurité la responsabilité principale du maintien de la paix et de la sécurité internationales », a été reconnue par la Cour (CIJ, *Conséquences juridiques de l'édification d'un mur dans le territoire palestinien occupé*, avis consultatif du 9 juillet 2004, C.I.J. Rec 2004, § 30). Pour une explication très claire de ce point, voir par exemple M. Bennouna, « Le droit international entre la lettre et l'esprit », *RCADI*, vol. 383, 2017, p. 66s.

50 Cette société privée, employée en Irak, a éveillé l'attention de la communauté internationale lorsqu'elle a été accusée en 2007 d'avoir, parmi environ 200 incidents répertoriés depuis 2005, ouvert le feu sur des civils, dont des femmes et des enfants. Les immunités juridictionnelles dont elle bénéficiait du fait de l'accord entre l'Irak et les États-Unis ont participé à soulever l'opinion publique mondiale. Voir sur cette question H. Tigroudja, « Les accords du 17 novembre 2008 établissant le cadre juridique de la présence américaine en Irak et de la coopération entre les deux États », *AFDI*, vol. 55, 2009, p. 63-85.

même s'il n'est pas à exclure que le scénario ait été en partie inspiré de la problématique de la privatisation des conflits internationaux.

Le film *Civil War* met en tout état de cause en scène une réelle volonté des Nations Unies de contrôler les *Avengers*, ce qui invite à penser que c'est le statut de fonctionnaire international qui est retenu. Par ailleurs, certains des équipements de l'équipe, à l'instar du bouclier de *Captain America* et des ailes du *Faucon* sont qualifiés de biens publics par les autorités américaines, ce qui tend à confirmer cette hypothèse[51]. Le choix proposé par le Secrétaire d'État est éclairant : soit les *Avengers* acceptent les accords, soit ils sont mis à la retraite. Cette menace montre qu'un lien contractuel unit les *Avengers* au gouvernement américain, auquel est censé succéder un lien contractuel international. Il s'agit bien d'une internationalisation du groupe, politiquement, administrativement et vraisemblablement fiscalement, ce qui peut être particulièrement intéressant pour certains *Avengers*. En effet, s'il est peu probable que *Thor* paye des impôts aux États-Unis, tel n'est pas le cas du richissime *Iron Man*[52] ; or, les fonctionnaires internationaux ne sont normalement pas imposés dans leur État d'origine, comme l'a clairement indiqué le Tribunal administratif de l'Organisation internationale du travail (OIT) : « [l]e non-assujettissement à l'impôt national est une condition essentielle de l'emploi dans la fonction publique internationale et il constitue une garantie importante d'indépendance et d'objectivité »[53]. Il n'est pas douteux que ce « principe fondamental du droit de la fonction publique internationale »[54] profite à M. Stark, ce qui n'est peut-être pas étranger à sa décision d'accepter sans réserve l'accord proposé.

Le statut de fonctionnaire international semble donc, si l'on excepte quelques détails, le plus proche de la situation présentée dans les films étudiés, comme le confirme une analyse formaliste des évènements. Sur le plan juridique, il n'est effectivement pas cohérent de demander aux *Avengers* de signer les Accords de Sokovie, qui ne peuvent l'être que par des États. Il est plus probable que le document que les *Avengers* sont instamment priés de signer soit en réalité leur contrat de travail avec l'organe créé

51 Voir A.-L. Chaumette, Y. Lécuyer, V. Ndior, *Relations internationales et fictions. Ou comment j'ai appris à aimer le droit des relations internationales en regardant la TV*, *op. cit.*, note 44, p. 79.

52 La fortune de Tony Stark était évaluée à 9,4 milliards de dollars en 2011, selon *Forbes* (rubrique « The Fictional 15 » : https://www.forbes.com/lists/fictional15/2011/profile/tony-stark.html [page consultée le 1er novembre 2019]), classant l'*alter ego* d'*Iron man* au rang de la 6e fortune mondiale après l'Oncle Picsou (1re place), Carlisle Cullen (2e), Artemis Fowl II (3e), Richie Rich (4e) et Jed Clampett (5e), mais devant Smaug le dragon (7e), Bruce Wayne (8e), Mr. Monopoly (9e) ou encore Montgomery Burns (12e).

53 Jugement du TAOIT n° 2032, *Krutzsch c. OIAC*, 15 novembre 2000, § 17.

54 Jugement du TAOIT n° 2256, *M. L. c. OIAC*, 16 juillet 2003, § 12. Pour plus d'informations et un exemple d'application du principe, voir le clair exposé de L. Grosse, « L'accord de siège de 2008 entre la France et INTERPOL », *AFDI*, vol. 54, 2008, p. 615-628.

par la convention, auquel serait annexé un exemplaire des Accords dont ils sont l'objet principal.

Conclusion

La compétence des États, qui ne parviennent pas à exercer seuls leurs compétences, s'exprime ainsi par une forme de publicisation et d'institutionnalisation du groupe privé – qui semblait néanmoins lié au gouvernement américain par contrat – à des fins de contrôle et de régulation.

Il faut relever la remarquable représentation du droit international dans les trois films. Lorsqu'une analyse d'un film américain est menée sous le prisme du droit international, il est généralement aisé de constater l'expression d'un interventionnisme militaire, humanitaire ou diplomatique important, traduction d'un imaginaire populaire très développé dans cet État ; les nombreuses analyses réalisées par le Centre de droit international de l'ULB s'en font l'écho – voir notamment celle du film *Air Force One*[55]. Or, le film *Civil War* prend justement le contre-pied de ce mouvement, à l'instar du *crossover* du même titre édité en *comics*. C'est ainsi le héros de guerre national, *Captain America*, qui se retourne contre les États-Unis d'Amérique qui lui ont tout donné – ce qui n'est pas sans rappeler l'histoire de *Rambo*. Néanmoins, ce ne sont pas les États-Unis qui sont finalement les acteurs et les vainqueurs dans les films *Avengers*, mais la communauté internationale. En fin de trilogie, ce n'est pas l'idée du patriotisme et/ou de l'héroïsme militaire américain qui est prééminente, mais celle de responsabilité des super-héros envers le monde : « un grand pouvoir implique de grandes responsabilités » … internationales.

55 F. Dubuisson, « La Doctrine américaine de l'intervention humanitaire dans « Air Force One » (Wolfgang Petersen, 1997) », « Culture-pop » et droit international, Du droit international au cinéma, Centre de droit international de l'ULB, 8 mai 2013, accessible en ligne : https://cdi.ulb.ac.be/la-doctrine-americaine-de-lin-tervention-humanitaire-dans-air-force-one-wolfgang-petersen-1997/ [page consultée le 1er novembre 2019].

L'idée de justice dans les univers de *Daredevil* et *Batman*

Karine FAVRO
Professeur de droit public, CERDACC EA 3992, Université de Haute-Alsace

La justice est un principe philosophique, juridique et moral au regard duquel les actions humaines doivent être sanctionnées ou récompensées en considération de leur mérite. La caractérisation du comportement du juste est toute à la fois instinctive – « l'art du bon et de l'égal » – et pragmatique, car elle traduit un équilibre dans les relations avec les hommes. « La justice a toujours évoqué des idées d'égalité, de proportion, de compensation »[1]. Le mérite des actions humaines est évalué par rapport à la règle de droit, la morale ou la vertu ou autres normes de comportements. Les rapports du droit et de la justice sont ambigus selon la conception du droit que l'on fait prévaloir, à savoir le droit naturel ou le droit positif. Schématiquement, ces deux conceptions se complètent et ancrent les rapports du droit et de la justice dans la nature humaine. Ce qui explique que l'ordre juridique, pour recevoir l'idée de justice, évolue en permanence et se doit d'être respecté[2].

Principe à portée universelle, le juste varie pourtant en fonction de facteurs culturels et ses applications diffèrent selon les coutumes, les traditions, les structures sociales et les représentations collectives. De façon très prosaïque, la notion de justice pose la question du rapport entre le juste et l'injuste, questionnement propre à tout être humain en construction. Le fait de corriger une disproportion, une inégalité, dans le rapport entre le juste et l'injuste, se matérialise dans l'acte par lequel la justice est

1 H. Bergson, *Les Deux Sources de la morale et de la religion*, 1932, p. 68.

2 Voir sur l'ensemble de ces conceptions, des ouvrages d'introduction au Droit, notamment P. Malaurie, P. Morvan, LGDJ, 6e éd. 2016 ; P. Malinvaud, LexisNexis, 17e éd. 2017 ; R. Cabrillac, Dalloz, 12e éd. 2017 ; P. Deumier, LGDJ, 3e éd. 2015 ; R. Encinas de Munagorri, Flammarion (coll. « Champs Université »), 4e éd. 2015 ; B. Petit, PUG, 8e éd. 2015 ; F. Terré, Dalloz (coll. « Précis »), 10e éd. 2015 ; E. Zoller, *Introduction au droit public*, Dalloz (coll. « Précis »), 2e éd. 2013.

rendue. Jean Carbonnier faisait valoir au sein de son célèbre ouvrage *Flexible droit* en la forme d'un « codicille du juste et de l'injuste » que : « si la justice a toujours un peuple de fidèles, la justice en laquelle ils se confient n'est plus une donnée qui serait acquise une fois pour toutes : c'est une conquête à renouveler sans trêve, peut-être même plus dynamiquement encore, une permanente révolte contre l'injustice. Peu importe le contenu, qui change, le long des siècles ou d'un pays à l'autre : ce qui ne change pas, c'est la lutte, l'effort, l'arraché. Les justes ne sont pas ceux qui possèdent la justice ; ce sont ceux qui en ont faim et soif – la quatrième béatitude »[3], renvoyant ainsi à l'idée d'une justice fixée par la nature qui est la même pour tous[4] ; « Heureux ceux qui ont faim et soif de justice, car ils seront rassasiés » !

La justice est un idéal sur lequel repose la vie en société.

L'idée de justice transcende l'univers des super-héros quels qu'ils soient, s'exprimant diversement d'un univers à l'autre. Les super-héros s'attaquent parfois à la représentation traditionnelle de l'institution judiciaire qui peut en ressortir triomphante ou à l'inverse totalement impuissante[5]. L'existence des super-héros est justifiée par la recherche de la vérité. Elle ne se superpose pas toujours à la vérité judiciaire. Leur désir de justice est à chaque fois récompensé, soit parce qu'ils ont œuvré pour le compte de l'institution judiciaire, soit pour pallier ses carences. Le fait est que, quels qu'en soient les moyens, les méchants sont punis et la société y trouve son compte, concourant ainsi au maintien du lien social[6]. Les super-héros incarnent parfois encore, à eux seuls, le mythe de la justice, tels *Captain America*, mais également *Batman* et *Daredevil*, sujets des présents développements. Surhommes, ils sont dotés de pouvoirs ou d'équipements hors du commun renvoyant à la perfection physique et morale. Toutefois, l'intérêt de ces deux personnages réside dans leur aspect humain. L'identification en ressort facilitée[7]. L'idée de justice commande leur action et l'engouement qu'ils suscitent auprès d'un public intergénérationnel. L'identification est d'autant plus forte que ces super-héros ont

3 *Flexible Droit – Pour une sociologie du droit sans rigueur*, LGDJ, 10e éd. 2001, p. 487.

4 Les trois premières béatitudes dépeignent l'homme libéré de son Moi égoïste : son orgueil, sa vantardise, sa susceptibilité, le désir de protéger ses droits, ses aises, de se glorifier… La quatrième béatitude traite de l'homme qui, ayant vécu cette libération du Moi tyrannique, désire avant tout la sanctification, parce qu'il aimerait être conforme à l'homme nouveau en Jésus-Christ. Cela implique la connaissance de Dieu, la communion avec Dieu, la marche avec Dieu en Christ par le Saint-Esprit.

5 S. Thiéblemont-Dollet, « Les deux visages de la justice », *Communication et langages*, n° 113, 3e trimestre 1997, p. 49.

6 *Ibidem*.

7 Les super-héros peuvent être classés en trois catégories : les non-humains (*Superman*, *Thor*, etc.) ; les humains mutants (*Spiderman*, les *X-Men*, les *4 Fantastiques*, etc.), les humains entraînés ou suppléés par la technique (*Batman*, *Iron Man*, *Daredevil*…) ; sur ce point, C. Forest (dir.), « Du héros au super-héros. Mutations cinématographiques », *Théorème*, 13, Presses Sorbonne Nouvelle, 2009, p. 7s.

une double vie en incarnant l'humain avec toutes ses faiblesses. À l'image de *Daredevil* et de *Batman*, ce sont des êtres humains en souffrance, revendiquant le besoin d'être soumis à l'autorité d'un mentor, car orphelins dès leur plus jeune âge. Ces personnages ont un positionnement social différent, néanmoins, ils sont tous deux animés du désir de protéger les plus faibles et de faire triompher l'idée du juste. Matt Murdock/*Daredevil* est l'archétype même de l'avocat des causes perdues alors que Bruce Wayne/*Batman* est issu d'une lignée de riches et vertueux ancêtres. C'est un noble protecteur de son peuple, les habitants de Gotham. Sa richesse lui permet d'aider ceux qui en ont besoin. Surnommé le *Prince de Gotham*, il se doit, comme un noble, d'arrêter les criminels de la ville sans les tuer, car ils sont assujettis. Reste que nos deux super-héros feront usage de la violence pour parvenir à leur fin. Leurs univers, dans la vie civile, quelque peu romanesques, ne doivent pas être dépréciés. Ils suscitent l'émotion du lecteur assumant pleinement son engouement pour les super-héros et la pop culture sans considérer qu'il est question d'une sous-culture[8] ; les super-héros poussent à la réflexion.

Le juste et l'injuste ne renvoient pas nécessairement au bien et au mal dans l'univers des super-héros[9]. Certains ont une vision très manichéenne, voire naïve de la justice comme *Daredevil*, d'autres sont dans la confusion totale entre le bien et le mal notamment lorsque le modèle proposé est celui d'une société où tous les pouvoirs sont individuels[10]. L'opposition du juste et de l'injuste en appelle à une autre opposition entre le droit d'agir ou non dans un sens déterminé. La justice distingue donc son sens moral – la légitimité – de son sens juridique – la légalité telle que conçue par le droit positif. Ce qui peut paraître légitime n'est pas nécessairement légal. C'est bien ce qui différencie le super-héros de l'être humain ordinaire... Le citoyen, au sein de l'État, superpose le droit et la justice. La justice relève de l'État et traduit l'application de normes juridiques hiérarchisées de telle sorte que la puissance publique s'en trouve limitée, l'égalité des citoyens et l'indépendance des juridictions garanties. Dans l'univers des super-héros, les références à l'État et à la justice sont particulièrement présentes ce qui permet à la fois de créditer le processus narratif et de concourir à l'adhésion du public (I). Cependant, pour les super-héros la justice est supérieure au droit et l'écarte lorsque le droit ne permet pas de la reconnaître. La justice est alors synonyme d'équité relevant de ce que l'on appelle la justice privée. La fin justifie les moyens utilisés. Si la justice doit triompher, elle n'exclut en aucun cas la violence (II). Les super-héros ont développé, en raison d'une forme d'éducation citoyenne, une capacité de discernement qui les conduit

8 U. Eco, *De superman au surhomme*, Grasset, 1993 ; « Le mythe de Superman », *Communication*, 1976, n° 24, p. 24.

9 S.-T. Bonino, « Questions autour du document : À la recherche d'une éthique universelle. Nouveau regard sur la loi naturelle », *Transversalités*, 2011/1, n° 117, p. 212.

10 S. Castel, « La logique de la violence dans les fictions télévisées », *Quaderni*, automne 1997, n° 33, p. 7.

à garantir à la place de l'État, lorsqu'il n'est plus en capacité de le faire, l'égalité des citoyens et l'indépendance de la justice, à l'image de *Daredevil*.

I- Pas de justice sans État !

L'État et le droit

Depuis la Rome Antique, la justice procède d'une réalité pratique et non plus philosophique par l'apparition de la norme, du droit. C'est l'État qui assure la production de la norme, de la loi, à l'exception des lois de la nature[11]. Ce qui est juste est prévu par la règle de droit. Le personnage de *Daredevil* en est la parfaite illustration, puisqu'il ne peut accepter que le seul ordre qui règne soit celui des délinquants, mafieux de la rue. Exerçant la profession d'avocat, la seule justice est celle définie par les lois de l'État.

La reconnaissance de la loi du plus fort n'est pas nécessairement proscrite de cette conception. La puissance des États en atteste et s'inscrit en rupture au regard des individus qui se trouvent dans un rapport d'égalité. Ce droit du plus fort, permettant à celui qui a davantage de puissance de dominer les autres, est généralement revendiqué par les super-méchants (*Joker, Général Zod...*), adversaires des super-héros, comme justification de leur ambition. En cela, c'est assez proche de la réalité.

La représentation de l'État et de la justice.

À l'image de *Superman* et *Captain America* arborant fièrement les couleurs de leur État, le costume est important chez les autres super-héros. Pour *Daredevil*, le masque du héros aveugle nous renvoie au bandeau posé sur les yeux de Thémis, déesse impartiale de la justice, figure de la mythologie grecque[12], que l'on aperçoit parfois sur les frontons des palais de justice. Elle symbolise ce que la justice est ou devrait être : la justice comme l'impartialité est aveugle, rendue sans crainte ni faveur. Les allégories la montrent armée d'un glaive et d'une balance. De manière générale, le glaive – ou l'épée dans la mythologie grecque – représente le pouvoir de la justice qui tranche les problèmes et litiges,

11 C'est à dire ce que les démarches scientifiques (en particulier inspirées par le principe de causalité) s'efforcent de révéler et de décrire, notamment dans leur régularité et universalité (voir par exemple, B. Gnassounou, « Causalité, puissance et lois de la nature chez Leibniz », *Revue d'histoire et des sciences*, 2013/1, t. 66, p. 228) ou les lois qui s'imposent à tout homme ne pouvant s'y soustraire dans aucune de ses actions ou décisions (Voir P. Mueller-Jourdan, « La nature : un nom aux acceptions multiples physique et éthique dans la pensée d'Aristote », *Revue d'Ethique et de Théologie Morale*, 2010/HS, n° 161, p. 71 ; S.-T. Bonino, « Questions autour du document : À la recherche d'une éthique universelle. Nouveau regard sur la loi naturelle », *préc.*).

12 La mythologie romaine faisait référence à *Lustitia* – *Justitia* – et dans un premier temps sans que ses yeux ne soient bandés. C'est la déesse grecque du Destin, et son pendant romain, la déesse de la chance, Fortuna, qui se prévalent pour la première fois de l'attribut du bandeau sur les yeux.

la balance illustre le principe de contradiction juridique. C'est l'association du glaive et de la balance qui assure la représentation du juste et par conséquent de la justice[13]. En guise de glaive, *Daredevil* dispose d'un lasso-canne, déguisé en canne d'aveugle dans son costume civil, prêt à l'action. Les couleurs vestimentaires de Thémis sont dominées par le blanc, symbole de pureté et de candeur, le noir et le pourpre, symbole de la justice. C'est une incarnation, portée là aussi par *Daredevil*. Le générique de la série télévisée met en scène toute cette représentation, servi par une musique qui a pour fonction de mettre en scène la justice et de la sacraliser. La justice de Thémis n'est pourtant pas celle des Hommes. Elle est immanente. On voit par là l'origine religieuse à la justice. Les dieux ne rendent pas justice, mais frappent ceux qui ont introduit du chaos dans l'ordre de l'Univers. La première fonction de la justice divine est ainsi d'empêcher la démesure. Les Hommes n'y ont pas leur place. Ils en assument seulement les conséquences[14]. La justice de Thémis met davantage en perspective un esprit de justice, qu'une justice instituée[15], et correspond en cela à la vision de la justice de nos deux super-héros.

La justice des Hommes est la justice de l'État

Les lois ont pour but de compenser les inégalités naturelles pour permettre une égalité des individus. La justice veille à l'application de la loi et au respect de l'égalité, mais encore faut-il que la loi y concoure. Or, que devrait représenter « la balance de la justice sinon la recherche par le juge de la solution la plus équilibrée entre le plateau de la loi, qui affirme un principe dans sa généralité, et l'autre plateau de la balance qui représente la prise en compte de l'intérêt particulier ? »[16]. Pour autant, l'équilibre ne peut être atteint si l'application de la loi ne parvient pas à dissiper le sentiment d'insécurité, d'inégalité. Dès lors, le super-héros peut ainsi être l'incarnation de la loi de l'État, puisqu'il vole au secours des plus faibles pour rétablir cet ordre juste et parvenir à l'équilibre.

Les super-héros rendent justice

Ces héros ne « se font jamais justice », ce qui serait de l'ordre de la vengeance et de l'intérêt personnel, mais ils « rendent justice », ce qui est de l'ordre de l'intérêt général.

13 Voir en ce sens, S. Darthou, *Lexique des symboles de la mythologie grecque*, PUF (coll « Que sais-je ? »), 2017.

14 Le personnage de *Wonder Woman* illustre particulièrement cette justice à deux niveaux et l'idée qu'il existerait un système de « vases communiquant » dès lors que le malheur des hommes, et la représentation de ce qu'il y a de plus mauvais en eux, est provoqué par les Dieux, et en l'espèce le Dieu de la guerre, Arès – dans la mythologie grecque –. La princesse des Amazones Diana, alias *Wonder Woman*, est persuadée qu'en combattant Arès, elle mettra fin à la seconde guerre mondiale.

15 B. Montay, « L'Iliade entre éthique et justice », *Droits*, 2012/1, n° 55, p. 256.

16 J. Sagot, « L'inégalité par la loi », *PA*, 28 novembre 2002, n° 238, p. 9.

Pour autant, la poursuite de l'intérêt général repose sur une prise de conscience, loin d'être acquise *a priori*. Nos deux super-héros sont dès le départ, en situation de traumatisme suite au décès de leurs parents dans des conditions qui légitimeraient toute forme de vengeance. Le film *Batman Begins*, réalisé par Christopher Nolan[17], donne à ce titre, la parole à Rachel Dawes, assistante du procureur et amour de jeunesse de Bruce Wayne, prononçant de manière assez symbolique la phrase suivante au moment où Bruce pourrait basculer dans la vengeance : « la justice, c'est l'équilibre, la vengeance, le défoulement ». Cette prise de conscience va modifier la trajectoire de Bruce Wayne et transformer le personnage de *Batman*. Si la création du personnage de *Batman* s'explique par le désir de venger la mort de ses parents, la justification de ses actes par la suite relèvera de l'intérêt général. *Batman*/Bruce Wayne, dans ses deux vies, incarne, en quelque sorte, une représentation du juste, et les criminels auxquels il va s'attaquer sont, sans aucun doute, mauvais. La moralité irréprochable de *Batman* interdit de remettre en question son combat même hors-la-loi, contre les criminels. En créant le personnage de *Batman*, il trouve sa véritable identité et Bruce Wayne devient une icone, celle d'un play-boy milliardaire dirigeant son entreprise et ayant une vie sociale semblable à celle des membres de sa classe sociale. Cette apparence n'enlève rien aux côtés charitables du personnage. Sa vie sociale disparaît progressivement du fait de sa transformation nocturne en *Batman*.

La construction du personnage de *Daredevil* procède d'une logique assez semblable. Le recours à tous les symboles de la justice pousse très vite à l'identifier au juste, son handicap aidant à en faire un personnage attachant. Le spectateur ne doute pas de sa bonne foi et de son combat dans l'intérêt général. Avocat le jour en référence aux souhaits de son père boxeur – lui ayant appris à « encaisser les coups » au sens propre et figuré pour rester digne et fidèle à ses valeurs –, Matt Murdock, personnage sans peur et quelque peu téméraire, s'identifie pleinement à *Daredevil* et au fur et à mesure de ses aventures, l'avocat laisse place au justicier. Cependant, l'avocat souffre de cette posture de justicier, physiquement, psychologiquement. Les mutilations subies la nuit lors de ses combats conduisent Matt Murdock à exercer sa profession par intermittence. Il disparaît du cabinet désireux de conserver le secret sur ses activités nocturnes... Son métier d'avocat lui permet néanmoins de collecter les éléments qui l'aident à bannir les méchants. À l'instar de *Batman*, il peine à conserver sa vie civile, dévoré progressivement par sa quête de justice et d'identité.

Même chez les super-héros, la justice reste prioritairement une question de légalité étatique... mais américaine !

17 *Batman Begins* de Christopher Nolan (2005).

De manière générale, les super-héros sont marqués par le modèle américain. Il n'est nullement question d'en faire le modèle universel de la justice[18], mais c'est de ce modèle que le super-héros tire sa légitimité. *Batman* officie à *Gotham City* qui n'est autre que le surnom de New York – même si la ville ressemble davantage à Chicago dans la manière dont elle est dépeinte. *Gotham City*, dans l'imaginaire, illustre la ville, l'anomie, et le crime[19]. *Daredevil* combat la pègre à *Hell's Kitchen*, quartier de New York. La référence aux États-Unis n'est pas seulement géographique. *Superman* montre à quel point cette référence au modèle américain est importante et introduit la confusion quant à l'idée de justice. C'est la raison pour laquelle il décide d'ailleurs de ne plus servir uniquement les intérêts des États-Unis et de se déclarer citoyen du monde. Cela signifie qu'il considère qu'il existe une forme de justice supérieure à celle de l'État, ne dépendant pas des conditions historiques et des intérêts idéologiques (v. II).

L'apparition des super-héros, tout comme leur omniprésence sur les écrans et dans nos vies[20] est liée à l'existence de situations conflictuelles. Le monde des super-héros est à la fois brutal et romanesque, coloré et acidulé, simple reflet de l'espèce humaine. Ils représentent un miroir grossissant de nous-même à partir duquel nous pouvons nous interroger[21]. *Batman* et *Captain America* sont créés au moment où les États-Unis entrent en guerre avec le Japon. Les super-héros deviennent alors un instrument de propagande au service de l'effort de guerre[22]. *Captain America*, incarnation parfaite de la justice américaine[23], écrase Hitler. *Wonder Woman* exalte le rôle des femmes américaines à l'arrière du front tout en essayant de mettre un terme à cette guerre en combattant le Dieu de la guerre. À la sortie du second conflit mondial, l'Amérique et ses super-héros sont au sommet de leur gloire, incarnation de la victoire. Ces justiciers n'auront pas les faveurs des parlementaires maccarthystes et des fervents puritains. Leurs aventures jugées trop violentes feront l'objet d'une censure jusqu'aux années 80. Cette censure est respectée par l'industrie du cinéma. C'est pourquoi, durant cette époque le ton devient plus léger et les super-méchants ne sont plus de véritables incarnations du mal, mais des êtres inconsistants prenant la forme d'extraterrestre[24]. L'escalade de la guerre froide, la peur de la menace nucléaire vont permettre aux super-héros de réaffirmer leur rôle de défenseurs du modèle américain. Dès le début des années 80, les super-héros et notamment *Batman*, sont mis en présence des maux de la société, comme le terrorisme

18 Même si au sein de chaque État, il est possible de se réapproprier la culture du super-héro, voir en ce sens, X. Fournier, *Super-Héros, une histoire française*, Huginn & Muninn, 2014.

19 P. Zanco, *La société des super-héros – Economie, sociologie, politique*, Culture Pop, 2012.

20 J.-M. Lainé, *Super-héros ! La puissance des masques*, Les moutons électriques, 2013.

21 S. Merle, *Super-Héros et Philo*, 2012.

22 R. Duncan, Smith, *Icons of the American Comic Book: From Captain America to Wonder Woman*, ABC-CLIO, 2013.

23 P. Zanco, *La société des super-héros – Economie, sociologie*, politique, *préc*.

24 J.-M. Lainé, *Super-héros ! La puissance des masques*, *préc*.

islamiste, qui touchent alors l'Amérique. Ainsi, dans *Batman Begins*, son ennemi, *Ra's Al Ghul* de l'aveu du coscénariste, semble inspiré par Oussama Ben Laden[25].

Le super-héros montre également les effets de la toute-puissance des États

Le super-héros est donc à la fois la hantise et l'instrument du libéralisme, car il met en relief ce qui fragilise l'État ou du moins ce qu'il incarne[26]. Il montre à quel point les ressorts et les leviers structurels de l'État se privatisent progressivement... Le super-héros subit ou induit les effets de la mondialisation. Mais pas seulement ; *Daredevil* pousse le questionnement sur ce point en se demandant si l'existence du super-héros ne conduit pas à la fabrication du super-méchant, en l'occurrence le *Punisher*, qui en réalité se dévoile progressivement comme un personnage tout en contraste, plus proche du super-héros que du super-méchant[27]. De façon générale, sans super-héros, il n'y aurait probablement pas de super-méchant. Difficile dans ce cas de ne pas assumer la responsabilité des actes de violence perpétrés, posant ainsi la question du rôle joué par la toute-puissance de l'État face à la montée du terrorisme. Ces événements ignobles doivent être mis en perspective avec l'omniprésence du super-héros depuis quelques années sur les écrans et dans les librairies[28]. Le détour par la fiction est parfois nécessaire pour faire tomber les masques et affronter la réalité.

II- L'équité individuelle au secours d'une légalité défaillante

Les lois ne procèdent pas d'un idéal de justice

Daredevil évolue dans un univers corrompu lorsqu'il s'oppose à Wilson Fisk, agissant de façon mafieuse dans un cadre légal et avec le soutien des politiques, de la police, du législateur. Il en va de même pour son personnage Matt Murdock s'opposant au procureur Reyes, qui par ambition personnelle, contourne la légalité. Le bien et le mal ne se reconnaissent pas immédiatement : tous ceux qui devraient défendre les citoyens, des policiers au maire en passant par le procureur sont susceptibles d'être des agents du mal. Ainsi, lorsque la loi est moralement injuste, cela oblige les super-héros à réagir. *Daredevil* va combattre l'expropriation de personnes dans le besoin, justifiée juridiquement par l'embellissement du quartier de *Hell's Kitchen*, alors qu'il s'agit au final de préserver les intérêts de Wilson Fisk. Lorsque la justice est légale, mais qu'elle n'est

25 *Batman Begins* de Christopher Nolan (2005).
26 P. Zanco, *La société des super-héros – Economie, sociologie, politique, préc.*
27 Série *Marvel's Daredevil*, Netflix, 2016, saison 2.
28 C. Forest (dir.), « Du héros au super-héros. Mutations cinématographiques », *préc.*

pas légitime, la désobéissance civile peut être justifiée notamment lorsque la loi est inacceptable.

La justice privée

C'est le fait d'exercer la loi ou un code moral particulier de manière individuelle ou organisée, mais en dehors de toute procédure judiciaire légale et en dehors de principes directeurs. Dès lors, la justice privée ne saurait se confondre à l'autorégulation qui suppose des valeurs et principes partagés. Elle ne peut se confondre avec l'arbitrage, qualifiée parfois de justice privée, abstraction faite de la procédure d'homologation par le juge. Un justicier « exécute la loi de ses propres mains » dans une situation bien particulière, des plus singulière. En réalité, l'action du justicier est déclenchée par l'inaction des pouvoirs publics, du moins la carence ou l'insuffisance de l'autorité qui agit au nom de la loi ce qui renvoie à des « pratiques relevant de temps fort reculés et soulèv(ant) d'importantes questions théoriques »[29]. La justice privée correspond à un « état préjuridique dans lequel elle était censée assumer les fonctions du droit et de la politique, l'un et l'autre défaillants »[30]. Pourtant la civilisation n'est jamais parvenue à l'éliminer totalement, que cela soit dans l'ordre interne ou dans les relations interétatiques. Le châtiment en est cependant exclu. L'action des justiciers ne bannit pas toute forme de violence. Par ailleurs, cette violence est motivée par l'intérêt de la société ; Ce n'est pas une application de la *loi du Talion*, car les justiciers « ne se font pas justice à eux-mêmes ». C'est d'ailleurs une terminologie qui au Moyen Âge était consacrée pour désigner le seigneur disposant d'un droit de justice en un lieu donné. Le seigneur Haut justicier jugeait les causes les plus graves, alors que le seigneur Bas justicier était compétent pour les autres causes, et recevait mission du Roi par lettre de justice[31]. L'action privée dans l'intérêt général connaît désormais un regain d'actualité. Elle s'inscrit en complément de l'action des pouvoirs publics pour répondre à un besoin social de sécurité légitimé notamment par l'action terroriste, mais pas seulement. Cette action privée prend juridiquement les traits de la « sécurité privée » et correspond à une profession réglementée en France[32]. L'engouement pour la sécurité privée est mondial même si, comme pour la justice, les aspects culturels fournissent un visage différent à ses manifestations

---

29 D. Alland, « Justice privée – Droit de se faire justice à soi-même », *Droits*, 2001/2, n° 34, p. 108.

30 *Ibidem*.

31 Voir définitions du Centre national de ressources textuelles et lexicales ; http://www.cnrtl.fr/definition/justicier//1.

32 Par le livre VI du Code de la sécurité intérieure et régulée par le Conseil national des activités privées de sécurité (CNAPS) ; D. Warfman, F. Ocqueteau, *La sécurité privée en France*, PUF (coll. « Que sais-je ? »), 2011 ; J.-P. Célet, « L'EURO 2016 : les fondements d'une doctrine d'emploi de la sécurité privée dans l'architecture de sécurité intérieure », *Sécurité et stratégie*, 2016/3, p. 60.

selon les États qui en contrôlent diversement l'exercice[33]. Cependant, ces acteurs de la sécurité privée n'ont pas vocation à devenir des justiciers à l'instar des super-héros et à faire rêver la société. La sécurité privée est fort heureusement rattrapée par le droit...

En protégeant la population des criminels, les super-héros violent la loi

Les agents de police sont souvent méfiants à leur égard et gèrent difficilement, voire douloureusement, une situation de concurrence qui a pour effet de ternir leur image auprès de la population. La situation est en principe assez confuse, car les super-héros sont pour la plupart respectueux de l'autorité et de l'ordre. Ils remettent les criminels à la police, mais refusent de délivrer leur identité civile et font par conséquent l'objet de poursuites. *Daredevil* doit s'engager activement et dans la durée pour obtenir la confiance du sergent Mahoney et lui fournir des preuves de sa bonne foi. Leur double identité, qui fait partie intégrante de leur personnalité, contribue à alimenter la relation ambiguë qu'ils entretiennent avec la police et, au final, à asseoir leur idéal de justice à force d'en rapporter la preuve.

Les comportements des super-héros sont assez variés

Certains n'ont aucun comportement criminel, tel *Superman* alors que *Spiderman* remet les criminels à la police après les avoir neutralisés. *Daredevil* est, dans la bande dessinée, un justicier remettant les criminels à la police. La série télévisée le dépeint plus violent, plus sombre et tourmenté[34], n'hésitant pas à laisser mourir des criminels dont ses pouvoirs sensoriels lui ont prouvé qu'ils étaient coupables... alors que la justice n'a pu les condamner. C'est d'ailleurs, tout l'intérêt du personnage de *Matt Murdock*. Persuadé de ne pas aller trop loin tant qu'il n'ôte pas la vie de ses adversaires. Dès lors le personnage est en permanence tourmenté, car c'est un combattant hors pair laissant ses adversaires pour morts... Ses tourments le conduisent à les épargner pour offrir la rédemption. À tout le moins, il offre une seconde chance à des criminels afin qu'ils prennent le temps de réfléchir à leurs actes en prison. C'est le cas pour Wilson Fisk qui tirera profit de la naïveté de *Daredevil*. La trilogie *Batman* de Christopher Nolan illustre assez bien les limites fixées par ce super-héros. Au sein de la fiction *Batman Begins*[35], il ne tue pas, mais se montre légèrement ambigu en abandonnant *Ra's Al Ghul* dans un véhicule sur le point de s'écraser. Dans *The Dark Knight*, cette question devient cruciale. *Batman* désapprouve les justiciers apparus à sa suite, mais qui contrairement à lui utilisent des armes potentiellement mortelles. À la fin du film, *Batman* neutralise le *Joker* sans le

33 Voir sur ce point numéro spécial, *La sécurité privée dans le monde, Sécurité et stratégie*, 2013/2.
34 Il est sur ce point proche de la vision dépeinte par Franck Miller.
35 *Batman Begins* de Christoper Nolan (2005).

tuer, alors que ce dernier l'avait pourtant poussé à bout[36]. En effet, son duel contre le *Joker* est en partie moral : *Batman* aurait dû capituler s'il avait tué le *Joker* au lieu de le livrer à la justice... En revanche, certains super-héros, tels *les Avengers* sont prédateurs et n'hésitent pas à tuer leurs ennemies en grand nombre lorsqu'ils sont confrontés à des entités extra-terrestres[37]. Cette violence est totalement banalisée, voire nécessaire « pour la mise en conformité avec l'instance supérieure (Dieu, la justice, l'écologie, la survie de l'espèce humaine). Une magie sans rituel et au fonctionnement mécanique, une technologie magique et omnipotente, une science incompréhensible et inquiétante, et enfin une justice divine qui prend le dessus sur les lois des hommes, le point commun de ces quatre thématiques est le dénigrement de la parole comme médiateur entre les individus, et comme moyen de civiliser le monde extérieur »[38]. La violence s'impose, voire est attendue du public comme une projection de ses propres démons.

L'anti-héros

Le *Punisher, alias* Frank Castle, est en revanche un justicier très contrasté et récurrent dans l'univers des *Marvels*. Il n'hésite pas à tirer pour tuer sans être en état de légitime défense et les super-héros jouent d'ambiguïté avec lui. *Captain América* et *Luke Cage* désapprouvent les méthodes du *Punisher*, mais ne cherchent pas à le remettre à la justice. *Daredevil* et *Spiderman* l'ont, au contraire, combattu pour tenter de le remettre à la justice, sans y parvenir. D'ailleurs, pour le personnage de *Daredevil*, Frank Castle prend les traits d'un alter ego plus frontal sur la question des multirécidivistes et ses motivations sont légitimes. Leur face-à-face sur le toit de l'immeuble, dans la deuxième saison de la série télévisée, en est une parfaite illustration. Ils ont la même conception de la justice alors que dans l'action, ils sont en opposition. Radical dans ses méthodes et ses choix, le *Punisher* est la projection empirique d'un *Daredevil*/Matt Murdock qui a un pied dans chaque rouage de sa propre justice pour s'empêcher de commettre l'irréparable... En règle générale, les super-héros ont pour règle de ne pas tuer, laquelle marginalise le *Punisher*, véritable « anti-héros ». Certes, le *Punisher* évolue dans un univers où la justice d'État est imparfaite. Il exécute – entre autres – des criminels acquittés faute de preuve, sur un vice de procédure ou du fait de la corruption d'un représentant de la

36 *The Dark Knight* de Christopher Nolan (2008).
37 *Avengers* de Joss Whedon (2012) ; *Avengers: Infinity War* de Joe et Anthony Russo (2018).
38 S. Castel, « La logique de la violence dans les fictions télévisées », *préc.*

loi, une problématique à laquelle les autres super-héros sont moins souvent exposés. Seul *Daredevil* y est exposé, ce qui explique pour partie son tourment.

L'État est défaillant dans l'application de ses lois ou affaibli par la corruption

Les citoyens réagissent en résistant à l'injustice. La question de la citoyenneté est posée, dans l'univers des super-héros, sous l'angle de la participation à la vie de la cité. Le citoyen dispose de la liberté d'exercer un rôle actif dans la cité par une adhésion à une association, un syndicat ou un parti politique et plus simplement à des valeurs contribuant à l'apaisement de la société[39]. En effet, la citoyenneté se définit par des valeurs que l'on considère attachées à la société, telles que la civilité, le civisme et la solidarité et impliquant une forme de respect à la fois à l'égard des personnes et des biens, mais également à l'égard de la loi et des règles en vigueur. La solidarité correspond enfin à une attitude conforme à la fraternité marquant une ouverture aux autres. Ces valeurs ont pour fonction d'établir le lien social entre les individus qui composent l'État et l'État lui-même dans la mesure où ce dernier joue son rôle en venant en aide aux plus démunis par le truchement des politiques publiques. En revanche, si l'État est défaillant, l'univers des super-héros fait basculer l'image de cette citoyenneté. Ils se mobilisent contre les injustices. *Batman* incarne cette vigilance face aux injustices du quotidien au sein de la ville corrompue de *Gotham City*. *Daredevil* en fait de même à *Hell's Kitchen*.

Quel en est le symbole ? La société actuelle procède d'un étrange paradoxe. Alors que les revendications républicaines sont scandées par les partis politiques, les valeurs républicaines sont en berne dans la société : « abstention aux élections, remise en cause de la laïcité, mirages du post-modernisme néolibéral et mondialiste, repli individualiste et hédoniste, désinvestissement du collectif… L'anomie citoyenne et l'atonie politique se conjuguent pour créer une situation de menace pour ce consensus républicain »[40]. Les super-héros prônent le retour aux vertus républicaines et, peu importent les carences de l'État, le citoyen doit porter en germe des vertus de nature à magnifier la loi, propre à celui qui juge dans des situations concrètes. En quelque sorte, le super-héros incarne l'idée selon laquelle le citoyen ne doit pas tout attendre de l'État, en ayant les vertus du Roi Salomon.

39 D. Abreu Dallari, « Citoyenneté et droit de participation », *Le sujet dans la cité*, 2012/2, p. 60-68.
40 R. Belot, *Tous républicains ! Origine et modernité des valeurs républicaines*, Armand Colin (coll. « Recherches »), 2011, p. 1.

L'équité apparaît donc comme le nécessaire correctif à la loi

Elle permet d'adapter et de corriger, non pas l'effectivité, mais l'efficacité de la loi au nom d'une justice supérieure[41]. *Batman*, dans sa capacité à s'éloigner des règles générales au profit d'une optimisation du juste, est donc par excellence, l'homme équitable. Pour *Daredevil*, la réflexion ne porte pas de prime abord sur l'équité. Il s'en remet à la loi chaque fois qu'il le peut, sauf lorsqu'il estime que la loi ne permet pas de garantir la justice. L'équité, en sa forme de justice immanente, apparaît à ce moment-là. Incarnation parfaite de la déesse Thémis, *Daredevil* met au centre de sa réflexion une logique implacable. Sa grande question, qui intègre de nombreuses données telles que le parcours individuel et sa conception de la société, est de savoir qui mérite la rédemption plutôt que la mort donnée par les pairs ? Qui peut endosser le rôle de bourreau au nom du bien commun ? Qu'implique l'immanence de la justice ? *Daredevil*, pour faire triompher la vertu sur le vice avec ses propres règles, s'impose une hygiène de vie, d'une grande rigueur. Il est seul et refuse d'exposer ses proches en s'éloignant d'eux. Il utilise ses sens pour déterminer le moment propice à son intervention. Il éloigne progressivement son entourage de peur de le mettre en danger, car il se rend compte au fur et à mesure des possibles effets collatéraux – notamment lorsqu'il implique l'infirmière de nuit ou Karen Page. Rien ne le dévie de son objectif. Il s'en remet à Dieu…

Équité et éducation

La justice peut donc être laissée à la discrétion des individus à partir du moment où l'État est injuste. Mais l'existence de l'équité chez les individus a pour fondement l'éducation des citoyens. La capacité à ne pas obéir aveuglément, de discerner, nécessite une formation des individus. La référence à la citoyenneté est d'ailleurs très présente dans les univers de *Batman* ou *Daredevil*. Or cette formation ne relève pas intégralement de l'éducation familiale. Les super-héros sont bien souvent orphelins, en situation traumatique, ce qui laisse à penser que l'État aurait dû venir en support, en compensant cette insuffisance affective de la sphère familiale par une éducation citoyenne. Le citoyen est censé obéir pour des motifs justes et rationnels. N'est-ce pas à l'État d'assurer les conditions d'une bonne éducation au titre de ses missions régaliennes ? Dans l'univers des super-héros, ce n'est pas l'État qui les construit d'où leur positionnement ambigu à la fois violent et respectueux des règles. Cette éducation est parfois assurée par un maître à penser, lequel a développé leur capacité de combattant dans le respect de l'équité. Plus exactement, lorsque l'on se penche sur la construction de *Daredevil* et de *Batman*, leur éducation est le fruit d'influences concomitantes aboutissant à cet objectif : *Batman* et *Daredevil* développent leur instinct de survie avec des maîtres à penser prédateurs

41 Voir J. Kellerhals, J. Coenen-Huther, M. Modak, *Figures de l'équité – La construction des normes de justice dans les groupes*, PUF (coll. « Le sociologue »), 1988, p. 48s.

(*Ra's al Ghul* et *Stick*), mais dont l'influence est contrebalancée par la présence du majordome Alfred Pennyworth chez *Batman* et du prêtre ou de Foggy chez *Daredevil*, nourris de valeurs plus humanistes.

Les super-héros, des personnages exemplaires ?

En suivant leur modèle, l'on pourrait admettre que les lois perdent leur utilité dans la mesure où le citoyen de par son éducation, se comporte avec justice – au sens du juste – sans la contrainte de la loi. Cette hypothèse reste somme toute théorique, car l'homme ne se contraint pas naturellement même par vertu... Le super-héros est bien un personnage exemplaire dont les capacités physiques et intellectuelles lui permettent de se situer au-dessus des lois sans avoir à craindre la punition. Paradoxalement il continue à obéir librement, et à faire régner l'ordre et la justice. De ce point de vue, *Daredevil*[42] en montre ce paradoxe, illustrant toute la difficulté de poser des actes justes.

42 F. Bourlez, « Le complexe du super-héro », dans C. Forest (dir.), *Du héros au super héros. Mutations cinématographiques*, *préc.*, p. 233.

Un inquiétant justicier dans la ville : Le cas *Batman*

Fabrice DEFFERRARD
Maître de conférences à l'Université de Reims
Membre de la Société des Gens de Lettres

Il n'y a rien de plus dangereux qu'un homme honnête.

On doit cette assertion à Salvatore Maroni, alias *The Boss*, un mafieux sans état d'âme exerçant ses talents à Gotham City, dans l'épisode intitulé « Le Pingouin » de la série télévisée *Gotham*[1]. À ce moment de l'intrigue, Bruce Wayne, futur *Batman*, est encore un jeune adolescent qui vit l'effarant traumatisme d'avoir assisté au meurtre de ses pères et mère par un inconnu[2]. Ses pensées sont toutes uniformément tendues vers un seul objectif : retrouver l'assassin de ses parents et le châtier. Il l'a juré devant leur tombe dans une histoire du magazine *Detective Comics* parue en 1948 : « *I swear I'll dedicate my life and inheritance to bringing your killer to justice... and to fighting all criminals! I swear it* »[3]. Son majordome Alfred Pennyworth, qui fut d'abord celui de ses parents, veille sur lui et l'assiste dans sa quête. Il est également soutenu par un officier intègre de la police de Gotham City, James Gordon, qui deviendra un ami solide et fidèle avec les années.

---

1 *Gotham*, saison 1, épisode 7, « Le Pingouin » (Penguin's Umbrella), 2014.

2 Le meurtre des parents de Bruce Wayne fait l'objet de plusieurs adaptations et narrations, comme une mythologie ou une légende, sans cesse convoquée, connaît souvent une pluralité de versions selon le temps et le lieu tout en conservant une ligne générale unique (par exemple dans *Batman Begins*, par Christopher Nolan, 2005 ; *Gotham*, saison 1, épisode 1, « Bruce Wayne » (Pilot), 2014 et *Batman v Superman – L'Aube de la Justice*, par Zack Snyder, 2016).

3 Cité par Scott Vollum, Cary D. Adkinson, « The portrayal of Crime and Justice in the Comic book Superhero Mythos », *Journal of Criminal Justice and Popular Culture*, vol. 10, n° 2, 2003, p. 96s.

Cette remarque – *Il n'y a rien de plus dangereux qu'un homme honnête* – pourrait fort bien s'appliquer à *Batman*. Indépendamment du fait que le combat pour la justice serait un dessein que n'importe quel individu pourrait embrasser de son propre chef, qu'est-ce qui fait que *Batman* serait, lui, légalement investi du *droit* de combattre pour la justice ? En quoi aurait-il le pouvoir d'user de certaines prérogatives, par exemple la coercition sur autrui, pour rendre la justice comme il le fait ? Batman n'appartient pas aux forces de l'ordre de Gotham City (le GCPD – *Gotham City Police Department*). Il n'est pas officier ou fonctionnaire de police municipale, bien que le commissaire Gordon l'ait élevé à la dignité de membre honoraire, et il n'appartient à aucune force de sécurité qui dépendrait d'une administration publique.

Si l'on se place sur le terrain du droit français et que l'on creuse un peu du côté du droit administratif, *Batman* pourrait être qualifié de collaborateur occasionnel ou bénévole du service public, conformément à la théorie forgée par le Conseil d'État[4], dès l'instant où il est sollicité par l'autorité publique. C'est le cas, comme on sait, lorsque la police fait appel à lui par l'intermédiaire du Bat-Signal, un projecteur d'une grande puissance qui déploie sur le ciel toujours nuageux de Gotham le signe de *Batman*, une chauve-souris stylisée. Cela permettrait ainsi aux victimes des exploits du super-héros (dégâts matériels, blessés collatéraux, etc.) d'agir contre la municipalité afin d'obtenir la réparation de leur préjudice, selon un régime de responsabilité sans faute[5].

Cependant, quand *Batman* agit de sa propre initiative, lorsqu'il s'autosaisit, ce qui est fréquent en pratique, sur quel fondement juridique et en vertu de quel titre le fait-il ? D'où tire-t-il la légitimité de son action ? Bruce Wayne lui-même ironise sur son double : « Qui l'a nommé d'ailleurs, ce *Batman* ? », demande-t-il au procureur de la ville Harvey Dent à l'occasion d'un dîner, dans le film *The Dark Knight: Le Chevalier noir*[6].

Et en effet, qui ?

On voit bien en l'occurrence que du point de vue du droit, bien souvent, *Batman* ne se situe nulle part, sinon dans un *no man's land* dépourvu d'identification juridique connue. C'est de cette situation dont il faut s'inquiéter. Comme bon nombre de ses semblables, *Batman* agit la plupart du temps sans qu'on ne lui ait rien demandé et il le fait hors cadre, en dehors du droit commun. Il ne le fait pas davantage en application d'un droit d'exception, un droit d'état d'urgence en quelque sorte, quand bien même l'extrême

4 CE, 22 avril 1946, *Commune de Saint-Priest-la-Plaine*, Recueil Lebon, p. 279 ; *D.* 1947, p. 375, note C. Blavoet ; *S.* 1947, 3, 105, note F.-P. Bénoit.

5 R. Chapus, *Droit administratif général*, t. 1, Domat droit public/Montchrestien, 15e éd. 2001, n° 1495 ; M. Degoffe, *Droit administratif*, Ellipses, 3e éd. 2016, n° 593.

6 *The Dark Knight* de Christopher Nolan (2008).

déliquescence des mœurs publiques de Gotham City et la dangerosité permanente de ses rues pourraient peut-être le justifier.

Batman est un super-héros et nous ne doutons pas de sa vertu, ni de sa grandeur, ni de son aptitude à effectuer des choix éclairés[7]. Toutefois, quand il prend les devants, abandonné à lui-même, sans limites légales à son action et sans contrôle d'une autorité publique, qu'elle s'exerce *a priori* ou *a posteriori*, *Batman* représente un double danger pour lui-même et pour la cité qu'il entend assainir de ses malfaisants. Quels sont ces dangers ? Celui, d'une part, d'être partial dans son action (I), et celui, d'autre part et par une tentation tout humaine, d'être porté à abuser de l'immense pouvoir qu'il s'est donné (II). Partialité et abus de droit, voici les deux menaces que *Batman* fait peser sur les citoyens de Gotham City.

I- *Batman* et le risque de partialité

Dans son essai intitulé *De Superman au Surhomme*, l'écrivain et sémiologue Umberto Eco expose que « Les super-héros se divisent en deux catégories : ceux qui sont dotés de pouvoirs surhumains et ceux qui sont doués de facultés terrestres normales, potentialisées au maximum »[8]. Tandis que *Superman*, par exemple, appartient à la première catégorie, *Batman*, quant à lui, relève de la seconde. Il ne dispose pas en effet de pouvoirs surnaturels comme son collègue et ami kryptonien. Il n'est pas non plus un « homme augmenté » comme *Captain America* dont les capacités hors-normes résultent de l'expérience secrète à laquelle il a volontairement participé pendant la Seconde Guerre mondiale[9]. Il n'est pas enfin le Bayard moderne en armure que figure *Iron Man* et permettant à son inventeur Tony Stark, qui est sans aptitudes physiques particulières, de combattre les créatures les plus dangereuses et de conjurer les plus grandes menaces.

Batman tient sa force et son adresse de son intelligence, de son entraînement physique, de sa persévérance et, par-dessus tout, de l'exceptionnelle *motivation* qui est la sienne : retrouver l'assassin de ses parents et, par extension, combattre le crime dans sa ville, Gotham City. Pour ce faire, il dispose de nombreux moyens technologiques qui le rapprochent à cet égard de James Bond : son costume, qui est une véritable caverne

7 Sur les super-héros, voir notamment, J.-Ph. Zanco, *La société des super-héros – Économie, sociologie, politique*, Ellipses, 2012.

8 U. Eco, « Le mythe de Superman », dans *De Superman au Surhomme*, Grasset, 1993 et Le Livre de Poche (coll. « Biblio essais »), 1995, p. 139.

9 Le Projet Renaissance, consistant en l'injection d'un produit, le Sérum du Super-Soldat (S.S.S.), suivi d'un rayonnement ionisant dit « Vita-rayon ».

d'Ali Baba en matière de gadgets, les batarangs, sortes de boomerangs en forme de chauve-souris stylisée et aux multiples usages, la fameuse batmobile, mais également, moins connus, un batplane, un batcopter et ainsi de suite. Il est par ailleurs assisté, dans son ministère, par son acolyte *Robin* et le fidèle Alfred Pennyworth, son majordome, et il fait partie de plusieurs Ligues de justiciers, un peu comme on est membre de plusieurs associations caritatives. Pour autant, *Batman* est un homme seul et un solitaire, au caractère plus sombre et tourmenté que celui de ses collègues super-héros. Et c'est à partir d'un double constat qu'il faut discuter de son action dans les rues de Gotham : un *drame personnel* avant toute chose et, par la suite, un *contexte général dans lequel il est impliqué*.

Le drame personnel, c'est l'assassinat de ses parents. C'est l'acte fondateur de son existence et celui qui va le guider toute sa vie. Si cet événement n'avait pas eu lieu, le destin de Bruce Wayne, qui était en partie déjà tracé, l'eut sans doute conduit à succéder à son père à la tête de l'empire *Wayne Enterprises* et à mener une existence bien plus ennuyeuse.

Le contexte général dans lequel il est impliqué, c'est Gotham City, une ville qui fait passer Las Vegas, pourtant surnommée la « ville du péché » (*Sin City*), pour un monastère de moines trappistes. Une ville dont la noirceur élève le Los Angeles sordide et crapuleux de l'écrivain James Ellroy à la dignité d'un camp de scouts. Dans l'un de ses récits, James Ellroy dit de Los Angeles : « Vous y venez en vacances, vous en repartez en liberté conditionnelle »[10]. À Gotham, vous n'y venez pas en vacances et vous n'en repartez jamais, car vous y aurez laissé et la bourse et la vie.

Gotham City, par sa géographie et sa construction, fait penser à la ville de New York, et il n'y a rien d'étonnant à cela. C'est l'écrivain de littérature fantastique américain Washington Irving qui, au début du XIXe siècle, aurait popularisé le mot *Gotham* pour désigner New York, ville sur laquelle il a écrit, et mot repris ensuite par les concepteurs de l'univers *Batman*. Gotham City est une New York qui ne serait dotée que d'un côté obscur. C'est une société excrémentielle où règne le crime organisé, la collusion des élites publiques et privées avec ces organisations criminelles et, dans cette logique, la corruption des services publics, la police municipale et la justice en particulier. C'est le constat plein d'amertume que fait James Gordon, dans le film *Batman Begins*, quand il voit son coéquipier empocher une liasse de billets verts, sans doute le produit d'un petit chantage ou la rémunération pour service rendu à une fripouille. L'autre s'inquiète de la

10 J. Ellroy, « Les Mauvais Garçons d'Hollywood », dans *Crimes en série*, Payot & Rivages, 1998 et Rivages/noir, 2001, p. 75.

probité de Gordon, mais le policier l'arrête : « *Je ne suis pas une balance*, dit-il. *Dans une ville aussi pourrie, on ne sait plus à qui balancer de toute façon* ».

Dans l'épisode intitulé « Projet Arkham » de la série Gotham[11], devant tant de dépravation, le jeune Bruce Wayne s'interroge. Quelques semaines seulement le séparent de la mort de ses parents et l'adolescent est désespéré. L'inspecteur Gordon, qui lui rend visite dans son manoir, lui tient un langage rassurant :

> Vous êtes en vie. Il n'est pas trop tard.
> – Vous le pensez vraiment, demande le jeune Bruce. Vous pensez que Gotham peut être sauvée ?
> – On peut au moins essayer.

Est-ce le souvenir de cet échange qui déterminera *Batman* à s'engager dans la lutte contre le crime, outre son désir de venger la disparition de ses parents ?

Face au crime ou à toute espèce d'offense sociale, il aura fallu des siècles à la communauté des hommes pour passer d'une justice privée, propre aux sociétés primitives tournées vers la vengeance, à une justice publique qui, s'exprimant dans l'État de droit, est chargée de punir les infractions légalement prévues. Et voilà que surgit *Batman*, avec sa conception toute personnelle de la justice, autrement dit avec son propre code de conduite et une politique pénale qu'il a seul élaborée. Quelle que soit la noblesse qui le guide et ses bonnes intentions, *Batman* constitue une résurgence de la justice privée, mais une justice privée quelque peu singulière puisqu'elle serait rendue pour le rétablissement de l'ordre public et au nom du bien commun.

N'empêche : la justice selon *Batman*, sous le prisme du meurtre de ses père et mère, consiste à se faire justice à soi-même, une justice qui n'est pas incompatible avec la vendetta et la loi du talion, et qui s'exerce en dehors de tout contrôle des autorités publiques légitimes. Il n'est pas besoin d'être grand clerc pour deviner que les choix d'action de *Batman* sont guidés par ses sentiments personnels et ses préjugés[12]. Il n'y a pas de neutralité, pas d'impartialité, « la faculté de se faire justice à soi-même ne [pouvant] reposer que sur l'appréciation purement subjective de celui qui entend y recourir »[13].

Juché au sommet d'un building de Gotham et surveillant les rues comme une vigie, chassant inlassablement le crime où qu'il se trouve, *Batman* cherche toujours à élucider

11 *Gotham*, saison 1, épisode 4, « Projet Arkham » (Arkham), 2014.

12 Dans le même sens, voir Scott Vollum, Cary D. Adkinson, *op. cit.*, p. 101 : « Batman is a vigilante himself and fights for justice on his own terms and in the context of what he considers to be just. [...] Batman is motivated by his own values and his obsession with vengeance [...] ».

13 D. Alland, « Justice privée (Droit de se faire justice à soi-même) », *Droits*, 2/2001, n° 34, p. 73-80.

le meurtre de ses parents. Et même une fois celui-ci résolu par la découverte de l'assassin, Joe Chill, et même une fois qu'il est mort, *Batman* ne s'arrête pas de traquer les petits voyous ou les grands prédateurs, car son action lui permet de conjurer la frustration de ne pas avoir pu empêcher le crime fondateur de son existence.

Sa quête est donc sans fin, et il lui faudra toujours un délinquant à pourchasser, quelles que soient les circonstances. La logique batmanienne exige que le crime ne cesse jamais. Et c'est là que, faute de contrôle et de contre-pouvoir, *Batman* peut devenir un danger pour les libertés individuelles et la paix publique.

C'est la même menace que portent en elles toutes les polices parallèles ou toutes les émanations prétendument justicières des polices officielles : s'arroger le droit, en général au prétexte d'une justice laxiste ou défaillante, de cumuler la poursuite, le jugement, la condamnation et bien souvent l'exécution des personnes désignées. Un excellent résumé est donné par l'inspecteur Harry Callahan, interprété par Clint Eastwood, dans le film *Magnum Force*[14]. Callahan vient de mettre à jour l'existence d'une milice secrète à l'intérieur de la police de San Francisco, milice qui utilise les moyens de l'institution pour éliminer des individus estimés nuisibles ayant pu échapper au système judiciaire. Son supérieur hiérarchique, le lieutenant Briggs, est à la tête de cette organisation. Tandis que les deux hommes roulent en auto vers l'extérieur de la ville et que Briggs, soudain découvert, brandit une arme, voici ce que lui dit l'inspecteur Harry :

> Lorsque les policiers commencent à vouloir faire les justiciers, vous savez ce qui arrive. Bientôt, vous commencerez à abattre des gens qui traversent en dehors des passages réservés et à descendre des automobilistes pour stationnement interdit. Ensuite, vous massacrerez votre voisin dont le chien a pissé le long de votre clôture.

Ce à quoi Briggs répond avec l'assurance de qui ne doute pas d'avoir raison :

> Nous n'avons pas tué un seul homme qui n'ait pas mérité d'être abattu.

Et on apprend que le prétendu justicier a tort, car cette chasse illégitime s'est doublée de la mort collatérale d'un innocent...

Malgré toute la sympathie qu'il inspire et l'honorabilité de ses intentions, c'est donc de vouloir abuser de son pouvoir que *Batman* peut être soupçonné.

---

14 *Magnum Force*, 1973, réalisé par Ted Post (deuxième volet de la série de films consacrés à l'inspecteur Harry).

II- *Batman* et la tentation de l'abus

Il existe un principe de procédure, commun aux systèmes de justice criminelle des mondes civilisés : la séparation des autorités de poursuites et de jugement[15], auquel on ajoute celui de la séparation des autorités d'enquêtes et de jugement[16]. Le Conseil constitutionnel a estimé « qu'en matière de délits et de crimes, la séparation des autorités chargées de l'action publique et des autorités de jugement concourt à la sauvegarde de la liberté individuelle »[17]. Ainsi, nul ne peut cumuler dans une même affaire les fonctions de policier, de représentant du ministère public, de juge d'instruction si cette juridiction existe, et de juge de jugement.

Chacun des organes du processus pénal disposant de grandes prérogatives (ingérence dans la vie privée, usage de la force, y compris létale, restriction ou privation de la liberté d'aller et de venir, saisie ou confiscation de biens meubles ou immeubles, etc.), il est indispensable, en dehors de la problématique de l'impartialité, de dresser des garde-fous et des contre-pouvoirs, le « pouvoir arrêtant le pouvoir », pour reprendre la célèbre formule de Montesquieu dans *L'Esprit des Lois*[18]. « De fait, observe deux auteurs, il serait dangereux pour les libertés qu'une sorte de grand inquisiteur, un électron judiciaire échappant à tout contrôle, puisse décider, de son propre mouvement, de poursuivre, instruire et juger tous les agissements qui lui apparaîtraient constitutifs d'une infraction pénale »[19].

Il n'y a que dans l'Ancien droit, avant l'apparition du ministère public à partir du XIVe siècle, que la séparation n'existe pas[20]. C'est également dans les œuvres de science-fiction dystopiques que la situation se manifeste à nouveau. On songe en particulier à l'univers judiciaire développé autour du personnage de *Judge Dredd*. À l'origine bande dessinée apparue en 1977, *Judge Dredd* a notamment fait l'objet de deux adaptations cinématographiques, la première en 1995[21], la seconde en 2012[22]. *Judge Dredd* décrit une société post-apocalyptique où règnent crimes et corruptions dans Méga-City One, une conurbation tentaculaire. Les autorités ont créé les Juges (avec un J majuscule),

---

15 Art. prélim. du code de procédure pénale (I) : « La procédure pénale [...] doit garantir la séparation des autorités chargées de l'action publique et des autorités de jugement ».

16 S. Guinchard, J. Buisson, *Procédure pénale*, LexisNexis, 10e éd. 2014, n° 140, p. 161.

17 Déc. n° 95-360 DC du 2 février 1995, *Loi relative à l'organisation des juridictions et à la procédure civile, pénale et administrative*, cons. 5.

18 Montesquieu, *De l'Esprit des Lois*, livre XII, chap. IV.

19 F. Desportes, L. Lazerges-Cousquer, *Traité de procédure pénale*, Economica, 3e éd. 2013, n° 292, p. 195.

20 H. Roland, L. Boyer, *Adages du droit français*, 4e éd. 1999, Litec, n° 445, p. 902.

21 *Judge Dredd* (1995) de Danny Cannon. Pour des développements, voir M.-L. Rassat, *Le ministère public entre son passé et son avenir*, LGDJ, 1967, n° 29s.

22 *Dredd*, (2012) de Pete Travis.

qui cumulent les fonctions de policier, de procureur, de juge de jugement et de bourreau. Tout se passe en quelques minutes : le délinquant est interpellé, puis, s'il vit encore, le Juge lui notifie les faits reprochés, leur qualification juridique, puis la peine prononcée, souvent la mort, laquelle est immédiatement exécutoire. C'est Sylvester Stallone, dans la première adaptation, qui synthétise le mieux cette procédure à la fois compacte et expéditive : « La Loi, c'est moi ! ».

À cet égard, *Batman* n'est pas exempt de soupçons et c'est même précisément le reproche que lui adresse *Superman* dans le film *Batman v Superman – L'Aube de la Justice*[23]. Devenu champion de l'auto-saisine et redonnant ainsi du lustre à cet adage en vigueur dans la procédure inquisitoriale de l'Ancien régime selon lequel « Tout juge est procureur général »[24], le super-héros de Gotham tire les ressorts du justicier dans la ville jusqu'à réunir dans ses mains toutes les fonctions judiciaires[25]. Cela déplaît à *Superman* qui trouve que son collègue abuse de la situation[26]. Dans le long-métrage, *Batman* enquête sur un individu nommé le Portugais blanc qui, lié à des groupes pratiquant le trafic d'armes et la traite des êtres humains, projetterait de faire venir une bombe sale à Gotham City. Pour le confondre, le super-héros n'hésite pas à user de la torture et à marquer les voyous qu'il interroge au fer rouge avec un batarang, entraînant leur stigmatisation et leur exécution quasi assurée par la communauté des criminels. La presse locale – et le journaliste Clark Kent (donc *Superman*) – s'inquiètent de ce que ces suspects marqués au fer sont éliminés avant tout procès, *Batman* se comportant comme un procureur, un juge et un bourreau, et ce, avec la complicité de la police et visiblement sans le moindre contrôle.

Batman s'enfonce alors dans l'arbitraire et la violence ; il n'écoute plus son majordome et le commissaire Gordon étant absent, personne ne peut plus le tempérer. Faute de contrôle, *Batman* devient précisément incontrôlable et sous couvert de lutter contre le crime, il se transforme en criminel (ce qui justifie dans l'intrigue que *Superman* décide d'intervenir pour mettre en demeure *Batman* de cesser ses activités).

L'un des intérêts du film est de montrer qu'un pouvoir sans contrôle ou dépourvu de contre-pouvoir devient inévitablement despotique, avant de devenir autoritaire et enfin totalitaire. Ce qui se vérifie dans la science politique vaut également en matière

---

23 *Batman v Superman – L'Aube de la Justice* (2016) de Zack Snyder.

24 Voir *Histoire du Parquet* (J.-M Carbasse, dir.), coll. Droit & Justice, PUF, 2000.

25 Par exemple, en décidant d'envoyer le criminel Ra's al Ghul à la mort, dans *Batman Begins*, plutôt que de le livrer à la justice de Gotham.

26 Dans le film, *Batman* fait exactement les mêmes reproches à *Superman*, dont les pouvoirs semblent illimités, s'exerçant en dehors de tout cadre juridique. Ces pouvoirs et les modalités de leur mise en œuvre constituent de fait une menace, ce qui va conduire à un affrontement entre les deux super-héros.

judiciaire, la justice, comme système de régulation des sociétés, étant l'un des moyens par lesquels de tels excès peuvent avoir lieu. Si l'on n'y prend pas garde, *Batman* pourrait devenir un nouveau Fouquier-Tinville qui aurait troqué son couvre-chef d'accusateur public du Tribunal révolutionnaire pour le masque du chevalier noir.

Conclusion

En réalité, *Batman* n'est pas né du meurtre des parents de Bruce Wayne. Si cet assassinat a été le point de départ, le fait générateur, *Batman* ne s'explique et ne se comprend qu'à travers Gotham City. Il n'existerait pas sans cette cité infernale et démesurée. Batman réincarne une justice privée parce que l'État de droit a, *de facto*, disparu de Gotham, remplacé par ce que le sociologue Émile Durkheim nomme l'anomie, c'est-à-dire, pour résumer, la faillite des normes sociales en vigueur[27]. Il n'y règne plus que le désordre et la loi du plus fort, la prédation plutôt que la coopération, comme au temps des sociétés primitives.

L'histoire de *Batman* nous rappelle assez l'importance, dans notre monde, de bénéficier d'institutions régaliennes puissantes et indépendantes, avec si possible des dirigeants compétents et vertueux, autrement dit des individus qui ne soient ni corrompus et ni vendus aux puissances de l'argent ou de la téléréalité. À défaut, la recherche du gain personnel et de la gloire l'emportera toujours sur l'intérêt public, les liens de droit légitimes se déferont, la violence servira de mètre-étalon et, peu à peu, la société s'effondrera sous la gangrène de ses métastases.

Peut-être que la véritable question n'était pas de discuter le bien-fondé ou la légalité de l'action menée par *Batman*, mais de se demander si, instruit de la nature des hommes, l'apparition de *Batman* n'était pas inévitable. Fort heureusement, un garde-fou existe et un contre-pouvoir : Alfred Pennyworth le majordome d'un côté, le père de substitution, et James Gordon le policier de l'autre, la conscience légale, et nous voulons croire que *Batman*, qui a certainement lu Montesquieu, a compris que « La vertu même a besoin de limites »[28].

27 Voir par exemple, E. Durkhein, *De la division du travail social*, PUF (coll. « Quadrige »), 2007 [1893].
28 Montesquieu, *De l'Esprit des Lois*, livre XII, chap. IV.

Super-héros et droit pénal

Jean-Baptiste THIERRY
Maître de conférences de droit privé, Université de Lorraine
IFG (EA 7301), Directeur de l'IEJ de Lorraine - André Vitu

Les super-héros vouent leur existence au service de la lutte contre les super-vilains. Ces derniers, soit qu'ils rêvent de conquérir le monde, soit qu'ils rêvent de le détruire, sont des délinquants hors normes contre lesquels les autorités peinent à lutter en raison d'un déséquilibre de forces. Celui-ci a différentes origines : certains super-vilains mettent en place une corruption à grande échelle, ou sont dotés de pouvoirs tels qu'il est impossible de les interpeller. Face à l'impuissance des autorités légitimes, les super-héros se sentent investis d'une mission : sauver le monde en mettant fin à l'action des super-vilains. Dès lors, le droit pénal – ou plutôt son inefficacité – est au cœur de ces histoires.

Quelles histoires ?

Le sujet étant particulièrement large, une délimitation s'impose, nécessairement arbitraire. D'abord, il ne sera question que des super-héros, et non des super-vilains. Il s'agira donc de s'intéresser à la responsabilité pénale de justiciers, et non de malfaiteurs, même si celle-ci est tout aussi intéressante : on se souvient de l'impressionnante prison de plastique enfermant *Magneto* dans les *X Men* et l'on peut douter d'un espoir de réinsertion pour Wilson Fisk dans *Daredevil* ou le *Joker* dans *Batman*. La punition est tellement difficile que la mort est parfois la seule solution envisagée, si l'on songe à *Killgrave* dans *Jessica Jones*. Ensuite, il ne sera pas question que de droit pénal, au sens strict, mais de droit pénal, au sens large, intégrant la procédure pénale et le droit de la peine, c'est-à-dire de droit criminel[1]. Enfin, la délimitation concerne le *corpus* : *comics*,

1 Entendu, selon la définition de Merle et Vitu, comme « l'ensemble des règles juridiques qui organisent la réaction de l'État vis-à-vis des infractions et des délinquants » : R. Merle, A. Vitu, *Traité de droit criminel*,

films et séries de super-héros sont concernés, mais il serait difficile de rechercher l'exhaustivité[2].

Les super-héros, délinquants justes ?

Ces précisions apportées, il reste alors à voir quelles sont les relations entre les super-héros et le droit pénal. La question peut paraître incongrue : les super-héros sont au service de la justice et cherchent à punir les délinquants. Comment alors envisager de punir ces alliés de la justice ? La question est en réalité pertinente : la justice en général, et celle des super-héros en particulier, n'est pas le droit et c'est justement la raison d'être des super-héros qui vont bien souvent venir suppléer les carences répressives, réelles ou supposées, résultant des mécanismes juridiques. En outre, pour réaliser cet idéal de justice, les super-héros violent allègrement la loi et se conduisent donc comme des délinquants. La punition des super-héros est ainsi expressément envisagée dans plusieurs franchises : le *Punisher* est jugé et condamné dans la saison 2 de *Daredevil* ; *Batman* est pourchassé et perçu comme l'ennemi public n° 1 ; *Wolverine* est emprisonné ; *Superman* apparaît menotté dans *Man of Steel* ; *Hancock* est emprisonné, etc. Le lecteur ou le spectateur prennent d'ailleurs fait et cause pour ces personnages, tout à la fois en raison de l'éthique de leur action – qui se réduit souvent au fait de ne pas tuer son ennemi – et d'un utilitarisme répressif – la fin justifiant les moyens. En outre, les super-héros ne se perçoivent pas toujours comme des délinquants. Si certains l'assument pleinement, comme le *Batman*, d'autres ne perçoivent pas clairement l'illicéité de leurs actions. *Daredevil*[3] est un excellent exemple de cette complexité. Avocat le jour, fervent catholique, super-héros la nuit, Matthew Murdock doute de la légitimité de son action. Dans la saison 2 de la série diffusée sur Netflix, il est confronté au *Punisher*, personnage beaucoup plus sombre qui assassine les criminels. Matthew Murdock se trouve alors chargé d'assurer sa défense, quand *Daredevil* cherche à l'empêcher de tuer qui que ce soit. Dans l'une de leurs confrontations, un dialogue s'instaure entre les deux personnages autour de leurs modes d'action et de leur idéal de justice. La seule différence entre les deux est que *Daredevil* croit en la rédemption et refuse de tuer. Il explique ne pas être un criminel. Le *Punisher* lui rétorque ironiquement qu'il n'a pas de badge de policier non plus.

Ce respect de la vie n'est pas propre à tous les super-héros, si l'on songe, par exemple, à *Wolverine*, qui n'a guère de pitié pour ceux qui l'attaquent. S'il est un point commun

Problèmes généraux de la science criminelle, Cujas, 7e éd. 1997, n° 142.

2 À ce titre, ne seront pas abordés les films pornographiques parodiques, nombreux : *Batman XXX*, *Avengers XXX*, *The Dark Knight Rises XXX*, *Iron Man XXX*, ni *Bat Pussy*, mettant en scène des super-héros.

3 Sur la saison 1 : J.-B. Thierry, « Daredevil : D. Goddard », https://sinelege.hypotheses.org/3220, 28 mars 2016.

aux super-héros, c'est qu'ils ne se préoccupent que d'efficacité et jamais du respect de règles procédurales. Les individus qu'ils pourchassent ne sont jamais présumés innocents, le doute n'existe pas et ils ne reconnaissent que leur éthique personnelle. Ils n'hésitent pas à recourir à la torture ou aux mauvais traitements, ce qui n'est guère compatible avec la protection légitime des super-vilains.

Quel droit pénal pour les super-héros ?

De même que les super-héros montrent les limites du droit face aux super-vilains, le droit pénal montre ses limites pour appréhender l'action des superhéros. Que les règles du droit pénal soient malmenées par les super-héros, c'est une évidence. Pourtant, c'est bien souvent pour faire finalement respecter la loi qu'ils interviennent. Il est donc paradoxal que l'intervention d'un super-héros hors-la-loi vienne au soutien de la loi. Mais les super-héros ne font pas que suppléer le droit pénal : ils peuvent totalement l'éluder, ce qui est le cas lorsqu'ils refusent de se soumettre à la justice des hommes. L'action des super-héros est donc à l'image de leur personnalité : ambivalente. Lorsque les superhéros suppléent le droit pénal (I), leurs actions ne sont pas nécessairement contraires aux finalités du droit pénal : il s'agit, après tout, de punir les méchants. À l'inverse, lorsque les super-héros éludent le droit pénal (II), c'est-à-dire lorsqu'ils refusent de s'y soumettre, leurs actions remettent en cause le principe même de leur responsabilité pénale.

I- La suppléance du droit pénal

Dans ce cadre, les super-héros cherchent à mettre fin aux méfaits des super-vilains et à les interpeller, de sorte que la finalité punitive du droit pénal est respectée. Les actions des super-héros sont illégales (A), contrairement aux procédures qui en découlent (B).

A. L'illégalité des actions

Les infractions commises par les super-héros pourraient faire l'objet d'un inventaire à la Prévert[4] : meurtres, violences, violations de domicile, infractions en matière d'armes, en passant par la dissimulation du visage dans l'espace public – tout de même punie de 150 euros d'amende[5] – les violations multiples de la législation sur les armes, les excès de vitesse, mises en danger délibérées de la vie d'autrui... Si, dans quelques situations, des faits justificatifs peuvent être retenus, l'action des super-héros est le plus souvent contraire au droit. Cette illégalité est telle que certains films ou *comics* envisagent

4 La portée d'un tel inventaire est toute relative car l'on ne saurait réellement chercher à qualifier en droit français des infractions commises à l'étranger par des personnes de nationalité étrangère.

5 L. n° 2010-1192, 11 octobre 2010, art. 3.

même la création d'infractions spécifiques. Dans *Watchmen*, une loi est votée – le *Keene Act* – qui interdit le fait d'être un super-héros. Dans *Civil War*, il est décidé d'officialiser l'action des super-héros sous l'égide des Nations-Unies : dans le *comics*, ce *Super Human Registration Act* oblige les super-héros à s'enregistrer auprès du Gouvernement pour être enrôlé, en échange, dans une unité spéciale. Ne pas s'enregistrer constitue un crime fédéral. Le problème est similaire dans les *X Men*, puisque le sénateur Robert Kelly souhaite faire voter une loi obligeant les mutants à déclarer leur identité (ce qui lui vaudra d'être enlevé par Magneto, puis de mourir). Une telle pénalisation, non de l'activité, mais de la personne même des super-héros, serait-elle conforme à la Constitution et au principe d'égalité ? Que l'activité des super-héros soit encadrée est une chose, mais que la personne même des super-héros soit concernée en est une autre. Mais toutes les histoires partagent le même constat : celui de l'inefficacité, voire de l'impossibilité, de punir les super-héros. On comprend d'ailleurs que l'activité des super-héros ne soit pas purement et simplement interdite, car les procédures pénales qui en découlent sont, quant à elles, tout à fait légales.

B. La légalité des procédures

Les poursuites et condamnations des super-vilains ne sont possibles que parce qu'ils ont été interpellés par les super-héros. L'application du droit pénal est donc conditionnée par l'action des super-héros. Cette légalité peut être surprenante, car les super-héros ignorent et violent toutes les règles de la procédure pénale. Mais, dès lors que le délinquant est remis aux autorités, l'application de l'adage *male captus, bene detentus* rend heureusement les poursuites possibles. On en trouve une illustration dans la scène d'extradition déguisée de *The Dark knight*, lorsque *Batman*, en accord avec le procureur Harvey Dent, se rend à Hong Kong pour enlever Lau, le responsable du blanchiment de l'argent de la mafia de Gotham City, afin qu'il soit jugé à Gotham City[6].

La validité de la preuve fournie par un super-héros apparaît quant à elle plus problématique. La Cour de cassation précise en effet régulièrement qu'« aucune disposition légale ne permet aux juges répressifs d'écarter les moyens de preuve produits par les parties au seul motif qu'ils auraient été obtenus de façon illicite ou déloyale »[7]. Mais elle considère également que « porte atteinte au principe de la loyauté des preuves et au droit à un procès équitable, la provocation à la commission d'une infraction par un agent de l'autorité publique ou par son intermédiaire »[8]. L'instrumentalisation d'un super-héros par l'autorité publique constituerait donc un motif d'irrecevabilité de la preuve fournie. C'est en ce sens que l'officialisation de l'action des super-héros est une

6 *The Dark Knight* de Christopher Nolan (2008).
7 Par exemple : Crim., 15 juin 1993, n° 92-82.509.
8 Par exemple : Crim., 11 mai 2006, n° 05-84.837.

mauvaise idée : elle serait non seulement la cause de nombreuses nullités procédurales, mais aussi, et surtout, le signe d'un déclin du droit. Il n'est en effet jamais bon signe que le droit d'exception, ici représenté par les super-héros, se voit intégré dans le droit commun de la procédure pénale. Car les exceptions ne restent pas des exceptions bien longtemps et elles contaminent petit à petit la procédure pénale de droit commun[9].

Là est tout le problème des relations entre le droit pénal et les super-héros : il s'agit de délinquants, dont les mobiles sont certes nobles, mais dont les moyens d'action se situent hors du droit. Pourtant, les super-héros permettent de mettre fin à une super-délinquance. Le droit se sert donc d'eux, mais tout en les gardant sous une certaine pression pénale. Celle-ci est toute relative, car les super-héros ne se considèrent pas comme des délinquants.

II- L'élusion du droit pénal

Voici la véritable nature des super-héros : ils pallient certes les défaillances, réelles ou supposées, de mécanismes juridiques, mais ne se considèrent pas pour autant soumis à ces mécanismes. La responsabilité pénale des super-héros est tantôt neutralisée (A), tantôt instrumentalisée (B).

A. La neutralisation de la responsabilité pénale

La responsabilité pénale des super-héros est parfois envisageable, lorsque leurs super-pouvoirs ne les rendent pas totalement incontrôlables. À supposer que le Docteur Banner soit pénalement responsable de ses actes lorsqu'il est *Hulk*[10], on voit mal comment il serait envisageable de le punir, de le contenir. Lorsqu'il n'est pas atteint de troubles psychiques ou neuropsychiques, le super-héros peut agir sous la contrainte, telle *Jessica Jones* qui commettra un meurtre en étant sous l'emprise mentale de *Killgrave*. D'autres super-héros ne peuvent pas être punis. C'est le cas de *Superman* : *Man of Steel* nous offre bien une scène où il porte des menottes, mais cette sanction, qui n'en est d'ailleurs pas une à proprement parler, ne vaut que parce qu'elle est consentie. La punition de *Wolverine* est aussi difficile : son immortalité ne facilite pas les choses. Quant au *professeur Xavier*, qui contrôle les pensées, il ne resterait sans doute pas enfermé longtemps. Certains super-héros peuvent physiquement subir une peine : Tony Stark, si l'on parvient à le séparer de Jarvis, Bruce Wayne, à supposer qu'il soit

9 Toute ressemblance avec la pérennisation des mesures d'exception dans la procédure pénale de droit commun n'est bien évidemment pas fortuite.

10 Une telle hypothèse semble toutefois à exclure car *Hulk* n'est pas dépourvu de tout discernement.

arrêté[11]. Le *Punisher* sera même jugé et condamné, mais il s'échappera rapidement. Si le super-héros est pénalement responsable et qu'il arrive parfois à être jugé et condamné, c'est uniquement parce qu'il consent à la mise en œuvre du procès pénal et à l'exécution de la peine. La punition des super-héros n'est concevable que si elle est consentie : ce consentement constitue alors la condition *sine qua non* de l'efficacité de la sanction.

Que la punition soit physiquement envisageable ou non, le problème est finalement celui de la philosophie des super-héros : le droit pénal est considéré comme défaillant et ils se considèrent, à tort ou à raison, comme des remèdes. Ils ne sauraient donc se soumettre à la loi pénale, soit qu'ils ne soient pas des hommes, comme *Superman*, soit qu'ils estiment que leurs actions sont exclues du champ d'application de la loi pénale. Les super-héros n'envisagent pas se soumettre à la loi pénale : ils ont des conflits éthiques, sont conscients que leurs actions causent des dommages collatéraux, voire expriment le souhait d'être « encadrés », mais jamais ils n'admettent se soumettre à la loi des hommes. Ils considèrent que la loi leur appartient. Tant et si bien que la responsabilité pénale du super-héros peut même devenir un outil qui vient servir son action et est alors instrumentalisée.

B. L'instrumentalisation de la responsabilité pénale

Les super-héros peuvent se servir de la loi pénale pour légitimer leur action. On songe alors à *Hancock*, joué par Will Smith. *Hancock* est un super-héros alcoolique qui cause de nombreux dégâts et qui, sur les conseils d'un consultant en communication, va accepter d'être incarcéré. Mais cette peine n'a guère de sens : elle peut être violée à n'importe quel moment. La privation de liberté est purement factice, car *Hancock* peut sortir quand il le veut. On le voit d'ailleurs sortir de la prison, d'un seul bond, pour aller chercher un ballon de basket. Cette peine n'a d'autre but que de permettre à *Hancock* d'être accepté par les citoyens, et même acclamé par eux lorsqu'il sera le seul recours dans une situation extrême.

La responsabilité pénale est encore instrumentalisée, non plus au service de l'ego du super-héros, mais pour rendre son action plus efficace. C'est le cas de *Daredevil* et de *Batman*, personnages maudits. Le super-héros endosse ici une responsabilité qui permet de protéger la vérité. Il accepte de passer pour le méchant, pour ne pas ruiner l'action du bien. Comme le dit Harvey Dent dans *The Dark Knight*[12], et comme le reprendra à son compte *Batman* : « soit on meurt en héros soit on vit assez longtemps pour se voir endosser la peau du méchant ». Là où *The Dark knight* se démarque, c'est que sa

11 Il est détenu dans *The Dark knight rises* de Christopher Nolan (2012), mais cette détention n'a rien de légitime puisque la prison est sous le contrôle d'un super-vilain : *Bane*.
12 *The Dark Knight* de Christopher Nolan (2008).

dissimulation ne sert pas uniquement à préserver son héros, mais à préserver l'espoir des citoyens face au chaos. S'il se démarque, c'est parce qu'il ne recherche pas le pouvoir : son action est temporaire et sera ensuite confiée à *Robin*. *Batman* est un mal nécessaire. Comme le dit le commissaire Gordon dans la scène finale de *The Dark Knight*, le *Batman* « est le héros que Gotham mérite, mais pas encore celui qu'il faut à ses citoyens. Alors on va le traquer. Car il est capable de l'endurer. Parce que ce n'est pas un héros. C'est un ange gardien silencieux, un protecteur vigilant, un chevalier noir ». Comme *Batman*, les super-héros devraient être hors du droit. Sorte d'antimatière juridique, ils ne doivent pas substituer leur justice au droit pénal, pas plus que le droit pénal ne doit chercher à les punir : à tenter l'impossible, il risquerait de se perdre dans une débauche de mesures exceptionnelles qui ne tarderaient sans doute pas à devenir la norme. Le droit, d'une manière générale, et le droit pénal, en particulier, n'ont rien à gagner à se construire sur des situations d'exception.

Preuve et Super-héros : « Le procès du siècle » des super-héros à « l'aube de la justice » probatoire[1]

Michaël LAREF
ATER à l'Université d'Orléans

Giraudoux faisait remarquer que : « le droit est la plus puissante des écoles de l'imagination » et l'auteur, de poursuivre : « Jamais poète n'a interprété la nature aussi librement qu'un juriste la réalité »[2]. À la lumière du thème du présent ouvrage, qui a la particularité de se détacher de la réalité, le juriste, qui a cependant été à bonne école, doit, tout en conservant son champ d'études, en faire varier le prisme et interpréter l'imaginaire : l'univers des super-héros[3]. La première interrogation qui s'élève est alors de savoir si, finalement, le passage de l'une à l'autre est si hermétique.

Tout d'abord, s'il est vrai que la réalité, en général, est relative, le droit n'y déroge pas et apparaît parfois comme un artéfact empli de fiction[4]. D'un autre côté, chacun s'accorde sur le fait que l'univers des super-héros est le reflet de nos sociétés[5] ou encore

1 Le titre est inspiré pour la première partie de *Daredevil* et la seconde *Superman v Batman*.

2 J. Giraudoux, *La guerre de Troie n'aura pas lieu*, acte II, scène 5 (Hector à Busiris).

3 Voir déjà J. Daily, R. Davidson, *The Law of Superheroes*, USA : Penguin Group, 2012, 320 p. Voir aussi, dans d'autres domaines, J.-P. Zanco, *La société des super-héros. Économie, sociologie, politique*, Culture pop, Ellipses, 2012, 176 p. ; R. Lehoucq, *D'où viennent les pouvoirs de Superman ? Physique ordinaire d'un super-héros*, EDP Sciences, 2003, 143 p. ; En plus d'U. Eco (v. *infra*), voir E. Denis, J. Mary, *La philo des super-héros*, Opportun, 2017, 398 p.

4 L'exemple de la personne morale en est une illustration topique ou encore celui de la protection des intérêts de l'enfant dérivée de la maxime *infans conceptus*.

5 V. A. Fouillet, « De Dédale à Batman. Étude sur un imaginaire contemporain : les super-héros », *Sociétés*, vol. 106, n° 4, 2009, p. 25-32. *Adde.*, Th. Rogel, *Sociologie des super-héros*, Hermann, 2012, 211 p. ; Voir aussi, V. Brunner, *Les super-héros. Un Panthéon moderne*, Laffont, 2017, 160 p. Des outils s'imprègnent de ces univers comme en témoignent *Palantir Metropolis* et *Palantir Gotham* (sur ce dernier, une action a été intentée

la vision moderne d'archétypes mythologiques à l'instar de ce que furent autrefois les dieux olympiens et héros mythiques des sociétés antiques[6]. Au demeurant, dans ce panthéon moderne, l'héritage de ces dieux dans la construction de ce nouvel Olympe, comme la filiation avec des personnages – et les combats – homériques issus de *L'Iliade* et de *L'Odyssée* se dévoilent naturellement[7]. Ainsi Achille, Ulysse ou Hector ont laissé place à *Batman*, *Superman* ou *Iron Man*.

Concernant plus spécialement le droit, les super-héros sont parfois une réalité concrète pour le juriste, un matériau de travail. Ainsi, les affaires judiciaires opposant, depuis plus de cinquante ans, *DC Comics* et *Warner Bros. Entertainment, Inc.* aux créateurs de *Superman*, J. Schuster et J. Siegel, puis aux ayants droit de ce dernier, sur « la propriété de *Superman* »[8] peuvent en être une première manifestation tangible. Cependant, il ne s'agit là que d'une affaire assez classique de droit de la propriété intellectuelle. Le super-héros, s'il est alors au centre de l'affaire, n'est pas en lui-même une cause d'influence directe, ce qui n'est pas le cas dans d'autres occurrences plus perceptibles.

Selon de nombreux commentateurs de *comics*, mais également certains juristes[9], la paternité du bracelet électronique semble pouvoir être attribuée à *Spider-Man*[10] dans l'un des épisodes de *The Amazing Spider-Man* de 1979. Dans ce *comic strip*, *Spider-Man* se rend compte qu'autour de son poignet se trouve un bracelet électronique qui surveille à distance ses déplacements si bien que son ennemi, le super-vilain *The Kingpin*, sait toujours à l'avance où il se trouve[11]. À sa lecture, le juge américain Jack Love trouve

le 20 décembre 2016 par *The Brennan Center* concernant l'acquisition, l'utilisation et les caractéristiques de cette technologie prédictive. Cette dernière a donné lieu à une décision de la Cour suprême qui a fait droit à la demande : Supreme Court of the State of New York, 27 décembre 2017, *Brennan Center for Justice at New York Université School of Law v/ New York City Police Department*, n° 160541/2016).

6 Bien qu'il y ait parfois concordance ou similarité. Ainsi Thor, Loki ou encore Odin sont des dieux dans la mythologie nordique. Héraclès (en grec) ou Hercule (en romain) est à la fois un personnage de l'univers Marvel et de la mythologie. *Wonder Woman* a pour père Zeus et pour mère Hippolyte.

7 Mais d'autres figures mythologiques peuvent également les influencer.

8 V. P. Kamina, « Un an de droit anglo-américain du copyright », *Comm. com. électr.* 2008, chron. 5, spéc. n° 1. Voir également, concernant la tentative infructueuse (par l'exception du « *work made for hire* » telle qu'interprétée par le *Copyright Act 1909*) des héritiers de Jack Kirby pour récupérer les droits contre Marvel sur les personnages des *Quatre Fantastiques*, *X-Men*, *Iron Man* ou encore *Hulk*, P. Kamina, « Un an de droit anglo-américain du copyright », *Comm. com. électr.* 2012, chron. 2, spéc. n° 1.

9 Voir en ce sens, J.-P. Céré, « La surveillance électronique : une réelle innovation dans le procès pénal ? », *Revista da Faculdade de Direito de Campos*, ano VII, n° 8 – Junho de 2006, p. 105-122.

10 Plus spécialement à Marvel. Cependant, certaines voix divergent sur cette paternité, ou à tout le moins l'idée de ce mécanisme de surveillance, en l'attribuant à l'armée.

11 À la vignette n° 3 de ce *comic strip*, on découvre *Spider-Man*, bracelet au poignet, dire que : « *So long as the Kingpin's beeper is on my wrist, he holds all the cards* » et de poursuivre « *I can't make a move without him knowing it !* ».

l'idée tellement révolutionnaire et utile qu'il décide de créer, avec l'aide d'un spécialiste, le premier bracelet électronique et de l'éprouver personnellement dans un premier temps[12]. L'efficacité de ce système est telle qu'il sera rapidement mis en œuvre et se généralisera dans de nombreux pays. L'influence du super-héros est dans ce cas directe et conduit à la création d'une technique, le bracelet électronique, qui sera à l'origine de nombreuses mesures de surveillance en droit positif. Cette influence est encore perceptible dans le mouvement dénommé *Real Life Super Heroes*[13]. Ces héros ordinaires s'inspirent directement des super-héros extraordinaires pour réaliser différentes actions (assistance aux victimes, action caritative, lutte contre la délinquance, etc.) ce qui n'est pas sans soulever certaines interrogations juridiques[14] parfois identiques à celles qui pourraient s'élever concernant les super-héros eux-mêmes[15].

Ainsi, les deux univers, réel et fictionnel, s'enrichissent mutuellement. Cependant, si la procédure et la preuve[16] ne sont pas complètement absentes des *comics*, elles n'occupent le plus souvent qu'une place résiduelle, à l'instar du droit français de la preuve[17]. N'y aurait-il finalement aucun sujet ? Il est vrai qu'une telle interrogation est loin d'apparaître accessoire et pose finalement les prémisses de la problématique. En effet, l'aspect procédural est un concept évanescent, au mieux, n'apparaissant que d'une façon expéditive, au pire, étant purement et simplement absent, l'emprisonnement du super-vilain, quand il n'est pas mort, ne résultant que d'une suite d'actes visant à mettre un terme absolu à ses agissements. Dans ce contexte, la fin justifiant souvent les moyens mis en œuvre, tout frein à l'efficacité de la lutte contre le mal semble devoir en être expurgé[18]. Si l'on excepte ainsi les aventures de *Daredevil* où le procès joue un

12 J.-P. Céré, *ibid.*, p. 107.

13 Voir parmi ses nombreux travaux (notamment sur son site http://www.pierreeliedepibrac.com/fr/ ou directement à l'adresse http://www.rlsh.org/), P.-E. de Pibrac *et al.*, *Real Life Super Heroes*, Serious Publishing, 2012, 136 p.

14 Voir pour une approche juridique, J.-B. Thierry, « Le mouvement Real Life Super Heroes », dans RERDH (dir.), *Héroïsme et droit*, thèmes et commentaires, Dalloz, 2014, p. 60-70.

15 Au demeurant, les nouvelles techniques et technologies ne se limitent plus à réparer le corps mais elles peuvent profondément en augmenter les capacités. Voir pour un exemple, X. Labbée (dir.), *L'homme augmenté face au droit*, Septentrion, 2015, 246 p. Voir aussi, P.-J. Delage (coord.), *Science-fiction et science juridique*, IRJS, 2013, 380 p.

16 Voir pour une définition, E. Vergès, G. Vial, O. Leclerc, *Le droit de la preuve*, PUF, 2015, n° 3s.

17 Voir M. Mekki, *Avant-propos*, dans M. Mekki, L. Cadiet, C. Grimaldi (dir.), *La preuve : regards croisés*, thèmes et commentaires, Dalloz, 2015, p. 1. Pour l'auteur, la preuve est pour la doctrine « *une véritable inconnue* ».

18 Cette absence paraît constituer un miroir grossissant des difficultés des sociétés modernes, notamment face au terrorisme, qui sont alors enclines, face à de graves menaces, à mettre en place des mesures qui conduisent à un affaiblissement, voire à une régression, des droits fondamentaux tant subjectifs que processuels. Dans les *comics*, l'incapacité de l'État à mettre un terme de façon démocratique aux agissements des super-vilains conduit bien souvent à délaisser cette tâche au super-héros.

rôle central[19], la procédure et la preuve sont choses rares et quand il y a une tentative d'attraire un super-héros devant une juridiction, cette dernière est souvent avortée[20]. Pourtant, il y a matière à réfléchir tant en termes d'articulation à opérer entre intérêts divergents qui peuvent se télescoper que de garanties procédurales à respecter : que l'on pense à *Batman* et sa coopération avec le commissaire Gordon ou encore à *Daredevil* qui, vouant pourtant sa carrière au droit et à la justice la journée, n'hésite pas, pour obtenir des informations, à pratiquer des mauvais traitements dans les rues sombres de *Hell's Kitchen*. Par ces quelques exemples, on aperçoit au demeurant toute l'ambivalence du super-héros qui, se plaçant souvent lui-même hors du système qu'il tente pourtant de protéger, apparaît à la fois comme l'épée qui frappe et le bouclier qui protège[21], comme une nécessité, mais également un inconvénient. Il se met, selon le mot de Harvey Dent, « hors la loi »[22] pour la faire respecter. Il commet des infractions, en nombre, à l'instar de ceux qu'il combat[23]. Pascal rappelait à cet égard que « La justice sans la force est impuissante ; la force sans la justice est tyrannique »[24].

L'étude de ce sujet aurait alors pu s'ouvrir sur cette double figure du super-héros : la preuve contre et la preuve par ce dernier. Malheureusement, le chercheur ne bénéficiant ni d'un super-temps de parole ni d'un super-espace d'écriture, la preuve contre le super-héros ne sera pas étudiée. Elle aurait permis de mettre en valeur la nécessité d'une collaboration du super-héros à la manifestation de la vérité,[25] mais également les limites légitimes à cette dernière[26] notamment par le truchement des droits de la défense ; les difficultés d'administrer une preuve en l'absence de coopération qui

19 Voir *Le procès du siècle* de Brian Michael Bendis (2004) ; Voir également la série *Marvel's Daredevil*, Netflix (2016), spéc. saison 2, épisodes 6 et suivant.

20 Voir en ce sens *Batman v Superman : l'aube de la justice* de Zack Snyder (2016).

21 Voir sur cette question, et plus spécialement l'approche guerrière qui « […] passe chez la plupart des hommes pour la première vertu de Héros », J.-J. Rousseau, « Discours sur cette question. Qu'elle est la Vertu la plus nécessaire aux héros et quels sont les héros à qui cette Vertu a manqué ? Proposée en 1751 par l'académie de Corse », dans *Collection complète des œuvres de J.-J. Rousseau*, t. VII, Genève, 1782, p. 3-22.

22 Voir *The Dark Knight* de Christopher Nolan (2008), « Batman est un hors la loi » et de poursuivre « un jour il devra répondre des lois qu'il a enfreintes ».

23 Cela n'est pas sans rappeler Dostoïevski dans son œuvre *Crime et châtiment*, singulièrement dans le dialogue entre Porphyre et Raskolnikov, le premier faisant remarquer, ayant lu un article du second, qu'il fait une distinction entre les hommes ordinaires, qui « doivent vivre dans l'obéissance et n'ont pas le droit de transgresser les lois », et extraordinaires, qui « ont le droit de commettre tous les crimes et de transgresser de toutes les façons les lois », Dostoïevski, *Crime et châtiment*, Flammarion, 2011, p. 337.

24 Et de poursuivre « […] Il faut donc mettre ensemble la justice et la force, et pour cela faire que ce qui est juste soit fort et que ce qui est fort soit juste », Pascal, *Pensées*, Gallimard, 2004, p. 110, n° 94.

25 Et corrélativement à la punition. Voir par exemple *Hancock* (2008) de Peter Berg qui accepte d'être emprisonné.

26 D'autant que leur vie privée est parfois exposée. Voir en ce sens M. Mancessola, *La vie sexuelle des super-héros*, Gallimard, 2012, 608 p. Voir également la série d'œuvres *Secret Life of Heroes* de G. Guillemin.

semblent être un frein difficilement surmontable et exigeraient de réfléchir aux mécanismes procéduraux permettant de contrer cette résistance tel qu'un renversement de la charge de la preuve, voire, à l'instar de ce qui paraît émerger en droit positif, l'effacement progressif de la preuve judiciaire par l'édification d'un système préventif. Ne sera pas traitée, pour les mêmes raisons, la question de la preuve en droit processuel interne, seule la procédure pénale sera visitée, la question aurait pu se poser d'un super-droit à la preuve et incidemment d'une redéfinition tout comme une réévaluation corrélative du contrôle probatoire. La question de la coopération en matière policière et judiciaire, singulièrement pour l'obtention de la preuve, aurait pu se poser du fait de la mobilité de certains super-héros dans l'espace[27], ce qui aurait nécessité que l'on s'attarde sur un instrument qui aurait certainement plus eu une nature intergalactique que, à l'instar de la décision d'enquête européenne[28], simplement internationale.

Dans ce cadre, traiter de la preuve par le super-héros en matière pénale suppose donc de s'intéresser aux seuls actes de ce dernier dans l'élaboration du dossier de la procédure, au premier rang duquel se trouve la recherche de la preuve qui doit conduire à la manifestation de la vérité. Dès lors, le concours du super-héros peut varier fonction de sa qualité (I), mais également de ses super-pouvoirs (II).

I- Variations autour de la qualité du super-héros

Les super-héros peuvent endosser différents costumes aussi bien dans la vie civile que dans la procédure. En effet, ces derniers mènent, parallèlement à leurs aventures extraordinaires, une vie ordinaire souvent consubstantielle à leur identité principale de super-héros et occupent à ce titre des emplois divers : journaliste, avocat, magistrat,... Cette double identité semble nécessaire au super-héros qui peut ainsi cacher sa vie ordinaire au super-vilain et, inversement, cacher sa vie super-héroïque à ses proches. Elle influence également l'admissibilité de la preuve selon que ces derniers concourent indirectement (A) ou directement (B) à l'enquête.

A. Le super-héros concourant indirectement à l'enquête

La chambre criminelle de la Cour de cassation a estimé de longue date et de façon constante que sauf exception prévue par la loi, les preuves obtenues par les particuliers

27 Voir par exemple, *Les gardiens de la galaxie* de James Gunn (2014).

28 Directive 2014/41/UE du Parlement européen et du Conseil du 3 avril 2014 concernant la décision d'enquête européenne en matière pénale, JOUE, L 130/1, 1er mai 2014. *Adde.*, pour les instruments antérieurs, Décision-cadre 2003/577/JAI du Conseil du 22 juillet 2003, JOUE, L 196/45, 2 août 2003 ; Décision-cadre 2008/978/JAI du Conseil du 18 décembre 2008, JOUE, L 350/72, 30 décembre 2008 ; et en matière civile, Règlement (CE) n° 1206/2001 du Conseil du 28 mai 2001, JOUE, L 174/1, 27 juin 2001.

et produites au cours d'un procès pénal ne devaient pas être écartées par le juge. Pour la Cour[29], aucun texte de procédure pénale n'interdit leur production. Leur nature – des pièces – n'est pas celle d'un acte de procédure. Partant, elles ne sont pas annulables sur le fondement de l'article 172 du Code de procédure pénale[30]. Le juge doit donc apprécier la valeur des pièces de nature à constituer des charges contre la personne visée à la lumière des règles relatives à l'administration de la preuve des infractions[31]. Cela conduit alors à la plausible recevabilité de la preuve administrée par le super-héros comme celle qui le serait par certains de ses auxiliaires. Un arrêt récent[32] en témoigne par un effet de miroir : dans cette affaire, la preuve avait été rapportée par le majordome d'une riche héritière, à l'instar du rôle ponctuellement tenu par le célèbre majordome d'un riche héritier : Alfred Pennyworth.

Cependant, le super-héros, souvent mû par des finalités justicières, semble délaisser les cadres légaux ou encore opérer par ruse, stratagème ou clandestinité. Dans ce cas encore la recevabilité de la preuve semble la règle. Tout d'abord, la Cour européenne des droits de l'homme (ci-après Cour EDH) laisse à l'État une certaine liberté concernant l'admissibilité de la preuve[33]. Ensuite, la chambre criminelle, assez isolée en contemplation de la jurisprudence des autres chambres, a étendu la recevabilité de la preuve au cas des preuves illicites ou déloyales[34] et, parachevant l'édifice, l'a encore admise, mais dans des conditions plus strictes au cas de la provocation[35]. Ainsi, la preuve qui aurait été obtenue par le super-héros simple particulier (victime, mis en cause, témoin ou tiers) ne conduirait que rarement à son exclusion, sous réserve de respecter la garantie compensatrice de nature procédurale qui purgerait la preuve de son origine illicite : son examen contradictoire. Le juge pénal peut alors en tirer toutes les conséquences sur sa valeur selon son intime conviction[36]. La conversation entre un super-héros et un super-vilain pour démontrer sa participation à une infraction pourrait être recevable

29 Cass. crim., 23 juillet 1992, n° 92-82.721, *D.* 1993, p. 206, obs. J. Pradel.

30 Ce dernier limitait l'annulation à l' « acte vicié ou [...] à tout ou partie de la procédure ultérieure ».

31 Il faut noter que depuis la loi n° 93-2 du 4 janvier 1993 le terme « *pièce* » a été ajouté (CPP, art. 174 : « [...] l'annulation doit être limitée à tout ou partie des actes ou pièces de la procédure viciée [...] ») ce qui conduira la Cour à élargir aux « moyens de preuve produits par les parties ». Voir J. Pradel, A. Varinard, *Les grands arrêts de la procédure pénale*, Dalloz, 9e éd. 2016, n° 16.

32 Cass. crim., 31 janvier 2012, n° 11-85.464, *D.* 2012, p. 440, obs. F. Fourment.

33 Voir Cour EDH, Plén., 12 juillet 1988, *Schenk c/ Suisse*, n° 10862/84, *RSC* 1988, p. 840, obs. L.-E Pettiti, F. Teitgen.

34 Cass. crim., 15 juin 1993, n° 92-82.509, *D.* 1994, p. 613, n. C. Mascala. V. *contra* Cass., Ass. plén., 7 janvier 2011, n° 09-14316 et 09-14.667, *RTD Civ.* 2011, p. 127, obs. B. Fages.

35 Cass. crim., 11 juin 2002, n° 01-85.559, *RSC* 2002, p. 879, obs. J.-F. Renucci.

36 A charge pour le juge de motiver, Cass. crim., 31 janvier 2007, n° 06-82.383, *RSC* 2007, p. 331, obs. R. Filniez et voir, pour une évolution, Cass. crim., 24 avril 2007, n° 06-88.051, *AJ Pénal* 2007, p. 331, obs. C. Saas (Cassation pour manque de base légale).

quand bien même cette dernière serait le fruit d'une conversation de nature privée et que l'enregistrement aurait été réalisé clandestinement[37]. La Cour admettrait également l'enregistrement d'images par *Iron Man*, grâce aux super-technologies de son armure, à l'insu d'un super-vilain comme *Ultron*[38]. Il en serait de même de l'enregistrement des paroles et de la transcription de cet échange entre Matt Murdock, avocat de *Hell's Kitchen* et son client[39]. *Superman*, que l'on sait coutumier du fait en la personne de Clark Kent[40], célèbre journaliste, n'aurait aucune difficulté à faire valoir des documents découverts à la suite d'un vol tout comme Bruce Wayne qui a aussi montré ses talents dans *Batman v Superman*. Ce dernier, utilisant de nombreuses techniques, dérobe, lors d'une conférence, des informations dans les serveurs informatiques de Lex Luthor[41]. Rien ne l'empêcherait par la suite de remettre ces documents au commissaire Gordon qui seraient également recevables[42], tout comme ceux remis à Rachel, assistante du procureur, pour coincer *Falcone* dans *Batman Begins*. On pourrait également penser à l'extraction de données de super-héros comme *Iron Man*.

Si l'admissibilité conditionnée est le principe et que le juge répressif doit se limiter à apprécier la valeur de la preuve produite par les parties, même obtenue de manière illicite ou déloyale, il existe néanmoins une difficulté substantielle dans l'univers des super-héros : la capacité de ces derniers à faire varier la preuve tout comme son appréciation. Ainsi, la *Sorcière rouge* pourrait altérer la preuve comme elle a la capacité d'altérer la réalité. Le *Pr. Xavier* pourrait user de ses pouvoirs télépathiques. *Mystique*, qui a la capacité de changer d'apparence, pourrait témoigner sous différents visages[43]. Cependant, cette recevabilité, qui consacre pleinement le principe de la liberté de la preuve formulé à l'article 427 du Code de procédure pénale, est en revanche circonscrite si le super-héros concourt directement à l'enquête.

---

37 Cass. crim., 30 mars 1999, n° 97-83.464, *D.* 2000, p. 391, obs. Th. Garé. Voir *contra*, Cass., Civ. 2e, 7 octobre 2004, n° 03-12.653, *D.* 2005, p. 122, obs. Ph. Bonfils.

38 Cass. crim., 23 juillet 1992, n° 92-82.721, *D.* 1993, p. 206, obs. J. Pradel.

39 Cass. crim., 31 janvier 2012, n° 11-85.464, préc.

40 Qui soulève des interrogations tant éthiques que déontologiques, notamment lorsqu'il communique certaines informations exclusives à Loïs Lane ou qu'il écrit sur son double, *Superman*. Ce dernier interroge également sur les méthodes qui lui permettent d'obtenir ces informations car, même protégé par l'article 10 de la Conv. EDH, il utilise ses super-pouvoirs à cette fin. Problème qui se prolonge concernant l'articulation de la preuve judiciaire et la protection ainsi dévolue par l'art. 10 (secret des sources, obligation de témoigner, etc.).

41 Cass. crim., 27 novembre 2013, n° 13-85.042, Procédures 2014, comm. 25, A.-S. Chavent-Leclère. Voir *contra*, concernant la même affaire, Cass. com., 31 janvier 2012, n° 11-13.097 et 21 février 2012, n° 11-15.162, *Procédures* 2012, comm. 137, obs. L. Ayrault.

42 Cass. crim., 27 janvier 2010, n° 09-83.395, *Rev. sociétés* 2010, p. 241, obs. B. Bouloc.

43 La question même du témoignage par un super-héros masqué se pose et pose incidemment la question du témoignage anonyme.

B. Les super-héros concourant directement à l'enquête

Si le super-héros concourt directement, comme acteur judiciaire ou parajudiciaire[44], au dossier de la procédure pour rechercher les preuves, il est nécessaire, en principe, qu'il le fasse de façon licite et loyale[45], à la différence du simple particulier. Cette vision de la Cour peut sembler paradoxale et antinomique avec la liberté de la preuve qui gouverne en matière pénale, mais ce n'est là qu'une conséquence logique de la distinction entre la liberté dans l'admissibilité de la preuve et le respect, dans l'administration, de la légalité, tant matérielle que formelle, qui s'impose dans un État de droit[46]. C'est la « *liberté dans la légalité* »[47], ce que Merle et Vitu visaient dans leur traité de droit criminel[48] par une extension de la maxime classique concernant le principe de légalité criminelle : *nullum crimen, nulla poena, nullum judicium sine lege.* Cette conception de la Cour est ancienne et déjà l'avait-elle imposée, notamment à propos de la loyauté[49], dans les affaires *Wilson*[50] dès 1888 concernant un magistrat ou encore *Imbert*[51] en 1952 concernant un officier de police judiciaire[52]. Dans la lignée, la Cour décide que la provocation[53] à l'infraction est prohibée[54], quand en revanche la provocation à la preuve est licite[55], si elle se limite à révéler l'existence d'agissements délictueux et n'est pas consubstantielle d'un stratagème[56] tendant à les déterminer[57]. Cependant, ces occurrences sont assez rares chez les super-héros, même à la lumière de leur double identité, si l'on excepte le *Judge Dredd*

---

44 V. S. Guinchard, J. Buisson, *Procédure pénale*, LexiNexis, 10e éd. 2014, n° 204s.

45 V. E. Vergès, « Loyauté et licéité, deux apports majeurs à la théorie de la preuve pénale », D. 2014, p. 407.

46 Et ce notamment par la mise en place d'une réglementation. Voir en ce sens, B. Bouloc, *Procédure pénale*, Dalloz, 25e éd. 2015, n° 150 s.

47 S. Guinchard, J. Buisson, *Procédure pénale*, *op. cit.*, n° 528. Voir dans le même sens, J. Pradel, *Procédure pénale*, Cujas, 18e éd. 2015, n° 405, *in fine*.

48 R. Merle, A. Vitu, *Traité de droit criminel*, 7e éd., t. 1, Cujas, 1997, n° 151. *Adde*. J. Pradel, *Droit pénal général*, Cujas, 18e éd. 2010, n° 135.

49 Voir pour une synthèse, Ph. Conte, « La loyauté de la preuve en procédure pénale : fragile essai de synthèse », Procédures 2015, dossier 12.

50 Cass., Ch. réunies, 31 janvier 1988, *S.* 1889, 1, 241.

51 Cass. crim., 12 juin 1952, *S.* 1954, 1, 69.

52 Voir Cass., Ass. plén., 6 mars 2015, n° 14-84.339, *D.* 2015, p. 711, obs. J. Pradel.

53 Pour une définition de la provocation policière par la Cour EDH, voir l'affaire GC, 5 février 2008, *Ramanauskas c/ Lituanie, 74420/01, RTDH* 2009, p. 211 obs. Ch. De Valkeneer.

54 Cass. crim., 27 février 1996, n° 95-81.366, *D.* 1996, p. 346, n. C. Guéry ; Cass. crim., 11 mai 2006, n° 05-84.837, *RSC* 2006, p. 879, obs. J.-F. Renucci. *Adde.* pour une provocation commise par un service de police étranger, Cass. crim., 7 février 2007, n° 06-87.753, *RSC* 2007, p. 560, obs. J. Fancillon.

55 Cass. crim., 22 avril 1992, n° 90-85.125, *D.* 1995, p. 59, n. H. Matsopoulou ; Cass. crim., 30 avril 2014, n° 13-88.162, *RSC* 2014, p. 577, obs. J. Francillon.

56 La chambre criminelle prenant le soin de contrôler l'absence d'actes positifs (Cass. crim., 14 avril 2015, n° 14-87.914, *Procédures* 2015, comm. 273, A.-S Chavent-Leclère) tout comme la Cour EDH, l'attitude passive des autorités publiques (Cour EDH, *Ramanauskas c/ Lituanie*, préc.).

57 Voir Cour EDH, 9 juin 1998, *Teixeira de Castro c/ Portugal*, n° 25829/94, *RSC* 1999, p. 389, obs. Koering-Joulin.

dont les activités constituent une négation plus globale de l'ensemble des impératifs procéduraux qui s'impose puisqu'il est à la fois enquêteur, autorité de poursuite et juge de jugement. Ce dernier concentre en sa seule personne l'ensemble des prérogatives[58], formulé au demeurant par sa célèbre expression : « La loi c'est moi », ce qui est contraire au principe de la séparation des fonctions judiciaires qui impose une dissociation entre les organes de poursuite, d'instruction et de jugement[59]. Ce travail semble donc rester le domaine réservé des hommes qui n'en sont pas moins de véritables héros ordinaires lorsque l'on voit le monde, apocalyptique, parfois, dangereux, souvent, dans lequel ils évoluent[60].

L'ambivalence de certains super-héros mérite toutefois d'être relevée, car ils semblent participer pleinement à l'enquête officielle à l'instigation des autorités publiques. Un personnage ambivalent comme *Batman* conduit à s'interroger sur ses agissements au sein de *Gotham city*[61]. Si ce dernier agit de sa propre initiative, il faut noter qu'il répond souvent aux sollicitations du procureur Harvey Dent[62], mais également à celles du commissaire Gordon, qui est son plus ancien et fidèle contact au sein du *Gotham city police department*. Cette coopération pourrait causer certaines difficultés probatoires, car lorsqu'il y a une intervention, directe comme indirecte[63], d'une autorité publique dans l'obtention de la preuve, comme celle du commissaire, la Cour de cassation se montre plus stricte même si cette dernière est administrée par un particulier comme *Batman*. Si la Cour admet la recevabilité de la preuve d'un simple particulier, même illicite ou déloyale, en revanche elle estime que : « Porte atteinte aux

58 Mais on peut se demander si, souvent, de nombreux super-héros ne concentrent pas l'ensemble de ces pouvoirs et qu'ils ne sont pas, suivant Montesquieu dans *De l'esprit des lois* (1748), « porté[s] à en abuser [...] jusqu'à ce qu'il[s] trouve[nt] des limites ». Dans le monde des super-héros, la célèbre formule selon laquelle « [...] le pouvoir arrête le pouvoir » est manifeste (livre XI, ch. 4. Continuation du même sujet dans Flammarion, 2013, p. 205-206).

59 Voir en ce sens S. Guinchard, J. Buisson, *Procédure pénale*, *op.cit.*, n° 140 et 430.

60 Ces derniers utilisent parfois des méthodes illicites ou déloyales.

61 Des questions peuvent également s'élever concernant les liens qui peuvent exister entre les super-héros et le SHIELD. Voir spécialement à cet égard, outre *Iron Man 2* (2010) de Jon Favreau et 3 (2013) de Shane Black, *Civil War* et le *Superhuman Registration Act* (et, pour des précisions, voir *infra*).

62 Par exemple dans *The Dard Knight*, Batman va, à l'instigation de ce dernier, procéder au transfert de Lau de Hong-Kong vers *Gotham* à des fins de détention et d'interrogatoire ce qui n'est pas sans rappeler certaines affaires de *remises extraordinaires*. Voir, pour un exemple, Cour EDH, GC, 13 décembre 2012, *El-Masri c/ « l'ex-République yougoslave de Macédoine »*, n° 39630/09.

63 Cass. crim., 20 septembre 2016, n° 16-80.820, *AJ Pénal* 2016, p. 600, obs. C. Ambroise-Castérot. Voir depuis, Cass., Ass. plén., 10 novembre 2017, n° 17-82.028, qui place l'observateur face à deux lectures factuelles opposées mais qui, pour la doctrine, ne remet pas en cause le principe fixé par le chambre criminelle malgré cette divergence dans l'appréciation des faits. Voir en ce sens, P.-J. Delage, « Le "laisser faire" de l'autorité publique et le principe de la loyauté de la preuve », *RSC* 2018, p. 117 (et les auteurs cités dans nbp n° 14).

principes du procès équitable et de la loyauté des preuves la participation de l'autorité publique à l'administration d'une preuve obtenue de façon illicite ou déloyale par une partie privée »[64] tout comme « la provocation à la commission d'une infraction par [...] [l'] intermédiaire » d'un agent de l'autorité publique[65]. Pour la Cour, la déloyauté rend irrecevables en justice les éléments de preuve obtenus. Ainsi, la preuve recherchée par *Batman* à l'instigation du commissaire Gordon ne pourrait entraîner qu'une irrecevabilité de principe. Il faut au demeurant noter que parmi les critères retenus pour déterminer si l'autorité publique a participé à l'obtention de la preuve, la Cour vise notamment la présence et les contacts réguliers avec les enquêteurs[66], ce qui n'est pas sans rappeler la coopération entre le commissaire, parfois le procureur, et le chevalier noir, notamment à l'appel du *Bat-Signal*[67]. Ce lien direct et ce contact régulier ne mettraient-ils pas l'ensemble des opérations du super-héros sous la dépendance des autorités publiques ? Cette question se pose avec plus d'acuité encore à l'aune des pouvoirs que ce dernier comme l'ensemble des super-héros peuvent mobiliser.

II- Variations autour des super-pouvoirs du super-héros

Dans la recherche et le recueil de la preuve, le super-héros pourrait user d'une force sans précédent pour extorquer des informations (A) ou encore utiliser ses pouvoirs (B) même si l'une et les autres ne sont pas exclusifs.

A. La force extraordinaire du super-héros dans l'administration de la preuve

L'évocation de la force des super-héros renvoie inévitablement à l'image de l'incroyable *Hulk*. Ce titan vert est doté d'une force surhumaine et d'une anatomie hors norme dont la seule vision, impressionnante, pourrait laisser craindre pour sa vie et son intégrité. La force employée par les super-héros peut être de différents degrés[68]. Elle peut consister dans la simple remise, sans force, comme dans certains épisodes de *Superman* ou encore celle consistant, pour *Spider-Man*, à tisser une toile pour arrêter le suspect. L'utilisation de la force peut s'accroître en intensité et être moins douce. Ainsi *Spider-Man* lui-même, depuis que Tony Stark a modifié son costume et l'a agrémenté de multiples fonctionnalités, peut utiliser des technologies comme l'interrogatoire optimisé qui doit

64 Cass. crim., 20 septembre 2016, préc.

65 Cass. crim., 11 mai 2006, n° 05-84.837, *AJ Pénal* 2006, p. 354, obs. E. Vergès.

66 Cass. crim., 20 septembre 2016, préc.

67 Ils se font au demeurant la promesse de sauver *Gotham* ensemble.

68 La Cour EDH a su adapter sa jurisprudence et ainsi la Cour n'exclut pas que des agissements n'atteignant pas la gravité requise par l'article 3 de la Conv. soient couverts par la protection de l'art. 8. V., pour un exemple, Cour EDH, 16 décembre 1997, *Raninen c/ Finlande*, n° 20972/92, *RTDH* 1998, p. 283, obs. J.-M. Larralde.

faire impression sur la personne interrogée et la conduire à avouer[69]. Les méthodes employées dépassent cependant souvent la seule impression chez les super-héros et sont plus musclées[70] allant jusqu'à l'utilisation de mauvais traitements pour obtenir des informations. La torture n'est pas méconnue de *Batman* ou encore de *Daredevil* qui multiplie aussi bien les agissements que les techniques pour y parvenir[71]. Enfin certains super-héros n'hésitent pas à aller vers des méthodes aux conséquences définitives en portant atteinte à la vie du mis en cause[72] pour obtenir des informations.

Certains droits fondamentaux sont intangibles[73], au premier rang desquels ceux assurant la protection physique et morale de la personne. Faisant partie de ce qu'il y a d'irréductible chez l'homme, ils ne peuvent faire l'objet de dérogations. On y trouve notamment le *Droit à la vie* protégé par l'article 2 de la Convention de sauvegarde des droits de l'homme et des libertés fondamentales[74] (ci-après Conv. EDH)[75] ou encore

---

69 Voir *Spider-Man : Homecoming* de Jon Watts (2017).

70 V. P. Lambert, « Dignité humaine et interrogatoires musclés de la police », *RTDH* 2000, p. 138.

71 Ce dernier mentionnera qu'il aime torturer (« Je veux que tu saches pourquoi je te charcute. Pas seulement à cause du gamin mais aussi parce que j'aime ça ») et qu'il recommencera (« Tu as raison, je suis d'accord avec toi. Si je te tue, un autre prendra ta place. Mais je lui réserverai le même sort et un jour je finirai bien par savoir ce que j'ai besoin de savoir ». Voir « L'homme blessé », Série *Marvel's Daredevil*, Netflix (2015), saison 1, épisode 2.

72 Ou en ne les aidant pas. Ainsi dans *Batman Begins* (2005) de Christopher Nolan, le super-héros dira à son adversaire : « Je ne vais pas vous tuer, mais rien ne m'oblige à vous sauver ». Voir cependant l'art. 223-6 du CP.

73 Voir en ce sens le § 2 de l'art. 15 de la Conv. EDH. Voir également l'art. 4, § 2 du PIRCP (plus large que la Convention). Sur cette hiérarchie, v. F. Sudre, *Droit européen et international des droits de l'homme*, PUF, 13e éd. 2016, n° 125s. ; Voir aussi, pour une vision renouvelée de la posture hiérarchisante, singulièrement au prisme du modèle de la société démocratique faisant varier l'échelle des droits, M. Afroukh, *La hiérarchie des droits et libertés dans la jurisprudence de la Cour européenne des droits de l'homme*, Bruylant, 2011, 624 p. Sur les droits intangibles, voir P. Wachsmann, *Les droits de l'homme*, Dalloz, 5e éd. 2008, p. 77s. ; O. de Frouville, *L'intangibilité des droits de l'homme en droit international*, Pedone, 2004, 561 p.

74 Le texte précise « sauf pour le cas de décès résultant d'actes licites de guerre » (deux protocoles additionnels sont venus compléter l'article : le *Protocole n° 6 à la Convention de sauvegarde des Droits de l'Homme et des Libertés fondamentales concernant l'abolition de la peine de mort*, Strasbourg, 28 avril 1983, STE n° 114 et le *Protocole n° 13 à la Convention de sauvegarde des Droits de l'Homme et des Libertés fondamentales, relatif à l'abolition de la peine de mort en toutes circonstances*, Vilnius, 3 mai 2002, STE n° 187). Concernant ce droit, il convient cependant de faire remarquer sa structure particulière. Voir sur ce point, outre les auteurs précités, J.-P. Marguénaud, « Hymnes à la vie et à l'autonomie personnelle », *RTD Civ.* 2002, p. 858. Pour le Pr. M. Delmas-Marty, l'article 2 fait ainsi partie des droits *quasi* absolus, « Introduction », dans M. Delmas-Marty, C. Lucas de Leyssac (dir.), *Libertés et droits fondamentaux*, 2e éd., essais, Seuil, 2002, p. 9. Voir également G. Guillaume, « article 2 », dans L.-E Pettiti, E. Decaux, P.-H. Imbert, *La convention européenne des droits de l'homme. Commentaire article par article*, 2e éd., Economica, 1999, p. 143-154, pour qui l'article 2 « n'est pas absolu puisqu'il est susceptible de limitations » et se « différencie des [...] articles 3 et 4, § 1 [...] » qui édictent des prohibitions « qui, elles, sont absolues et ne sauraient supporter aucune dérogation », *ibid.*, p. 143.

75 Voir également art. 3 de la DUDH ; art. 6 du PIRCP ; art. 2 de la CDFUE. *Adde*. art. 221-1 à 221-7 du CP.

l'*Interdiction de la torture*[76] que l'on retrouve à l'article 3[77] de la Convention précitée. Ces droits, qui selon la Cour « relèvent du noyau dur des droits protégés par la Convention »[78], ont également été élevés comme valeurs fondamentales des sociétés démocratiques[79]. La Cour a au demeurant admis que ces articles mettaient à la charge de l'État des obligations positives aux fins de protéger efficacement la vie et l'intégrité de la personne. Ainsi, les États ne doivent pas se contenter d'adopter une position passive en ne portant pas atteinte aux droits fondamentaux des personnes, mais, par une extension des obligations prescrites, l'État doit également prendre des mesures positives propres à en permettre la réalisation effective. La Cour procède à une amplification de la généralisation des obligations positives puisque cette abstention fautive peut découler tant d'une ingérence passive de l'État qui s'est abstenu de prendre les mesures nécessaires à l'effectivité d'un droit garanti par la Conv. EDH du fait de ses propres agissements que celle, depuis l'affaire *Young, James et Webster* de 1981[80] s'inspirant de la théorie Allemande de la *Drittwirkung*, où l'État permet, dans les rapports interindividuels, à un tiers, de s'immiscer dans un droit garanti par la Convention à un autre individu. Ainsi, couplées à l'effet horizontal de la Convention, les obligations positives qui ne sont certes pas sans limites, imposent à l'État de protéger l'homme contre ses semblables et sûrement le super-vilain contre le super-héros. Dans ces conditions, tout agissement qui porterait atteinte à la vie ou toute utilisation de la torture pour obtenir des informations dans le monde des super-héros devrait être sanctionné et conduire à l'irrecevabilité de la preuve.

L'interrogation qui pourrait s'élever dans l'univers des super-héros est de savoir si la nature particulière des infractions commises par les super-vilains, qui sont souvent d'une extrême gravité, mais également le mis en cause lui-même, qui peut être un super-vilain comme le *Joker* ou encore *Doomsday*[81], pourraient faire varier la protection au point de la relativiser. La réponse vient à nouveau de la Cour EDH qui précise, en ce cas, les limites conventionnelles : la Convention prohibe en termes absolus la torture et les peines ou traitements inhumains ou dégradants. À cette fin, elle précise tout d'abord que cette limite s'impose, quels que soient les agissements de la personne considérée,

76 Voir également art. 5 de la DUDH ; art. 7 du PIRCP ; la Convention contre la torture et autres peines ou traitements cruels, inhumains ou dégradants du 10 décembre 1984 et entrée en vigueur le 26 juin 1987 ; art. 4 de la CDFUE. *Adde.* art. 222-1 à 222-6-3 du CP et 222-7 s.

77 Complété par la *Convention européenne pour la prévention de la torture et des peines ou traitements inhumains ou dégradants*, Strasbourg, 26 novembre 1987, STE n° 126 (entrée en vigueur le 1er février 1989).

78 Cour EDH, GC, 4 février 2005, *Mamatkoulov et Askarov c/ Turquie*, n° 46827/99 et 46951/99, § 108.

79 Cour EDH, GC, 27 septembre 1995, *McCann et autres c/ Royaume-Uni*, n° 18984/91, § 147 pour l'article 2 et Cour EDH, GC, 28 juillet 1999, *Selmouni c/ France*, n° 25803/94, § 95 concernant l'article 3.

80 Cour EDH, 18 octobre 1982, *Young, James et Webster c/ Royaume-Uni*, n° 7601/76, 7806/77.

81 D'autant que certains ont le pouvoir de se régénérer ou sont immortels.

« aussi indésirables ou dangereux soient-ils »[82]. Par la suite, la Cour affirmera que la nature de l'infraction reprochée est dépourvue de pertinence[83] dans ce contexte. Les situations existantes dans les *comics*, parfois équipollentes aux infractions les plus graves dans notre législation, n'y changeraient rien puisque cette limite s'impose même dans les circonstances difficiles que peuvent être la lutte contre le terrorisme et le crime organisé[84].

Dans le domaine des gardes à vue, il est impossible de ne pas faire un rapprochement avec la fameuse scène dans *The Dark Knight* où le *Joker*, privé de sa liberté et en situation de vulnérabilité, est interrogé par le commissaire Gordon. Sans succès, ce dernier quitte la pièce et *Batman* apparaît. Débute alors un interrogatoire musclé qui va aller *crescendo* vers des violences toujours plus aiguës. Il faut noter que ce face-à-face a été rendu possible par le commissaire qui en supervise les échanges. La Cour EDH, stricte en ce domaine, a jugé dans l'affaire *Salman contre Turquie*[85] que l'État avait le devoir de protéger la vie de la personne gardée à vue et le seul fait qu'un individu privé de sa liberté décède dans des conditions suspectes est de nature à s'interroger sur cette obligation que ce soit au cours de la garde à vue[86] ou des suites des blessures infligées au cours de cette dernière[87]. La Cour impose également que la personne ne soit pas soumise à des tortures ou des traitements inhumains ou dégradants lors d'une garde à vue. Plus encore, faisant vaciller son seuil minimum de gravité pour l'applicabilité de l'article 3, elle estime « qu'à l'égard d'une personne privée de sa liberté l'usage de la force physique qui n'est pas rendu strictement nécessaire par le comportement de ladite personne porte atteinte à la dignité humaine et constitue, en principe, une violation du droit garanti par l'article 3 »[88]. Si la dignité ne figure pas dans la convention, son respect est pour la Cour EDH au « cœur même »[89] de cette dernière et, avec la liberté, en « sont l'essence »[90]. Elle n'hésite pas en ce cas à faire jouer une véritable « présomption de gravité »[91]. Ainsi, elle a encore pu décider, ce qui dénotera avec la scène, qu'une gifle[92] était contraire à la Convention. Concernant la preuve des allégations de mauvais traitements, la Cour a souvent recours à une présomption de causalité lorsque les événements sont connus

82 Cour EDH, GC, 15 novembre 1996, *Chahal c/ Royaume-Uni*, n° 22414/93, § 80.
83 Cour EDH, GC, 6 avril 2000, *Labita c/ Italie*, n° 26772/95, § 119, *RSC* 2000, p. 667, obs. F. Massias.
84 Cour EDH, *Selmouni c/ France*, préc.
85 Cour EDH, GC, 27 juin 2000, *Salman c/ Turquie*, n° 1986/93, § 99, RTDH 2001, p. 856, obs. E. van Nuffel.
86 Cour EDH, *Salman c/ Turquie*, préc., § 103.
87 Cour EDH, 18 mai 2000, *Velikova c/ Bulgarie*, n° 41488/98, § 74.
88 Cour EDH, *Selmouni c/ France*, préc., § 99.
89 Cour EDH, GC, 17 juillet 2014, *Svinarenko et Slyadnev c/ Russie*, n° 32541/08 et 43441/08, § 118.
90 Cour EDH, 29 avril 2002, *Pretty c/ Royaume-Uni*, n° 2346/02, § 65.
91 F. Sudre, *Droit européen et international des droits de l'homme*, *op. cit.*, n° 310.
92 Cour EDH, GC, 28 septembre 2015, *Bouyid c/ Belgique*, n° 23380/09, § 103, *RTDH* 2016, p. 451, obs. F. Sudre.

exclusivement des autorités[93] ce qui conduit à un renversement de la charge de la preuve.

La Cour a également rappelé dans l'affaire *Gäfgen contre Allemagne*[94] que constituait un traitement inhumain prohibé par l'article 3 de la Conv. EDH un interrogatoire conduit sous la menace de mauvais traitements en vue d'obtenir des informations de la part du requérant. Il faut noter qu'il s'agissait en l'espèce d'une affaire *quasi* identique à celle que l'on a pu retrouver dans l'un des épisodes de *Daredevil*[95] puisque les autorités sollicitaient des informations pour sauver la vie d'un individu que le requérant avait enlevée, les menaces étant mises à exécution s'il refusait de révéler le lieu où la victime se trouvait. *Daredevil* tente également dans un épisode de sauver la vie d'une enfant enlevée. La Cour, rappelant le caractère intangible de l'article 3 et la protection absolue qui lui est attachée, confirme qu'elle ne serait être relativisée « même lorsque la vie d'un individu se trouve en péril »[96]. La Cour varie en revanche sur la recevabilité d'une telle preuve sur le fondement de l'article 6 de la Conv. EDH. Il faut noter, en se limitant au contexte de cette intervention, que par principe la Cour estime que l'emploi de déclaration obtenue en violation de l'article 3 tout comme les preuves matérielles rassemblées directement à la suite d'actes de torture privent automatiquement d'équité la procédure, ce qui peut être différent dans les autres cas[97].

B. Les pouvoirs extraordinaires du super-héros dans l'administration de la preuve

L'influence des pouvoirs extraordinaires des super-héros conduit nécessairement à une appréhension différenciée par le droit de la preuve. En effet, il faut d'abord noter deux grandes tendances[98] qui pourraient en constituer la *summa divisio* : aux super-pouvoirs *stricto sensu* tels ceux de *Superman* qui pourraient conduire à une « preuve surnaturelle », on peut distinguer les super-techniques telles celles de *Batman* et « la preuve

93 Cour EDH, *Salman c/ Turquie*, préc., § 100.

94 Cour EDH, GC, 1er juin 2010, *Gäfgen c/ Allemagne*, n° 22978/05, *RSC* 2010, p. 678, obs. J.-P. Marguénaud. Voir également, concernant l'administration de force d'un émétique aux fins de recueillir un élément de preuve (un sachet de drogue que le trafiquant avait avalé), Cour EDH, GC, 11 juillet 2006, *Jalloh c/ Allemagne*, n° 54810/00.

95 VOIR « L'homme blessé », Série *Marvel's Daredevil*, préc.

96 Cour EDH, *Gäfgen c/ Allemagne*, préc., § 107.

97 Cour EDH, *Gäfgen c/ Allemagne*, préc., § 173. Voir déjà, Cour EDH, *Jalloh c/ Allemagne*, préc., § 105.

98 À tout le moins, dans le contexte de cette contribution car les mutants, qui pourraient parfois circuler entre l'une et l'autre de ces catégories, pourraient également former une catégorie *sui generis*. D'un autre côté, les super-pouvoirs peuvent parfois être relativisés, voir en ce sens, au prisme des sciences physique, chimique et physiologique, R. Lehoucq, *op. cit.* Pour une définition des mutants, voir spécialement, *X-Men Apocalypse* (2016) de Bryan Singer.

technologique »[99]. Le premier dispose de capacités surhumaines pour rechercher la preuve : super-vitesse, super-force, super-vision (qui se subdivise elle-même puisque ce dernier à la capacité de l'utiliser pour voir de près [microscopique] comme de loin [télescopique], à travers les murs [rayon X] comme de nuit [nocturne]), super-ouïe, etc. Le second ne bénéficie pas intrinsèquement de super-pouvoirs extraordinaires. Nonobstant, il a accès à une technologie avancée[100] : il possède, dans sa *Batcave*, un centre de contrôle qui lui permet de surveiller *Gotham*[101], un masque doté d'un système de projection rétinienne et de nombreuses technologies visuelles, un costume doté de différents *Batarangs* et des technologies électroniques notamment des microphones directionnels qui lui permettent de réaliser des écoutes et d'enregistrer des conversations, un microphone laser et un second longue portée, un spectromètre portatif, une caméra thermique, un séquenceur cryptographique, un dispositif de suivi GPS, etc[102]. Tous ces instruments de l'univers fictionnel ne sont pas sans rappeler ceux de l'univers réel. S'ils pouvaient paraître dans un premier temps chimériques[103], ils semblent même les avoir aujourd'hui dépassés faisant de l'une des trois lois du célèbre écrivain de *2001, l'odyssée de l'espace*, Arthur C. Clark, une réalité : « toute technologie suffisamment avancée est indiscernable de la magie ».

S'il y a multiplication tant des pouvoirs que des techniques et qu'une distinction existe entre les premiers et les secondes quant à leur nature, les conséquences à en tirer sont en revanche identiques puisqu'ils doivent conduire à une adaptation indifférenciée au système probatoire. En effet, ces super-techniques ou super-pouvoirs peuvent tous constituer une menace pour les droits et libertés individuelles singulièrement, par leur caractère intrusif, au droit au respect de la vie privée. *Superman* peut ainsi, grâce à sa super-vision, voir à travers les murs[104], faisant du domicile une maison de verre

99 U. Eco était en ce sens. V. U. Eco, « Le mythe de Superman », dans M. Covin, P. Fresnault-Deruelle, B. Toussaint (dir.), *La bande dessinée et son discours, Communication*, n° 24, 1976, p. 24-40, spéc. p. 36 : « *On pourrait distinguer parmi les différents super-héros, ceux qui sont doués de pouvoirs surhumains et ceux qui sont doués de caractéristiques terrestres normales, même si leurs capacités sont portées au plus haut degré* ». Voir aussi, du même auteur, *De superman au surhomme*, Grasset, 1993, 252 p. et, sur le « surhomme Nietzschéen », F. Nietzsche, *Ainsi parlait Zarathoustra*, Flammarion, 2006, 480 p.

100 Au demeurant, plus les nouvelles technologies se perfectionnent dans notre univers moins ces techniques apparaissent extraordinaires.

101 Cette surveillance de masse n'est pas sans soulever de vives inquiétudes.

102 Ce dernier possède également une *Batmobile* capable de devenir invisible, ce qui, pour la preuve des infractions routières, peut rendre la chose difficile.

103 R. Houin, « Le progrès de la science et le droit de la preuve », *RIDC* 1953/1, vol. 5, p. 69.

104 Pour un exemple voir concernant la constatation des contraventions d'excès de vitesse au moyen d'un cinémomètre, Cass. crim., 7 mai 1996, n° 95-85.674, *D.* 1996, p. 182. Pour la Cour de cassation, il n'y a pas d'ingérence. Voir, *contra,* concernant des enquêteurs qui photographiaient clandestinement de la voie publique des véhicules à l'intérieur d'une propriété privée à l'aide d'un téléobjectif, Cass., Crim., 21 mars 2007, n° 06-89.444, *Procédures* 2007, Comm. 201, J. Buisson.

absolument transparente. Il peut encore écouter par sa super-ouïe les conversations privées sans que personne ne puisse en détecter l'usage. Si l'on présuppose alors, *de lega lata*, la capacité du système probatoire à pouvoir encadrer les super-techniques qui sont parfois équipollentes aux techniques existantes en droit positif, en revanche, l'encadrement des super-pouvoirs semble plus théorique et pose des difficultés sérieuses (notamment quant au contrôle) sauf volonté et coopération d'un super-héros vertueux.

En tout état de cause, il convient, dans les différents cas visés, de respecter la vie privée telle que protégée par les articles 9 du Code civil et 8 de la Conv. EDH[105]. Toutefois, si la prévalence des droits fondamentaux s'impose, ce n'est pas dire que l'utilisation de ces super-pouvoirs ou de ces moyens super-technologiques d'investigation ne puisse pas se conjuguer avec le droit au respect de la vie privée. Outre les dérogations temporaires possibles[106] « [e]n cas de guerre ou d'autre danger public menaçant la vie de la nation »[107], les droits relatifs peuvent supporter des restrictions, en tout temps, qui peuvent être spécifiques, les exceptions, qui ne laissent aucune marge nationale d'appréciation, ou générales, notamment par la clause d'ordre public qui leur est attachée, fixant les conditions de la mesure nationale restrictive, mais admettant corrélativement une marge d'appréciation pour les autorités. C'est dans ce dernier cas que s'insère le droit au respect de la vie privée. Dans ce contexte, le droit fondamental permet une certaine porosité probatoire par un relâchement de la protection qui conduit à une possible ingérence dans le droit[108], sous réserve, pour les autorités, de respecter le triptyque : légalité, légitimité et nécessité comme l'impose l'alinéa 2 de l'article 8 précité. Si la Cour EDH ne réglemente pas la recevabilité des preuves en tant que telle sur le fondement de l'article 6 de la Conv. EDH[109], elle a pu cependant sanctionner l'État concernant l'enregistrement d'une vidéo[110], de certaines écoutes téléphoniques[111], de sonorisation[112] ou encore à propos des empreintes digitales, profils ADN et échantillons cellulaires[113]. Ainsi, les super-héros qui concourraient de façon officielle à la procédure,

105 Voir également, art. 12 de la DUDH, 17 du PIRCP et 7 de la CDFUE. *Adde*. art. 226-1s. du CP.

106 Voir Conv. EDH, art. 15 « Dérogation en cas d'état d'urgence ».

107 Qui, dans l'univers des super-héros, pourraient certainement s'appliquer sous certaines conditions (voir l'art. 15 de la Conv. EDH préc. et notamment l'affaire Cour EDH, 1er juillet 1961, *Lawless c/ Irlande*, n° 332/57).

108 Voir en ce sens, J.-F. Renucci, *Droit européen des droits de l'homme. Droits et libertés fondamentaux garantis par la CEDH*, 5e éd., LGDJ, 2013, n° 4 et 170.

109 Voir pour des exemples, Cour EDH, GC, 11 juill. 2006, *Jalloh c/ Allemagne*, préc., § 95 ; Cour EDH, GC, 10 mars 2009, *Bykov c/ Russie*, n° 4378/02, § 89 ; Cour EDH, GC, 1er juin 2010, *Gäfgen c/ Allemagne*, préc., § 163.

110 Cour EDH, 17 juillet 2003, *Perry c/ Royaume-Uni*, n° 63737/00, *RSC* 2004, p. 441, obs. F. Massias.

111 Cour EDH, 24 avril 1990, *Huvig et Kruslin c/ France*, n° 11105/84 et n° 11801/85, *D.* 1990, p. 353, n. J. Pradel.

112 Cour EDH, 31 mai 2005, *Vetter c/ France*, n° 59842/00, *D.* 2005, p. 2575, obs. P. Hennion-Jacquet.

113 Cour EDH, GC, 4 décembre 2008, *S. et Marper c/ Royaume-Uni*, n° 30562/04 et 30566/04, RSC 2009, p. 182, n. J.-P. Marguénaud.

comme dans *Civil War*, à la suite du *Superhuman Registration Act*[114], devraient conduire leurs investigations en se soumettant à ces impératifs et notamment, en droit interne, aux répertoires des actes[115]. Pour les actes qui ne sont pas prévus, les « actes innomés », la Cour de cassation valide le rattachement à l'article 81 du Code de procédure pénale[116] ce qui n'est pas sans soulever des interrogations à la lumière des affaires *Huvig* et *Kruslin* sur la qualité de la loi[117], notamment en contemplation de la multiplicité des pouvoirs mobilisables. Sur ce terrain, le législateur devrait être prompt à mettre en place un répertoire des actes des super-héros.

L'utilisation de ces super-pouvoirs à finalité probatoire ne pourrait pas s'accorder à l'unisson avec d'autres droits fondamentaux comme le procès équitable et singulièrement le droit de se taire et de ne pas contribuer à sa propre incrimination qui sont « au cœur »[118] même de cette notion. En effet, leur utilisation pourrait conduire à contourner ce droit en provoquant l'aveu du mis en cause qui ne serait alors plus consenti de façon spontanée et libre[119]. Ainsi en est-il du célèbre lasso magique de *Wonder Woman*[120]. Au milieu de ses sœurs, les Amazones, cette super-héroïne de l'île de Themyscira possède, parmi de nombreux instruments de combat à même de détruire physiquement ses adversaires, une arme psychologique redoutable dénommée *Lasso d'Hestia* (ou de la vérité). Dès lors qu'il a émis sa lueur dorée, il scelle le sort de la personne questionnée en l'obligeant, consciemment et douloureusement, mais non sous hypnose, à se confesser sans retenue et sans capacité d'agir. Il permet de soutirer toutes sortes d'informations (sans lecture des droits de la personne) et d'extorquer des aveux comme ce fut le cas lors de l'interrogatoire du capitaine Steve Trevor qui révélera qu'il est affecté au renseignement en tant qu'espion[121]. *Daredevil*, qui bénéficie d'une acuité remarquable du fait de son handicap physique l'obligeant à développer ses autres sens, peut quant à

114 Voir *Civil War* par Mark Millar, 7 tomes (2006-2007). Les *Accords de Sokovie* dans *Captain America : Civil War* (2016) d'Anthony et Joe Russo en sont une adaptation. Dans les deux cas, cela entraînera un schisme chez les super-héros.

115 J. Buisson, v° Preuve, *Rép. pén. Dalloz*, n° 159s.

116 Pour une illustration voir Cass. crim., 22 novembre 2011, n° 11-84.308, *Dr. pénal* 2012, comm. 12, A. Maron, M. Haas (concernant la géolocalisation avant le la loi n° 2014-372 du 28 mars 2014. Voir également Cour EDH, 2 septembre 2010, *Uzun c/ Allemagne*, n° 35623/05).

117 Voir en ce sens, Cour EDH, Plén., 26 avril 1979, *Sunday Times c/ Royaume-Uni*, n° 6538/74.

118 Cour EDH, GC, 8 février 1996, *John Murray c/ Royaume-Uni*, n° 18731/91, § 45.

119 D'autant que même scientifique, la valeur probatoire de tels procédés doit être relativisée en contemplation de leur fiabilité intrinsèque.

120 D'autres super-héros possèdent également ce type de lasso. Voir, par exemple, celui de Donna Troy, dénommé lasso de persuasion.

121 Voir pour un exemple, *Wonder Woman* (2017) de Patty Jenkins : « [...] le lasso d'Hestia vous oblige à révéler la vérité [...]. Il est inutile et douloureux de résister ». Voir aussi, dans *Justice League* (2017) de Zack Snyder, l'interrogatoire du terroriste : « *Qui êtes-vous ? Le lasso d'Hestia vous oblige à dire la vérité* ».

lui savoir si une personne interrogée ment ou dit au contraire la vérité par la variation de la fréquence du rythme cardiaque. Des techniques sont également utilisables et utilisées par d'autres super-héros pour détecter le mensonge. Et que dire des pouvoirs du *Pr. Xavier* qu'il a su au demeurant coupler avec les nouvelles technologies pour en accroître la capacité déjà substantielle. Dans un domaine voisin, *Mandrake*, le magicien aux pouvoirs extraordinaires, met son pouvoir hypnotique au service de la justice pour combattre les super-vilains. Ces méthodes qui tentent de provoquer l'aveu en annihilant toute forme de résistance ne pourraient pas être admises[122] et ce, même en tentant une hybridation procédurale[123]. Dans le même sens, le penthotal, ou sérum de vérité, injecté par *Batman* à *Lady Shiva* ne pourrait pas, non plus, être à l'origine d'une preuve recevable en cas d'aveu[124].

Comme on le voit, la question de la preuve neuroscientifique,[125] mais plus généralement les questions probatoires posent de nombreuses difficultés tant dans notre monde que dans celui des super-héros et il n'est pas incertain qu'elle en posera encore dans d'autres univers. Ainsi, le *Veritaserum* que l'on retrouve chez Harry Potter devrait également, par sa nature incolore et inodore, poser des difficultés probatoires même si le ministère de la magie, manifestement inspiré par le principe de légalité criminelle, en a réglementé l'usage.

---

122 C. Ambroise-Casterot, *v°* Aveu, *Rép. pén. Dalloz*, n° 37s.

123 Cass. crim., 12 décembre 2000, n° 00-83.852, *D.* 2001, p. 1340, n. D. Mayer, J.-F. Chassaing.

124 En revanche, hors de l'aveu, ces procédés peuvent être utilisés. C. Ambroise-Casterot, *v°* Aveu, *ibid.*, n° 42 et 46. *Adde.* AJ Pénal 2008/3, Dossier *Mensonge au droit pénal*.

125 Voir sur la question P. Larrieu, « Regards éthiques sur les applications juridiques des neurosciences. Entre blouses blanches et robes noires », *RIEJ*, 2012/1, vol. 68, p. 145. Sur la preuve, voir B. Aubert, « Nouvelles technologies et recherche de la preuve pénale », dans RERDH (dir.), *Technique et droits humains*, Montchrestien, 2011, p. 71, spéc. n° 9-12.

Les super-héros et la criminalité organisée

Mikaël BENILLOUCHE
Maître de conférences HDR en droit privé à l'Université de Picardie Jules Verne, CEPRISCA

« On ne guérit pas le mal par le mal »[1] ! Pourtant, afin de lutter contre la criminalité organisée, il est nécessaire d'adopter des normes pénales sévères afin d'éradiquer le mal. Pour autant, dans la culture pop, c'est bien le bien qui permet de combattre le mal. Du moins, en apparence...

Traiter de ce sujet est un réel plaisir... un brin caractère provocateur, ce qui ne gâche rien ! Bien que les super-héros soient les « héros », impossible de ne pas aimer les super-méchants. Ils sont toutefois toujours présentés comme de « *super-perdants* ». Ils reviennent souvent, et ce, même lorsqu'ils sont emprisonnés ou lorsqu'ils meurent. Ils sont de super-récidivistes, mais ils ne gagnent pas à la fin. Ils font des dégâts, ils tuent même, parfois des super-héros, mais ils ne gagnent pas...

De là, une idée que l'on retrouve fréquemment dans les *comics* s'impose : pourquoi tous les méchants ne s'unissent pas pour affronter les super-héros ? Ils augmenteraient leurs chances de réussites.

Le problème réside dans le fait que les super-héros aussi s'unissent. Quoi qu'il en soit, il existe un certain nombre de constantes qui différencient les super-héros des super-méchants. Ces derniers sont systématiquement plus nombreux, voire beaucoup plus nombreux. Ils ne reculent par ailleurs devant rien, absolument rien, pour parvenir à leurs fins. Les super-héros sont, quant à eux, animés par une éthique, voire respectent quelques règles élémentaires de droit.

1 Hérodote.

Immédiatement l'organisation criminelle la plus malfaisante qui s'impose dans l'univers Marvel est HYDRA. Il s'agit d'une organisation malfaisante appartenant à l'univers Marvel. Elle apparaît pour la première fois dans Menace #10, soit en 1954. Le plus souvent, le groupe est dirigé par le Baron Wolfgang Von Strucker ou le *Crâne Rouge*. L'organisation représente une menace récurrente pour un grand nombre de super-héros de l'écurie Marvel[2].

L'organisation, dont la composition fluctue, compte environ 6 000 membres dont : le Baron Strucker, dignitaire nazi et fondateur, *Mentallo*, agent spécial et mutant télépathe ou encore *Silvermane*, parrain criminel et HYDRA Suprême de la Côte Est.

HYDRA possède de nombreuses bases à travers le monde[3]. Ses troupes sont nombreuses et leurs armes, conçues par les plus grands scientifiques, sont à la pointe de la technologie. Les troupes d'HYDRA sont segmentées en division, selon leur spécialité.

HYDRA a été créée durant la Seconde Guerre mondiale et a pour objectif de dominer la planète. Au fil des décennies, l'organisation s'est rapidement spécialisée dans les attaques terroristes. C'est à ce moment que leur slogan : « *coupez en une tête et deux autres repousseront* » commence à se développer. Bien que le groupe soit l'ennemi de *Captain America*, leur grand adversaire reste avant tout le SHIELD. Son directeur, Nick Fury, traque d'ailleurs les différents membres de l'organisation depuis le début de sa carrière et voue une haine farouche au Baron Von Strucker. HYDRA est également connue pour avoir de nombreuses sous-branches dans son organisation dont certaines sont devenues par la suite indépendantes.

Si HYDRA est essentielle, ce n'est pas la seule organisation criminelle. On pourrait citer les *Sinister Six*. En face, les super-héros également s'organisent qu'il s'agisse des *Avengers* ou des *X-Men* !

Dès lors, le sujet est tentaculaire et semble concerner absolument tout l'univers Marvel. Notre démarche supposait donc de faire des choix et d'opérer une sélection parmi quelques films : *Captain America : The First Avenger* (Joe Johnston, 2011) ; *Captain America 2 : Le Soldat de l'Hiver* (Anthony et Joe Russo, 2014) et *X-Men : Apocalypse* (Bryan Singer, 2016) ; *Captain America : civil war* (Anthony et Joe Russo, 2016).

Qu'en résulte-t-il ? Plus on est nombreux, plus les dégâts sont importants et plus la riposte se doit d'être globale !

2 Comme souvent il s'agit de *Captain America*, *Wolverine* et Nick Fury.
3 Dont la Ruche située dans l'Océan Indien.

Au-delà de ses aspects stratégiques, le droit également s'est adapté progressivement aux actions collectives et concertées. Ainsi, depuis la loi du 9 mars 2004 portant adaptation de la justice aux évolutions de la criminalité, il existe de nombreuses dispositions spécifiques à la criminalité et à la délinquance organisées que ce soit des dispositions procédurales ou de droit pénal de fond.

Le juriste s'interroge alors sur le point de savoir quelle serait la nature des réponses apportées par la loi française aux faits décrits par ces films. Elles sont tour à tour permissives ou répressives selon que l'on se place du côté des super-héros ou des super-méchants. Toutefois, le postulat de base n'est pas évident. Il revient à considérer que la loi pénale française est compétente pour les infractions, ce qui est loin d'être évident. En effet, il est rare, voire il n'arrive jamais, que des intérêts purement français ne soient impactés par les crimes et délits commis. Il serait également nécessaire pour faciliter l'analyse de considérer que les super-gentils aient la qualité d'OPJ au sens du droit français afin de jauger les modes de preuve employés.

Logiquement, à l'étude des groupements des super-méchants (I) succédera celle des super-gentils (II).

I- Les groupements de super-méchants : des organisations criminelles par nature

HYDRA constitue l'organisation de super-méchants par définition. Ce groupe tentaculaire est omniprésent (A), effaçant les autres organisations criminelles (B).

A. Les super-méchants exemplaires

À titre liminaire, il convient de déterminer si HYDRA correspond ou non à la définition générique de la bande organisée. La bande organisée se définit comme l'entente formée ou le groupement établi caractérisé par un ou plusieurs faits matériels en vue de commettre une infraction[4]. Selon le Conseil constitutionnel, la notion « suppose la préméditation des infractions et une organisation structurée de leurs auteurs »[5]. Plus encore, la Convention des Nations unies contre la criminalité transnationale organisée, adoptée à New York le 15 novembre 2000, signée par la France à Palerme le 12 décembre 2000 et publiée par le décret n° 2003-875 du 8 septembre 2003, évoque un « groupe structuré de trois personnes ou plus existant depuis un certain temps et agissant de concert dans le but de commettre une ou plusieurs infractions graves ou

4 CP, art. 132-71.

5 CC, 2 mars 2004, Décision n° 2004-492 DC, considérant n° 13.

infractions établies conformément à la présente Convention, pour en tirer, directement ou indirectement, un avantage financier ou un autre avantage matériel ».

En l'occurrence, tous les critères sont réunis : structure, comportement et préméditation. Toutefois, au gré des développements, la structure évolue, ce qui n'a aucune incidence particulière. En effet, l'association de malfaiteurs est susceptible d'être retenue quand bien même la structure évolue entre la préparation des infractions et leurs réalisations. Ainsi, « les équipes de malfaiteurs n'étaient pas toujours constituées de la même manière, mais de façon variable avec trois, quatre ou cinq membres »[6]. Il n'est donc pas nécessaire que la structure incluant exactement les mêmes membres existe depuis un certain temps. Quoi qu'il en soit la circonstance aggravante de bande organisée peut être retenue[7]. Elle conduira à l'aggravation de la peine encourue pour chaque infraction commise.

La nature d'HYDRA établie, il reste à savoir quels sont les infractions commises et les moyens procéduraux utilisés. Prenons désormais les différentes hypothèses cinématographiques :

1. Dans Captain America : The First Avenger

En juin 1943, Steve Rogers veut s'engager en tant que militaire, mais sa demande est rejetée en raison de ses problèmes physiques et de santé. Il est finalement recruté au sein de la Section Scientifique de Réserve pour faire partie d'un sous-programme visant à créer une armée de super-soldats, sous le contrôle, notamment, d'Erskine. Schmidt, membre éminent d'HYDRA, après avoir découvert le lieu dans lequel se trouve Erskine, envoie un assassin. L'infraction alors commise est un mandat criminel défini comme « [l]e fait de faire à une personne des offres ou des promesses ou de lui proposer des dons, présents ou avantages quelconques afin qu'elle commette un assassinat ou un empoisonnement est puni, lorsque ce crime n'a été ni commis ni tenté, de dix ans d'emprisonnement et de 150 000 euros d'amende ». Il faudra – hélas – abandonner cette qualification en raison d'un passage à l'acte de l'auteur.

Dès lors, la qualification idoine est l'assassinat[8]. Y a-t-il également alors bande organisée[9] ? *A priori*, il n'y a qu'un donneur d'ordre et un exécutant, soit deux protagonistes. C'est un grand débat en droit pénal, de savoir si deux personnes peuvent

6 Cass. Crim., 8 juillet 2015, n° 14-88329 : « la bande organisée suppose la préméditation des infractions et, à la différence de l'association de malfaiteurs, une organisation structurée entre ses membres ». Cette position a été confirmée depuis (Crim., 22 juin 2016, n° 16-81834).

7 Cass. Crim., 11 janvier 2017, n° 16-80610.

8 CP, art. 221-3 alinéa 1er.

9 CP, art. 221-4 8°.

constituer une bande organisée. Selon la circulaire du 14 mai 1993 et la Convention des Nations-Unis de Palerme, il faut au moins trois personnes. Le Conseil constitutionnel semble d'ailleurs abonder en ce sens[10]. Le processus décisionnel HYDRA est cependant plus complexe qu'il n'y paraît. L'assassinat semble avoir impliqué davantage de personnes. La circonstance est donc susceptible d'être retenue.

Plus encore, cette démonstration laisse un goût d'inachevé. Ne s'agit-il pas de terrorisme ?

En effet, selon l'article 421-1 du Code pénal : « Constituent des actes de terrorisme, lorsqu'elles sont intentionnellement en relation avec une entreprise individuelle ou collective ayant pour but de troubler gravement l'ordre public par l'intimidation ou la terreur, les infractions suivantes : 1° Les atteintes volontaires à la vie ». Sur ce point, la Cour de cassation impose que la finalité terroriste apparaisse clairement[11]. En l'occurrence, il s'agit d'affaiblir l'adversaire ou plus précisément de l'empêcher de se renforcer. Le caractère public de l'action et la suite conduit à valider cette analyse… il s'agit donc bien de terrorisme.

Rogers devenu *Captain America* pour faire la promotion des obligations de guerre apprend qu'une unité américaine a été capturée par les forces de Schmidt. Il tente de partir seul à travers les lignes ennemies. Rogers pénètre la forteresse en possession d'HYDRA.

Sommes-nous dans le cadre d'une flagrance ? Une réponse positive semble devoir être retenue, comme en attestent la combinaison des informations reçues et des constatations sur place[12]. En effet, si la dénonciation semble anonyme, elle est corroborée par d'autres éléments objectifs recueillis sur place[13]. Dès lors, la perquisition est possible, mais en respectant les dispositions de l'article 706-89 du Code de procédure pénale qui dispose : « Si les nécessités de l'enquête de flagrance relative à l'une des infractions entrant dans le champ d'application des articles 706-73 et 706-73-1 l'exigent, le juge des libertés et de la détention du tribunal de grande instance peut, à la requête du procureur de la République, autoriser que les perquisitions, visites domiciliaires et saisies de pièces à conviction soient opérées en dehors des heures prévues par l'article 59 ».

10 CC, 2 mars 2004, n° 2004_292 DC, considérant n° 13.
11 Cass. Crim., 10 janvier 2017, n° 16-84596.
12 CPP, art. 53.
13 Cass. Crim., 23 octobre 1991, Bull., n° 371.

2. Dans Captain America 2 : Le Soldat de l'Hiver
HYDRA est une nouvelle fois la menace principale du film puisque l'on apprend que bien que le *Crâne Rouge* ait été repoussé et HYDRA très amoindrie, les restes du groupe en ont profité pour pulluler au sein du SHIELD pour en prendre finalement le contrôle. Cette invasion interne et le plan du groupe sont supervisés une nouvelle fois en grande partie par le docteur Arnim Zola dont le savoir a été stocké dans des ordinateurs.

L'utilisation de l'IMSI catcher légalisé par la loi du 3 juin 2016 serait particulièrement utile. C'est un appareil de surveillance utilisé pour intercepter le trafic des communications mobiles, récupérer des informations à distance ou pister les mouvements des utilisateurs des terminaux. Le terme « *IMSI-catcher* » est en réalité non-exhaustif, l'appareil permettant de faire bien plus que simplement récupérer le numéro IMSI. Pour arriver à ses fins, un IMSI-catcher simule une fausse antenne-relais en s'intercalant entre le réseau de l'opérateur de téléphonie et le matériel surveillé.

Le SHIELD repère en son sein un agent qui est l'une des taupes d'HYDRA. Il est interrogé. Cela s'apparente à une garde à vue régie par les dispositions spécifiques à la criminalité et la délinquance organisées[14]. Elle serait donc plus longue et le droit à la présence de l'avocat est susceptible d'être retardé. Dans ce même, quelques membres d'HYDRA changent de bord et rejoignent finalement le SHIELD. S'ils demeurent responsables pénalement, ils peuvent bénéficier d'une exemption ou d'une réduction de peine. Selon l'article 132-78 du Code pénal : « La personne qui a tenté de commettre un crime ou un délit est, dans les cas prévus par la loi, exempte de peine si, ayant averti l'autorité administrative ou judiciaire, elle a permis d'éviter la réalisation de l'infraction et, le cas échéant, d'identifier les autres auteurs ou complices.

Dans les cas prévus par la loi, la durée de la peine privative de liberté encourue par une personne ayant commis un crime ou un délit est réduite si, ayant averti l'autorité administrative ou judiciaire, elle a permis de faire cesser l'infraction, d'éviter que l'infraction ne produise un dommage ou d'identifier les autres auteurs ou complices.

Les dispositions de l'alinéa précédent sont également applicables lorsque la personne a permis soit d'éviter la réalisation d'une infraction connexe de même nature que le crime ou le délit pour lequel elle était poursuivie, soit de faire cesser une telle infraction, d'éviter qu'elle ne produise un dommage ou d'en identifier les auteurs ou complices.

La réduction et l'exemption de peines se retrouvent fréquemment en criminalité organisée. Il en va ainsi en cas de terrorisme (CP, art. 422-1 et 422-2) ; de complot et

14 CPP, art. 706-88.

espionnage (CP, art. 414-2 à 414-4) ; d'association de malfaiteurs (CP, art. 450-2) ; assassinat et empoisonnement (CP, art. 221-5-3) ; enlèvement et séquestration (CP, art. 224-5-1) ; détournement de moyens de transport (CP, art. 224-8-1) ; vol et extorsion en bande organisée (CP, art. 311-9-1 312-6-1). Or, ces infractions sont fréquemment commises par HYDRA.

En outre, il s'avère qu'en 1943, lorsque l'unité de Bucky avait été capturée en Italie, Zola l'avait utilisé comme cobaye pour des expériences secrètes, avant que Steve ne le délivre du cabinet du scientifique. Ils sont tombés dans un piège, ce qui peut permettre de caractériser un guet-apens et par là même une embuscade[15] : « Lorsqu'elles sont commises en bande organisée ou avec guet-apens, les violences commises avec usage ou menace d'une arme sur un fonctionnaire de la police nationale, un militaire de la gendarmerie, un membre du personnel de l'administration pénitentiaire ou toute autre personne dépositaire de l'autorité publique, ou sur un sapeur-pompier civil ou militaire ou un agent d'un exploitant de réseau de transport public de voyageurs dans l'exercice, à l'occasion de l'exercice ou en raison de ses fonctions ou de sa mission, sont punies :

1. De trente ans de réclusion criminelle lorsqu'elles ont entraîné la mort de la victime ;
2. De vingt ans de réclusion criminelle lorsqu'elles ont entraîné une mutilation ou une infirmité permanente ;
3. De quinze ans de réclusion criminelle lorsqu'elles ont entraîné une incapacité totale de travail pendant plus de huit jours ;
4. De dix ans d'emprisonnement et de 150 000 euros d'amende lorsqu'elles n'ont pas entraîné une incapacité totale de travail pendant plus de huit jours.

Les deux premiers alinéas de l'article 132-23 relatif à la période de sûreté sont applicables aux infractions prévues par le présent article ».

Par ailleurs, les bases secrètes d'HYDRA sont découvertes. Repérer de la sorte les bases secrètes ennemies relève certainement soit d'écoutes téléphoniques, soit de sonorisations et de fixations d'image, soit encore de géolocalisation.

Alors que les quatre membres du Conseil de Sécurité mondiale, chargés de superviser les activités du SHIELD, se rendent au Triskel, un message pour dévoiler l'infiltration d'HYDRA dans le SHIELD est diffusé. Il aurait certainement été utile de recourir à l'infiltration dans une telle hypothèse[16]. Le procureur de la République ou, après avis de ce magistrat, le juge d'instruction saisi peuvent autoriser l'infiltration. L'identité réelle

15 CP, art. 222-14-1.
16 CPP, art. 706-81s.

des officiers ou agents de police judiciaire ayant effectué l'infiltration sous une identité d'emprunt ne doit apparaître à aucun stade de la procédure. À défaut, une infraction est commise.

Le chaos se déclenche alors et les agents d'HYDRA combattent ceux du SHIELD, dans la confusion la plus complète. Pendant ce temps, Natasha divulgue tous les secrets du SHIELD et d'HYDRA sur internet afin de démanteler les deux organisations. La publicité est une arme contre les organisations secrètes. À l'inverse, en droit positif, l'enquête et l'instruction sont secrètes[17]. Toutefois, seules les personnes qui concourent à la procédure sont tenues de la respecter. Natasha semble correspondre à la définition d'une lanceuse l'alerte : la loi organique n° 2016-1690 du 9 décembre 2016 relative à la compétence du Défenseur des droits pour l'orientation et la protection des lanceurs d'alerte et la loi n° 2016-1691 relative à la transparence, à la lutte contre la corruption et à la modernisation de la vie économique consacrent la notion et le statut du « lanceur d'alerte ». Le lanceur ou donneur d'alerte est défini par l'assemblée parlementaire du conseil de l'Europe comme « toute personne soucieuse qui tire la sonnette d'alarme afin de faire cesser des agissements pouvant représenter un risque pour autrui »[18].

S'agissant du fonctionnaire, la Cour européenne des droits de l'homme avait considéré que, nonobstant son obligation de discrétion, « il importe que la personne concernée procède à la divulgation d'abord auprès de son supérieur ou d'une autre autorité ou instance compétente. La divulgation au public ne doit être envisagée qu'en dernier ressort, en cas d'impossibilité manifeste d'agir autrement (CEDH, Haseldine c. Royaume-Uni, 13 mai 1992, n° 18957/91). Dès lors, pour juger du caractère proportionné ou non de la restriction imposée à la liberté d'expression du requérant en l'espèce, la Cour doit examiner si l'intéressé disposait d'autres moyens effectifs de faire porter remède à la situation qu'il jugeait critiquable »[19].

L'article 6 de la loi relative à la transparence, à la lutte contre la corruption et à la modernisation de la vie économique organise désormais une protection des lanceurs d'alerte. La loi définit le lanceur d'alerte comme étant « une personne physique qui révèle ou signale, de manière désintéressée et de bonne foi, un crime ou un délit, une violation grave et manifeste d'un engagement international régulièrement ratifié ou approuvé par la France, d'un acte unilatéral d'une organisation internationale pris sur le fondement d'un tel engagement, de la loi ou du règlement, ou une menace ou un préjudice graves pour l'intérêt général, dont elle a eu personnellement connaissance ».

17 CPP, art. 11.
18 Résolution 1729 (2010), § 1.
19 CEDH, 12 février 2008, n° 14277/04, Guja c. Moldavie, § 73.

Ce même article circonscrit le statut des lanceurs d'alerte en excluant les faits, informations ou documents, quel que soit leur forme ou leur support, couverts par « le secret de la défense nationale, le secret médical ou le secret des relations entre un avocat et son client ».

En outre, la loi crée une cause d'irresponsabilité pénale nouvelle en insérant un article 122-9 dans le Code pénal prévoyant que « [n]'est pas pénalement responsable la personne qui porte atteinte à un secret protégé par la loi, dès lors que cette divulgation est nécessaire et proportionnée à la sauvegarde des intérêts en cause, qu'elle intervient dans le respect des procédures de signalement définies par la loi et que la personne répond aux critères de définition du lanceur d'alerte ».

Natasha révèle nécessairement des informations couvertes par le secret défense. Dès lors, le droit positif national ne semble pas pouvoir la protéger. En revanche, le droit international et européen semble pouvoir lui permettre de bénéficier d'une impunité. En effet, la révélation semble proportionnée au risque encouru... par l'humanité !

Dans cet affrontement, les agents du SHIELD n'hésitent pas à faire usage de la force, au risque de tuer les agents d'HYDRA. La loi n° 2017-258 du 28 février 2017 relative à la sécurité publique édicte une nouvelle cause d'irresponsabilité pénale dans le Code de la sécurité intérieure. Ainsi, un article L. 435-1 nouveau prévoit : « Dans l'exercice de leurs fonctions et revêtus de leur uniforme ou des insignes extérieurs et apparents de leur qualité, les agents de la police nationale et les militaires de la gendarmerie nationale peuvent, outre les cas mentionnés à l'article L. 211-9, faire usage de leurs armes en cas d'absolue nécessité et de manière strictement proportionnée :

1. Lorsque des atteintes à la vie ou à l'intégrité physique sont portées contre eux ou contre autrui ou lorsque des personnes armées menacent leur vie ou leur intégrité physique ou celles d'autrui ;
2. Lorsque, après deux sommations faites à haute voix, ils ne peuvent défendre autrement les lieux qu'ils occupent ou les personnes qui leur sont confiées ;
3. Lorsque, immédiatement après deux sommations adressées à haute voix, ils ne peuvent contraindre à s'arrêter, autrement que par l'usage des armes, des personnes qui cherchent à échapper à leur garde ou à leurs investigations et qui sont susceptibles de perpétrer, dans leur fuite, des atteintes à leur vie ou à leur intégrité physique ou à celles d'autrui ;
4. Lorsqu'ils ne peuvent immobiliser, autrement que par l'usage des armes, des véhicules, embarcations ou autres moyens de transport, dont les conducteurs n'obtempèrent pas à l'ordre d'arrêt et dont les occupants sont susceptibles de perpétrer, dans leur fuite, des atteintes à leur vie ou à leur intégrité physique ou à celles d'autrui ;

5. Dans le but exclusif d'empêcher la réitération, dans un temps rapproché, d'un ou de plusieurs meurtres ou tentatives de meurtre venant d'être commis, lorsqu'ils ont des raisons réelles et objectives d'estimer que cette réitération est probable au regard des informations dont ils disposent au moment où ils font usage de leurs armes.

Toutes ces conditions sont loin d'être réunies, la responsabilité pénale des agents du SHIELD pourrait alors être engagée. Comme indiqué dans l'introduction, le mal ne saurait être la réponse au mal, et ce, d'autant plus dans un État de droit. À défaut, c'est un recul de l'État de droit, une justification d'un retour à un État primitif qui justifie le recours à la force pour toute réponse.

B. Les autres super-méchants

Il y a de nombreux autres super-méchants à l'instar du groupe *Sinister six* ou de ceux du film *X-men Apocalypse*.

1. Le groupe Sinister Six

Les Sinister Six sont une équipe de super-vilains créés par Marvel Comics, apparus ensemble pour la première fois en 1965. Le but de l'équipe était d'éliminer *Spider-Man*, dont tous les membres étaient de farouches ennemis. Le groupe est fondé par le *Docteur Octopus* qui recherche des alliés ayant déjà combattu *Spider-Man*.

Lorsque Sony décida de faire le reboot de *Spider-Man* avec *The Amazing Spider-Man* de Marc Webb, le studio songea à adapter les *Sinister Six* dans la nouvelle franchise par un film dérivé[20]. La date de sortie était normalement prévue en novembre 2016, à la place de *The Amazing Spider-Man* 3. Le studio avait anticipé l'apparition du groupe de vilains. À la fin de *The Amazing Spider-Man* 2, Harry Osborn, emprisonné à Ravencroft, reçoit Gustav Fiers (le Gentleman) et le prévient qu'il souhaite recruter un groupe réduit de six personnes pour éliminer *Spider-Man* et dominer la ville de New York. Seul le *Rhino* fait son apparition et combat l'homme araignée.

Pénalement, ces faits sont-ils répréhensibles ? Il ne semble pas, car il ne s'agit là que de la manifestation d'une intention, à savoir des actes préparatoires. La tentative n'est caractérisée que lorsqu'il y a commencement d'exécution[21], lequel se caractérise par un acte univoque[22]. Pour autant, ne s'agit-il pas d'une des hypothèses dans lesquelles les actes préparatoires sont incriminés ? La qualification d'entreprise individuelle terroriste

20 Spin-off qui n'a, à ce jour, pas encore été mis en chantier.

21 CP, art. 121-5.

22 À savoir « par des actes devant avoir pour conséquence immédiate et directe de consommer le crime, celui-ci étant ainsi entré dans la période d'exécution » (Cass. Crim., 25 octobre 1962, Bull., n° 262, Bull., n° 263).

semble concevable. L'article 421-2-6 du Code pénal, dans sa rédaction issue de la loi du 13 novembre 2014, prévoit :

« I. – Constitue un acte de terrorisme le fait de préparer la commission d'une des infractions mentionnées au II, dès lors que la préparation de ladite infraction est intentionnellement en relation avec une entreprise individuelle ayant pour but de troubler gravement l'ordre public par l'intimidation ou la terreur et qu'elle est caractérisée par :

1. Le fait de détenir, de rechercher, de se procurer ou de fabriquer des objets ou des substances de nature à créer un danger pour autrui ;
2. Et l'un des autres faits matériels suivants :
   a. Recueillir des renseignements sur des lieux ou des personnes permettant de mener une action dans ces lieux ou de porter atteinte à ces personnes ou exercer une surveillance sur ces lieux ou ces personnes ;
   b. S'entraîner ou se former au maniement des armes ou à toute forme de combat, à la fabrication ou à l'utilisation de substances explosives, incendiaires, nucléaires, radiologiques, biologiques ou chimiques ou au pilotage d'aéronefs ou à la conduite de navires ;
   c. Consulter habituellement un ou plusieurs services de communication au public en ligne ou détenir des documents provoquant directement à la commission d'actes de terrorisme ou en faisant l'apologie ;
   d. Avoir séjourné à l'étranger sur un théâtre d'opérations de groupements terroristes.

II. – Le I s'applique à la préparation de la commission des infractions suivantes :

1. Soit un des actes de terrorisme mentionnés au 1° de l'article 421-1 ;
2. Soit un des actes de terrorisme mentionnés au 2° du même article 421-1, lorsque l'acte préparé consiste en des destructions, dégradations ou détériorations par substances explosives ou incendiaires devant être réalisées dans des circonstances de temps ou de lieu susceptibles d'entraîner des atteintes à l'intégrité physique d'une ou plusieurs personnes ;
3. Soit un des actes de terrorisme mentionnés à l'article 421-2, lorsque l'acte préparé est susceptible d'entraîner des atteintes à l'intégrité physique d'une ou plusieurs personnes ».

Le Conseil constitutionnel a été saisi de la conformité du délit d'entreprise individuelle terroriste au bloc de constitutionnalité[23]. Il a estimé que le délit était défini en des termes suffisamment clairs et précis. En revanche, une réserve d'interprétation

23 CC, 7 avril 2017, Décision n° 2017-625 QPC.

et une censure partielle ont été prononcées au regard du principe de nécessité des délits et des peines.

Le Conseil constitutionnel a d'abord précisé que le législateur ne saurait réprimer la seule intention délictueuse ou criminelle. Dès lors, le Conseil a indiqué que la preuve de l'intention de l'auteur des faits de préparer une infraction en relation avec une entreprise individuelle terroriste ne saurait résulter des seuls faits matériels retenus par le texte contesté comme actes préparatoires.

De plus, le Conseil constitutionnel a procédé à une censure partielle. Il a jugé qu'en retenant au titre des faits matériels pouvant constituer un acte préparatoire le fait de « rechercher » des objets ou des substances de nature à créer un danger pour autrui, sans circonscrire les actes pouvant constituer une telle recherche dans le cadre d'une entreprise individuelle terroriste, le législateur a permis que soient réprimés des actes ne matérialisant pas, en eux-mêmes, la volonté de préparer une infraction. La décision de conformité partielle n'a pas vu ses effets être différés dans le temps. En l'occurrence, il n'y a aucune difficulté pour appliquer le texte dans la mesure où Harry Osborn a clairement manifesté son intention criminelle.

2. Dans X-Men : Apocalypse

Apocalypse entre en sommeil en 3 600 avant notre ère dans la vallée du Nil, ce qui va poser un problème de prescription des agissements commis à cette période, à savoir de nombreux massacres susceptibles d'être qualifiés d'assassinats en raison de leur préméditation[24]. La loi n° 2017-242 du 27 février 2017 portant réforme de la prescription pénale a été promulguée. Elle est composée de cinq articles qui modifient les articles 7 à 9 du Code de procédure pénale, insère de nouveaux articles à la suite de l'article 9 du Code de procédure pénale et modifie d'autres dispositions extérieures à celui-ci.

L'autre apport essentiel de la loi réside dans l'insertion des articles 9-1 à 9-3 dans le Code de procédure pénale. L'article 9-1 consacre les notions d'infractions dissimulées et d'infractions occultes, retardant le point de départ du délai de prescription au jour où l'infraction a été découverte dans des conditions permettant l'exercice de l'action publique. Toutefois, pour éviter de rendre, comme c'était le cas jusqu'ici, ces infractions – en fait – imprescriptibles, le législateur prévoit un délai de prescription préfixe de douze ans en matière délictuelle et de trente ans en matière criminelle à compter de la commission des faits. L'infraction occulte est définie comme étant, en raison de ses éléments constitutifs ni connue de la victime, ni de l'autorité judiciaire. L'infraction dissimulée est celle dont l'auteur a effectué délibérément toute manœuvre caractérisée

24 Article 221-3 du Code pénal.

tendant à en empêcher la découverte. La prescription des assassinats commis, bien qu'ils aient été dissimulés est donc acquise, les faits étant vieux de plus de trente ans...

II. Les groupements de super-héros : des organisations criminelles par destination

Si les super-méchants font partie naturellement d'organisations criminelles, qu'en est-il des super-héros ? Le film *Captain America : civil war* sème le doute. En effet, le groupe des *Avengers* ayant éclaté, le film voit s'affronter deux conceptions opposées. D'une part, il y a les *Avengers* libres et, d'autre part, un groupe partisan d'un contrôle gouvernemental des activités. Lequel de ces deux groupes incarne le droit ? Le juriste penche naturellement vers le second.

Ce schisme a été provoqué par plusieurs incidents successifs. Ainsi, lors de la première scène *Captain America, Scarlet Witch* et *Black Widow* affrontent *Brock Ronlow*, ce qui occasionne de nombreux dégâts. L'infraction de participation à une bande violente est caractérisée[25] : « Le fait pour une personne de participer sciemment à un groupement, même formé de façon temporaire, en vue de la préparation, caractérisée par un ou plusieurs faits matériels, de violences volontaires contre les personnes ou de destructions ou dégradations de biens est puni d'un an d'emprisonnement et de 15 000 € d'amende ».

Ce film laisse songeur, puisque finalement, même les super-gentils commettent des infractions. Ils ne sont pas l'incarnation de l'État de droit, ils en sont même la négation. En effet, dans la mesure où les super-héros ne sont pas une émanation de l'État ou d'une communauté d'État (à l'exception de cet épisode), toutes les infractions pénales sont susceptibles de leur être reprochées. Les super-héros sont convaincus d'agir pour le bien. Toutefois, il ne s'agit là que d'un mobile, indifférent pour l'établissement de la responsabilité pénale[26]...

L'épilogue va m'emplir de joie puisque finalement, les super-héros sont en réalité de super-délinquants, le mal a gagné. Ils ont basculé du côté obscur de la force...

25 CP, art. 222-14-2.
26 Cass. Crim., 20 août 1932, Bull., n° 207.

Après la bataille : Responsabilité civile et réparation des dommages dans l'univers *Marvel*

Nicolas BRONZO
Maître de conférences [en disponibilité] à l'Université d'Aix-Marseille
Centre de droit économique

Introduction

D'après l'étude d'un cabinet spécialisé dans l'évaluation des dommages de masse, la bataille de New-York entre les envahisseurs *Chitauris* de *Loki* et les *Avengers* aurait causé environ 160 milliards de dollars de dommages, soit un peu plus de 140 milliards d'Euros[1]. C'est plus que les attaques du 11 septembre 2001 ou que la catastrophe nucléaire de Fukushima. Même à plus petite échelle, l'activité quotidienne des super-héros cause inévitablement des dommages aux biens et aux personnes. « L'idéologie de la réparation »[2] commande d'identifier un responsable, qui devra assumer les conséquences financières de l'intervention et indemniser la ou les victimes. Telle est la fonction du droit de la responsabilité civile : déterminer qui doit supporter la charge de la réparation du dommage.

À cet égard, l'univers des *comics Marvel* renferme nombre de personnages et d'arcs narratifs qui offrent l'occasion de s'interroger sur les principales notions du droit de la responsabilité civile et sur les grands équilibres de la matière.

1 Voir [www.hollywoodreporter.com/news/avengers-damage-manhattan-would-cost-160-billion-322486].
2 L. Cadiet, « Les faits et méfaits de l'idéologie de la réparation », dans *Mélanges P. Drai*, Dalloz, 1999, p. 495.

Précisons d'emblée que si des questions juridiques sont régulièrement abordées dans les histoires de super-héros, c'est le plus souvent sous l'angle des droits civiques et des libertés individuelles (on renverra par exemple aux événements de l'arc narratif *Civil War* et à la Loi de Recensement des Surhumains) et bien entendu sous l'angle de la responsabilité pénale. Plusieurs super-héros, parmi lesquels *Spider-man*, *Hulk*, ou le *Punisher*, ont été au centre de procès pour homicide.

En revanche, si l'on excepte le rôle controversé joué par la société *Damages Control* en matière de réparation des dommages causés aux biens, les questions relatives à la responsabilité civile sont absentes des récits. Sur la Terre 616, qui est celle où se déroulent la plupart des évènements de l'univers *Marvel*, peu d'éléments permettent de conclure à l'existence de règles particulières en matière de responsabilité civile pour gérer les conséquences dommageables de l'activité des super-héros.

Mais qu'en serait-il si les faits relatés dans les *comics* étaient transposés sur la Terre 1218, c'est-à-dire la nôtre ? Et, plus précisément encore, qu'adviendrait-il dans le système juridique français, dans l'hypothèse où les dommages seraient localisés sur notre territoire ? Le droit commun de la responsabilité civile pourrait-il s'appliquer aux super-héros ? Les solutions offertes seraient-elles satisfaisantes ? Permettraient-elles d'indemniser correctement les victimes tout en tenant compte du dévouement dont font preuve les super-héros, qui mènent le plus souvent une action bénévole ? Pour tenter de répondre à ces questions, on envisagera d'abord le cas de la responsabilité pour faute (I), puis les autres fondements de la responsabilité des super-héros (II).

I-La responsabilité pour faute du super-héros

Responsabilité du fait personnel

Le point de départ naturel de cette réflexion est l'ancien article 1382 du Code civil, devenu article 1240, et dont la rédaction sera sans doute profondément remaniée à l'issue de la réforme du droit de la responsabilité civile[3]. Un super-héros pourrait-il être tenu responsable des dommages causés à l'occasion d'un sauvetage sur le fondement de cet article ? Il faut pour cela la réunion de trois éléments bien connus : une faute, un préjudice, et un lien de causalité entre la faute et le préjudice. Seule la notion de faute, en tant que fait générateur de responsabilité, retiendra ici l'attention.

3 Le Projet de Réforme communiqué par la Chancellerie le 13 mars 2017 adopte la rédaction suivante : « On est responsable du dommage causé par sa faute ».

Fait de l'homme

Sur ce point, une première difficulté surgit. L'article 1240 dispose : « Tout fait quelconque de l'homme, qui cause à autrui un dommage, oblige celui par la faute duquel il est arrivé à le réparer ». C'est bien le fait *de l'homme* qui ouvre droit à réparation. Or, certains super-héros ne sont pas des êtres humains. C'est le cas, par exemple, de *Thor*. Même s'il se plaît à séjourner sur Terre sous des traits humains[4], *Thor*, fils d'*Odin* et *Gaea*, est bien un dieu. Cette nature divine le soustrait très probablement à la compétence des tribunaux humains, pour la responsabilité civile comme pour le reste. S'agissant des demi-dieux, ou des demi-humains, à l'instar de *Namor*, moitié humain et moitié Atlante, il y a sans doute matière à discussion.

L'autre point d'interrogation concerne les mutants, c'est-à-dire les individus porteurs dès la naissance du gène X qui leur confère des pouvoirs surhumains, par opposition aux super-héros qui acquièrent leurs superpouvoirs au cours de leur vie, en général à la suite d'un accident ou d'une expérimentation[5]. Un débat existe dans l'univers *Marvel* sur le point de savoir si les mutants sont des humains ou non. Selon certains, en effet, ils seraient le fruit d'une évolution *d'Homo Sapiens* vers *Homo sapiens superior*. Même s'il s'opère au sein du genre *homo*, ce changement d'espèce pourrait avoir des conséquences importantes pour l'application du droit de la responsabilité.

Pour finir sur ce point, on observera que dans le projet de réforme du droit de la responsabilité, la référence au « fait de l'homme » a disparu, au profit d'une formule plus ramassée : « On est responsable du dommage causé par sa faute ». Cette rédaction est critiquée par une partie de la doctrine, qui regrette l'élégance de l'ancienne formulation. Mais en évacuant toute référence au fait de l'homme, le projet est nettement plus propice à une très large reconnaissance de la responsabilité des super-héros, mutants ou non.

Élément légal

Seconde difficulté : comment définir la faute du super-héros ? La faute civile suppose d'identifier la violation d'une règle légale particulière – par exemple une règle pénale – ou le manquement au devoir général de prudence et de diligence qui pèse sur tout individu. L'article 1242 du projet de réforme reprend cette définition de la faute[6]. Le manquement peut consister dans une action, mais aussi dans une abstention,

4 Ceux de Donald Blake, puis Eric Masterson.
5 Peter Parker piqué par une araignée, *Captain America* qui subit une injection de sérum « SSS ».
6 « Constitue une faute la violation d'une prescription légale ou le manquement au devoir général de prudence ou de diligence ».

c'est-à-dire dans le fait de ne pas agir alors qu'une personne raisonnable aurait agi si elle avait été confrontée à la même situation.

S'agissant de la faute par abstention, on distingue classiquement deux hypothèses. La première correspond à l'abstention dans l'action : au cours d'une intervention, un super-héros peut manquer de prendre certaines mesures, cette abstention pouvant alors être jugée fautive. Par exemple, dans l'histoire « La Mort de Gwen Stacy », *Spider-man* intervient pour sauver sa petite amie retenue par le Bouffon vert. Alors qu'elle est jetée du haut d'un pont, l'homme araignée la retient dans ses toiles, mais la violence du choc cause le décès de la victime. On pourrait rétrospectivement reprocher au héros de n'avoir pas pris certaines mesures, par exemple des mesures de prévention, propres à assurer la survie de la victime.

La seconde hypothèse, plus délicate, est celle de l'abstention dite « pure et simple », c'est-à-dire celle qui ne s'inscrit « dans le cadre d'aucune action déterminée »[7]. Imaginons *Daredevil* qui, de sa fenêtre, entend les hurlements d'une victime, mais décide finalement de rester tranquillement chez lui. Dans un tel cas, l'omission de porter secours pourrait-elle être regardée comme fautive ? La réponse à la question est malaisée mais « il semble bien qu'aujourd'hui une abstention puisse être fautive en dehors même de toute norme positive prescrivant une obligation d'agir »[8]. Du reste, lorsque l'individu qui s'abstient d'intervenir est un super-héros, les juridictions pourraient se montrer plus sévères et considérer qu'il existait un devoir d'intervenir.

En de pareilles circonstances, si l'on retient que le super-héros normalement diligent se devait d'intervenir, il ne pourra se contenter d'alerter les secours, comme on pourrait l'attendre de la part d'un témoin *lambda*. En effet, celui qui dispose des moyens adaptés pour venir en aide à une personne en danger ne peut se décharger sur un tiers de son obligation d'assistance. Tel est le cas, par exemple, du maître-nageur : en tant que professionnel du sauvetage il doit se porter personnellement au secours d'une personne qui se noie sans pouvoir se contenter d'appeler les services de secours.

Appréciation de la faute

On voit ici se dessiner une question essentielle, qui dépasse largement le cas de l'omission de porter secours : *comment s'apprécie la faute du super-héros* ? Traditionnellement, on l'a dit, la faute s'apprécie de façon abstraite, par rapport au « bon père de famille »,

7 P. Jourdain, *Responsabilité civile et assurance*, « Fasc. 130-20 : Droit à réparation – Responsabilité fondée sur la faute – Applications de la notion de faute : faute dans les rapports de famille ; faute d'abstention », n° 41.

8 P. Joudain, préc., n° 43.

qui n'est pas un couard, mais qui n'est pas non plus un héros. Mais cette appréciation abstraite est en quelque sorte nuancée[9] pour tenir compte des particularités de chacun et, notamment, des supériorités individuelles, qu'elles soient de nature intellectuelle ou physique. Ainsi, alors que la prise en compte des infériorités de l'agent aboutit à un allègement de sa responsabilité, la reconnaissance d'une supériorité produit le résultat inverse : « Ces supériorités individuelles jouent toujours en défaveur de l'agent ; le degré de diligence dû se trouve augmenté en proportion[10] ». C'est le cas par exemple des capacités et connaissances professionnelles[11], qui peuvent être prises en compte même en dehors du cadre de l'exercice professionnel[12]. « *De grands pouvoirs impliquent de grandes responsabilités* ». La célèbre maxime tirée de l'univers de *Spider-man* prend ici tout son sens. Ainsi que l'observe un auteur, les aptitudes particulières peuvent « conduire à juger fautif un comportement qui ne le serait pas de la part d'une personne qui n'en serait pas douée. Autrement dit, un tel raisonnement revient à rendre fautif celui qui n'a pas tiré tout le parti désirable de telles supériorités »[13]. On ne peut guère reprocher au bon père de famille de ne pas avoir sauté par la fenêtre pour sauver un passant, mais on pourrait le reprocher à un super-héros, surtout s'il a le pouvoir de voler.

Au final, dans l'appréciation de la faute, les juges feront preuve d'une plus grande sévérité à l'égard d'un super-héros, qui bénéficie d'aptitudes physiques ou intellectuelles hors-normes, et qui est d'une certaine façon un « spécialiste » de la lutte contre le mal, même s'il ne s'agit pas d'une activité « professionnelle » au sens où on l'entend habituellement. Le modèle de référence pourrait alors être celui du « super-héros normalement diligent » ou du « super-héros avisé ».

Altruisme et bénévolat

Du reste, on peut s'interroger sur l'importance qu'il convient d'accorder au caractère généralement altruiste et bénévole de la démarche du super-héros. Un dommage est causé, à la victime ou à un tiers, à l'occasion d'un sauvetage. Ne faudrait-il pas, dans ce cas, faire preuve d'une certaine mansuétude dans l'appréciation de la faute ? C'est en tout cas ce qui semble ressortir d'un arrêt assez ancien de la Cour de cassation[14] : un enfant s'enferme dans les toilettes et ne répond plus aux sollicitations extérieures, de sorte que l'on craint un malaise. Un voisin intervient en urgence et, n'arrivant pas

9 P. Jourdain, *Responsabilité civile et assurance*, « Fasc. 120-10 : Droit à réparation – Responsabilité fondée sur la faute – Notion de faute : contenu commun à toutes les fautes », n° 117s.

10 P. Jourdain, préc., n° 126s.

11 Voir Ph. Brun, *Répertoire de droit civil*, V° Responsabilité du fait personnel, n° 97.

12 Voir par exemple Cass. civ. ,1er ch., 16 avril 2015, 14-13.440, Publié au bulletin.

13 Ph. Brun, préc., n° 68.

14 Cass. civ., 2e ch., 8 avril 1970, 68-13.897, Publié au bulletin.

à défoncer la porte, brise la vitre opaque. Un éclat de verre est projeté dans l'œil de l'enfant, qui en perd l'usage. Aucune faute n'est retenue à l'encontre du sauveteur, dont l'action a été, d'après les juges, « celle de tout homme doué d'une prudence ordinaire ». Toute la difficulté consiste donc à trouver un équilibre satisfaisant dans l'appréciation de la faute : on attend plus du super-héros en raison de ses supériorités individuelles, mais dans le même temps on est tenté de ne retenir sa faute que lorsqu'elle présente une certaine gravité dans la mesure où il agit de façon altruiste, bien souvent sous la menace d'un grand péril. À l'évidence, l'éthique de la responsabilité des super-héros reste encore à construire.

Élément subjectif de la faute

Il reste à s'interroger sur un autre aspect de la faute, à savoir l'élément subjectif ou moral[15]. C'est ici que la faute civile se sépare le plus nettement de la faute pénale. D'abord, la responsabilité civile est indifférente à l'intention : l'article 1241 du Code civil (anciennement 1383) sanctionne la faute d'imprudence et la négligence au même titre que la faute intentionnelle. Ensuite, il faut aborder la question, beaucoup plus délicate, de l'imputabilité[16], c'est-à-dire de « l'aptitude du responsable à subir une sanction[17] ». Que décider lorsque l'auteur du fait dommageable n'avait pas conscience de la portée de ses actes, c'est-à-dire qu'il était privé de discernement ? Deux hypothèses méritent ici d'être envisagées. La première est celle des personnages qui jouissent de pouvoirs télékinésiques leur permettant de contrôler l'esprit d'autres individus, à l'instar du *professeur Xavier* ou de *Jean Grey*. Celui qui cause un dommage sous l'emprise psychique d'un tiers peut-il être obligé de réparer ce dommage ? La seconde hypothèse est celle du docteur *Bruce Banner* : pourrait-il être tenu responsable des dommages causés par *Hulk*, son *alter ego* incontrôlable ?

Traditionnellement, la responsabilité civile supposait que soit remplie cette condition d'imputabilité[18]. Il en résultait que les individus privés de discernement, comme les enfants et les majeurs atteints de troubles mentaux, n'étaient pas responsables, car ils ne pouvaient pas commettre de faute. Mais à partir de la fin du XXe siècle, l'évolution de la loi et de la jurisprudence conduit à retenir la faute des majeurs atteints d'un trouble mental, tout comme celle des enfants en bas âge, pourtant privés de discernement. *DeadPool*, par exemple, alors même qu'il souffre d'hallucinations régulières et d'un dédoublement de la personnalité, pourrait parfaitement être tenu pour

15 Voir F. Terré, Ph. Simler, Y. Lequette, *Les obligations*, Dalloz, 10e éd. 2009, n° 722.

16 P. Jourdain, *JurisClasseur Responsabilité civile et assurance*, « Fasc. 121-10 : Droit à réparation – Responsabilité fondée sur la faute. – Imputabilité » ; F. Terré, Ph. Simler, Y. Lequette, préc., n° 731s.

17 P. Jourdain, préc., n° 5.

18 Comp. P. Jourdain, préc., n° 10 : l'évolution historique est en réalité plus nuancée.

civilement responsable des conséquences de ses actes en application de l'article 414-3 du Code civil, qui dispose que « Celui qui a causé un dommage à autrui alors qu'il était sous l'empire d'un trouble mental n'en est pas moins obligé à réparation ». La notion de trouble mental tend cependant à être interprétée restrictivement par les juridictions. Elle n'inclut pas l'état d'inconscience causé par l'étourdissement passager, le malaise cardiaque[19], ni sans doute les états de semi-conscience provoqués par l'hypnose, ou le somnambulisme[20]. A suivre ce raisonnement, la prise de contrôle psychique pourrait être exclue du champ d'application de l'article 414-3. Sans doute serait-il préférable, comme le suggère un auteur, de « s'attacher aux effets plutôt qu'aux causes pour déterminer les troubles entrant dans les prévisions du texte[21] ». Peu importe, en effet, ce qui cause l'affection de l'agent du moment que cela a eu pour effet « d'altérer le fonctionnement normal des facultés mentales lors de l'accomplissement de l'acte[22] ».

II- Les autres fondements de la responsabilité du super-héros

Fait des choses

À côté de la responsabilité pour faute, d'autres fondements pourraient être envisagés. Le premier est celui de la responsabilité du fait des choses. Aux termes de l'article 1242 al. 1er du Code civil (anciennement 1384 al. 1er), le gardien d'une chose est tenu de réparer les dommages causés par cette chose, même en l'absence de faute de sa part. Ce régime de responsabilité est susceptible de modifier considérablement les modalités de mise en jeu de la responsabilité des super-héros, dont l'activité repose bien souvent sur une série d'objets plus ou moins rares et complexes. Prenons le cas de l'homme d'affaires *Tony Stark*. Dès l'instant où il revêt son armure d'*Iron Man*, les dommages qu'il cause à autrui devraient relever de la responsabilité du fait des choses et, partant, d'une responsabilité sans faute à prouver pour la victime.

Fait de la chose et fait de l'homme

Le cas de *Wolverine* est plus difficile à trancher, car l'homme et la chose sont intimement mêlés. Le squelette et les griffes rétractiles de James Howlett alias *Logan* ont été recouverts d'un métal très résistant : l'*adamantium*. Les dommages causés par ce mutant « augmenté » relèvent-ils de la responsabilité du fait personnel ou du fait des

---

19 Cass. civ., 2e ch., 4 février 1981, *D.* 1983, p. 1, note P. Gaudrat ; *JCP G* 1981, II, 19656.
20 Cass. civ., 1re ch., du 12 avril 1983, 82-10.981, publié au bulletin, faute de la victime atteinte de somnambulisme.
21 P. Jourdain, préc., n° 33.
22 *Ibidem*.

choses ?[23] L'exosquelette et les griffes de *Wolverine* peuvent être assimilés à une sorte de prothèse, l'ensemble étant très probablement inamovible. Considérée comme « partie intégrante du corps humain »[24], la prothèse va suivre son porteur « comme un accessoire suit le principal »[25]. Ce faisant, elle quitte le champ du droit des biens et devient une « personne humaine par destination »[26]. Dès lors, les dommages causés relèveront très certainement de l'article 1240 du Code civil. Ainsi que l'écrit un auteur : « L'homme augmenté sera responsable de son propre fait pour les dommages que l'instrument bionique a pu causer. L'alinéa premier de l'article 1384 [...] ne s'appliquera pas étant donné que le dommage résulte de la seule intervention du corps humain, peu importe qu'il soit mécanique ou biologique. En outre, ajoute cet auteur, il est impossible d'être le gardien de son corps et a fortiori des objets qui composent ce corps, comme des prothèses ou encore un exosquelette »[27]. À suivre ce raisonnement, *Wolverine* bénéficierait d'un régime de responsabilité plus favorable que celui applicable aux super-héros qui exercent leur activité à l'aide d'armes et autres gadgets *high-tech*, à l'instar de *Batman* ou d'*Iron Man*.

Fait d'autrui

L'article 1241 du Code civil renferme également en son alinéa 5 un régime de responsabilité du fait d'autrui, au terme duquel les commettants peuvent être civilement responsables des dommages causés par leurs employés[28]. Cette disposition présente un intérêt certain lorsque les super-héros exercent leur activité de façon subordonnée. On peut penser aux *Avengers*, qui travaillent pour le compte du *SHIELD*, dont la responsabilité pourrait être recherchée sur ce fondement. Un autre exemple est celui de l'école créée par le *professeur Xavier* pour recueillir et éduquer les jeunes mutants. L'institution pourrait se voir opposer le principe général de responsabilité du fait d'autrui dégagé par l'Assemblée plénière la Cour de cassation dans son fameux arrêt *Bliek*[29], suivant lequel

---

23 G. Hilger, « L'homme augmenté et la responsabilité civile », dans X. Labbée (dir.), *L'homme augmenté*, Press. Univ. Septentrion, p. 79s.

24 Cass. civ., 1er ch., 11 décembre 1985, 84-10.339, Publié au bulletin.

25 J. Carbonnier, *Droit civil*, vol. 2, *Les biens. Les obligations*, PUF, 2004, p. 1619.

26 M. Picq, « La prothèse et le droit », *LPA*, 7 octobre 1996, n° 121, p. 8.

27 G. Hilger, préc., p. 85-86.

28 Voir F. Terré, Ph. Simler, Y. Lequette, *Les obligations*, préc., n° 827s.

29 Cass., Ass. plén., 29 mars 1991, *D.* 1991 p. 324, note C. Larroumet, *JCP* 1991.II.21673, note J. Ghestin, *RTD civ.* 1991 p. 541, obs. P. Jourdain.

celui qui accepte d'organiser et de contrôler à titre permanent le mode de vie d'individus inadaptés peut être tenu responsable des dommages causés par ses protégés.

Conclusions

Au terme de cette brève présentation, il faut se rendre à l'évidence : la lecture du droit de la responsabilité civile à travers le prisme des super-héros suscite des interrogations bien trop nombreuses pour les épuiser en si peu de temps. Plusieurs pistes méritent encore d'être explorées. Il serait par exemple intéressant de s'interroger sur les causes d'exonération que les super-héros pourraient invoquer afin d'échapper à la mise en jeu de leur responsabilité, et notamment sur l'état de nécessité, ce qui supposerait d'apprécier la gravité du péril et la proportionnalité des actes accomplis par le super-héros[30].

En renversant la perspective adoptée, il faudrait également s'interroger sur la réparation des dommages causés *aux* super-héros au cours de leurs actions de sauvetage. Une telle réparation ne semble pas devoir être exclue par principe, mais qui paierait ? La victime sauvée, en vertu d'une convention d'assistance tacite, ou d'un quasi-contrat qui se serait formé avec son sauveteur ? Et pourquoi pas l'État, si l'on accepte de considérer que le super-héros bénéficie du régime protecteur des collaborateurs volontaires du service public ? Tout cela pourra donner lieu à de nouveaux développements, peut-être à l'occasion d'un nouvel épisode de #*Superdroit*.

30 Ch. Guettier, Ph. Le Tourneau, C. Bloch *et al.*, *Droit de la responsabilité et des contrats 2014/2015*, Dalloz Action, n° 1973s.

Bibliographie

Baron-Carvais Isabelle, « Les super-héros au secours de l'Amérique », *Raison Présente*, 64, 1982, p. 49-59.

Baurin Camille, « Le super-héros contemporain. Uchronie et réinterprétation fictionnelle de l'Histoire », *Mots. Les langages du politique*, 2012/2, n° 99.

Blanc William, *Super-héros, une histoire politique*, Libertalia, 2018, 357 p.

Bonadè Sophie, *Des superhéroïnes à Gotham City : une étude de la (re)définition des rôles genrés dans l'univers de Batman*, Thèse pour le doctorat en langues étrangères appliquées sous la direction de Brigitte Gauthier et Réjane Hamus-Vallée, Paris-Saclay, 2019, 530 p.

Brunner Vincent, *Les super-héros. Un panthéon moderne*, Robert Laffont, 2017, 160 p.

Bryon-Portet Céline, « Les super-héros, nouvelles figures mythiques des temps modernes ? », *Quaderni*, 2017/2, n° 93.

Daily James, Davidson Ryan, *The Law of Superheroes*, Gotham, 2012, 320 p.

De Sutter Laurent (dir.), *Vies et morts des super-héros*, PUF (coll. « Perspectives critiques »), 2016, 208 p.

Ducreux Jean-Guy, *« Power to the People » : le déclin de la figure du superhéros dans les films américains après 2001*, thèse, Université de Lorraine, 2013, 471 p.

Eco Umberto, « Le mythe de Superman », *Communications*, 24, 1976, p. 24-40.

Jean-Paul Gabilliet, *Des comics et des hommes. Histoire culturelle des comic books aux États-Unis*, Nantes, Le Temps, 2005.

Lainé Jean-Marc, *Super-héros ! La puissance des masques*, Lyon, Moutons électriques, 2011, 356 p.

Lorenz Désirée, « Mythe et idéologie des comics de super-héros », Nathalie Prince, Sylvie Servoise (dir.), *Les personnages mythiques dans la littérature de jeunesse*, PUR, 2015, p. 149-160.

Thouret Clotilde, « Les super-héros sont des gens comme les autres », *Vacarme*, 2011/1, n° 54.

Wright Bradford, *Comic Book Nation. The Transformation of Youth Culture in America*, Baltimore, Londres, The John Hopkins University Press, 2001.

Index

A

Ant-Man : 17, 50, 86, 90, 93, 96, 134
Anung Un Rama : 52
Aquaman : 32, 81
Ark : 95
Arnim Zola : 196
Atom : 86
Avengers : 12, 14, 17, 19, 20, 41, 43, 47, 56, 68, 70, 79, 84, 90, 115, 118, 125-139, 151, 166, 192, 203, 205, 212

B

Baron Wolfgang Von Strucker : 192
Batgirl : 38, 42-43
Batman : 10, 17-18, 20, 26, 33, 42, 47, 51, 53-55, 68, 70, 72, 77, 80-82, 86, 90, 92, 94-96, 103-104, 106, 108-109, 117-118, 141-143, 146-148, 150-160, 162-163, 165-166, 168, 170-171, 173-174, 176, 179, 181-183, 185-186, 190, 212
Batmobile : 78, 95, 158, 187
Ben Parker : 103
Black Cat : 86
Black Widow : 48, 70-71, 75, 203
Bonnes mœurs : 80
Brevet : 18, 26, 76, 89-99
Britt Reid : 66
Brock Ronlow : 203
Bruce Banner : 21, 53, 75, 91, 134, 210
Bruce Wayne (v. Batman)
Bucky : 118, 197
Bumblebee : 86

C

Captain America : 10, 17, 25, 27, 31, 37, 41, 51, 57, 68-69, 72, 80, 84, 86, 94, 103, 108,115, 117-118, 125-126, 128, 133-134, 138-139, 142, 144, 147, 151, 157, 189, 192, 194-196, 203, 207
Captain Marvel : 10, 12, 37, 43, 48
Captain Slovenia : 123
Carol Danvers : 48
Catwoman : 37, 86
Censure administrative : 15
Clark Kent (v. Superman)
Civil War : 27, 30, 108, 115, 117, 119, 123, 126, 128-129, 131, 133-134, 138-139, 168, 181, 189, 192, 203, 206
Clint Barton : 41
Clonage, clone : 16, 50, 56, 97
Commander Steel : 86
Concubinage : 54
Conflits d'intérêt : 17, 65-66
Copycats : 86
Corruption : 151, 158, 161, 165, 198
Costume : 16-18, 21, 26-27, 31-34, 36, 43, 50, 56, 61, 66-67, 75-76, 79-81, 83-84,

86-87, 92, 106, 117-118, 144-145, 157, 177, 182, 187
Crâne Rouge (Red Skull) : 192, 196
Criminalité : 21, 66, 191, 193, 196

D

Daily Bugle : 17, 26, 61-62, 66, 86
Daily Planet : 17, 60, 63-64, 66, 86
Daily Sentinel : 66-67
Dardevil : 11, 13, 20, 25, 75, 78, 106, 117-118, 127, 132, 142-148, 150-154, 165-166, 170, 173, 175-176, 183, 186, 189, 208
Dark Knight : 20, 68, 108-109, 150-151, 156, 166, 168, 170-171, 176, 185
Dave Lisewski (v. Kick-Ass)
Deidre Wentworth : 56
Diffamation : 17, 60-62, 67
Discrimination : 14, 16, 38, 40-41, 43-48
Dissimulation du visage : 28, 117, 167
Divergente : 37
Doctor Manhattan : 113, 118
Doctor Octopus : 61, 200
Doctor Spectrum : 118
Doomsday : 53, 184
Droit international : 15, 19-20, 126-131, 133, 136-137, 139, 183, 199

E

Elektra : 37
Emblème : 75-76, 79-81, 83-84, 86-87
Enfant (v. Filiation)
Enquête : 40, 47, 62, 78, 115-116, 121, 161-162, 177, 179, 181-182, 187, 195, 198
État : 14, 16, 18-20, 28, 70, 97, 113-123, 125-139, 143-153, 159, 163, 165, 175, 178, 180, 184-185, 188, 200, 203, 213
Eugénisme : 53
Extraterrestre : 18, 50, 53, 71, 77, 79, 117, 135, 147

F

Famille : 11, 26, 28, 30-31, 33, 35, 40, 47, 51, 54-55, 64, 82, 132, 208-209
Fantomah : 16, 42
Faux, usage de faux : 61-62
Femme : 16, 37-45, 47-48, 70-71, 105, 137, 147
Filiation : 16-17, 27, 30, 34, 49-57, 174
Fiscalité (v. impôt)
Franck Castle : 75
Frelon Vert (Le) (v. The Green Hornet)
Frontière : 38, 105, 109, 125, 128-129, 136

G

Gaea : 52, 207
Génétique : 25, 27, 30, 36, 40, 50, 56, 71, 96, 97, 107
Gotham City : 20, 80, 147, 152, 155-158, 162-163, 168, 181
Groot : 17, 70

H

Hancock : 166, 170, 176
Hank Pym : 21, 91, 93
Harvey Dent : 156, 168, 170, 176, 181
Hawkeye : 17, 75
Hellboy : 52
Hell's Kitchen : 147-148, 152, 176, 179

Henry « Hank » McCoy : 53
Heroes for Hire : 123
Hulk : 11, 13, 41, 53, 71, 72, 104, 117, 125, 134-135, 169, 174, 182, 206, 210
Human Torch : 118
Hunger Games : 37
HYDRA : 192-199
Hyperion : 118

I

Identité civile : 16, 27, 36, 48, 50-51, 53, 150
Impôt : 70-73, 138
Injure : 60, 62, 67
Invaders : 118
Invention : 18, 76, 89-98
Iron Fist : 123
Iron Man : 11, 17-19, 27, 37, 41, 48, 51, 57, 70, 72, 81, 84, 90, 92, 94-95, 98, 106, 107, 115, 117, 128, 134, 138, 142, 157, 166, 174, 179, 181, 212

J

Joker : 33, 48, 68, 86, 109, 144, 150-151, 165, 184-185
J. Jonah Jameson : 61
J'onn J'onzz : 53
Jean Grey : 21, 38, 40, 49, 78, 210
Jessica Jones : 165, 169
Jor-El : 53
Justice : 10, 13, 16, 19, 20, 25-26, 31, 33, 43, 59, 63, 67, 68, 70, 75, 82, 85, 103, 105, 110, 113-115, 120, 128-130, 132, 141-163, 166, 167, 171, 174, 176, 182, 190, 193
Justice privée : 20, 143, 149, 159, 163

K

Kal-El : 53
Kamala Khan : 56
Karla Sorfen : 56
Keene Act : 219
Kick-Ass : 75, 106
Krypton : 49, 53, 60, 63, 71-72, 117, 157
Kryptonite : 63, 105

L

La Chose : 28, 53, 56
Lasso d'Hestia : 189
Laurie Jane Juspeczyk : 56
Légalité : 31, 53, 113, 120, 143, 148, 163, 167-168, 180, 188, 190
Lex Luthor : 51, 72, 109, 179
Logan (v. Wolverine)
Lois Lane : 49, 55, 60, 63-64, 66, 77, 179
Loki : 125, 129-130, 174, 205
Luke Cage : 117-118, 123, 151

M

Malicia : 55-56
Marque : 18, 26, 34, 76-87, 89
Marshal Law : 118
Maskman : 86
Maternité : 56
Matt Murdock (v. Daredevil)
Matthew Bright : 118
Métropolis : 63-64, 82, 117
Minutemen : 49
Miss Fury : 42
Monopole d'exploitation : 89

Mutants : 36, 40, 50, 54-55, 78, 94, 97, 117, 168, 186, 207, 212

N

Namor : 21, 118, 207
Natacha Romanoff : 47
Nick Fury : 41, 71, 118, 128, 135, 192
No Hero : 122

O

Odin : 52, 132, 174, 207
Œil-de-Faucon (v. Clint Barton)
Ordre public : 16, 19, 80, 117, 119, 121, 159, 188, 195, 201
Ordre social : 113

P

Paternité : 54, 56, 174
Peine : 115, 162, 165, 169, 170, 183-184, 194, 196, 202
Perry White : 66
Police administrative : 15, 114, 120, 121, 132
Power Rangers : 86
Presse : 17, 59, 60-62, 64-67, 162
Preuve : 11, 21, 27, 45-47, 62, 150-151, 168, 175-182, 184-190, 193, 202
Professeur Xavier (*Professor X*) : 18, 27, 55, 78, 169, 210, 212
Propriété industrielle : 18, 26, 77, 85, 89, 91, 95
Propriété intellectuelle : 18, 26, 31-34, 76-77, 83-84, 89-91, 93-94, 96-98, 104, 106, 110, 174
Pseudonyme : 16, 27, 31, 33-34, 75-77, 80, 92
Punisher : 9, 12, 75, 80, 115, 148, 151, 166, 170, 206

Q

Quatre fantastiques : 28, 90, 92-93, 174

R

Rachel Dawes : 47, 146
Ra's Al Ghul : 68, 148, 150, 154, 162
Reed Richards : 18, 21, 75, 90-92
Réservation privative : 89-91
Revere : 122
Rising Stars : 118, 122
Robert Kelly : 168
Robin : 54, 158, 171
Rocket Racoon : 17, 70

S

Sally Jupiter : 49, 56
Savage Dragon : 118
Scandale : 62
Scarlet O'Neil : 42
Sharon Ventura : 56
SHIELD : 19, 71, 93, 129-130, 135, 181, 192, 196-200, 212
Silk Spectre (*v. Laurie Jane Juspeczyk*)
Silvermane : 192
Sinister Six : 192, 200
Souveraineté : 122, 127, 129, 130-131
Spider-man : 9, 11, 17, 26, 31, 61-62, 65-66, 76, 80, 86, 117-118, 174, 182-183, 200, 206, 208-209
Star Wars : 10, 69
Starlord : 107

Stéréotype (de genre) : 16, 37-47
Stick : 154
Stormwatch : 118
Supergirl : 42, 49
Superman : 10, 13, 17, 19-20, 32, 38-39, 42-43, 49, 51-53, 55, 60-66, 69-70, 72, 75, 77, 81-82, 84, 86, 103-104, 106, 108-109, 114, 117, 123, 142-144, 147, 150, 155, 157, 162, 166, 169, 170, 173-174, 176, 179, 182, 186-187
Supreme Power : 118
Surhomme : 13, 38-39, 114, 123, 142-143, 157, 187
Jane « Susan » Storm : 40, 47

T

Territoire : 16, 50, 77, 97-98, 115, 118-119, 123, 126-131, 137, 206
Terrorisme : 136, 147-148, 175, 185, 195-196, 201
Thanos : 84-85, 126, 134
The Green Hornet : 17, 65
Themyscira : 189
Thor : 9, 12, 17, 19, 21, 41, 48, 52, 70, 77, 81, 107, 117, 131-132, 134-135, 138, 142, 174, 207
Titan : 14, 118, 126, 182
Tony Stark : 51, 57, 68, 75, 84, 91, 93, 107, 138, 157, 169, 182, 211
Top ten : 118
Transgen : 97

U

Ultimates : 21, 118
Ultron : 41, 47, 70, 90, 125-126, 133, 179

V

Valérian : 42
Venom : 61, 109
Veuve noire (la) (v. Black Widow)
Vigilantisme : 113
Vipères assassines : 47
Vision : 70, 133-134

W

Wasp : 86
Watchmen : 12, 17-18, 49, 56, 108, 113, 118-119, 168
Wayne Enterprises : 92, 158
Wilson Fisk : 148, 150, 165
Wolverine : 104, 118, 166, 169, 192, 211-212
Wonder Woman : 10, 16, 37, 39-40, 42-43, 49, 51, 53, 72, 81, 106, 145, 147, 174, 189

X

X-Men : 11, 14, 18-19, 21, 34, 36, 38, 54, 56, 78, 106, 109, 117, 142, 174, 186, 192, 200, 202

Y

Yon-Rogg : 48

Z

Zebediah Killgrave (v. *Purple Man*)

Les noms propres sont en italiques et classés à l'initiale de leur prénom, compte tenu de leur spécificité.

Table des matières

Introduction à l'étude du droit super-héroïque 9

I- La place du super-héros dans la société 23

L'identité des super-héros 25

I – L'identité dévoilée du super-héros 27

II – L'identité du super-héros costumé 31

Les super-héroïnes 37

I. Les stéréotypes vécus par les super-héroïnes, manifestation particulière de discrimination 38

II. Les stéréotypes vécus par les super-héroïnes, situation de discrimination intersectionnelle 43

La filiation des super-héros ! 49

I- La filiation, inscription dans la famille 51

II- La filiation, l'inscription dans la cité 55

Les super-héros et la presse : je t'aime moi non plus 59

I- Les super-héros malmenés par la presse 60

II- La presse instrumentalisée par les super-héros 65

Les super-héros, super-contribuables ? 69

Le droit des marques : une nouvelle arme pour les super-héros 75

Introduction : Qu'est-ce qu'un super-héros ? 75

Des signes distinctifs protégeables 76

I- La reconnaissance d'un droit de marque au profit des super-héros 77

II. La protection du super-héros par le droit des marques 83

Super-héros et brevet : De grands pouvoirs impliquent-ils de grands brevets ? 89

Des inventions dans l'univers des brevets 89

Des inventions dans l'univers des superhéros 90

I- Le superhéros, titulaire de brevet ? 90

II- Les super pouvoirs, des inventions brevetables ? 93

Les super-héros dans la jurisprudence américaine 101

II- Le rôle attribué au super-héros par la société 111

L'encadrement juridique de l'activité de super-héros 113

I- Le recensement nécessaire du super-héros 116

II- L'obligation facultative de servir du super-héros 118

III- L'utilisation réglementée des super pouvoirs 119

Les *Avengers* et les compétences de l'État en droit international 125

I- Du point de vue des *Avengers* : l'éloge de l'ignorance juridique 127

II- Du point de vue de l'État : la résistance des *Avengers* face à l'exercice des compétences étatiques 131

III- Du point de vue de la communauté internationale : le triomphe du multilatéralisme ? 135

Conclusion 139

L'idée de justice dans les univers de *Daredevil* et *Batman* 141

I- Pas de justice sans État ! 144
II- L'équité individuelle au secours d'une légalité défaillante 148

Un inquiétant justicier dans la ville : Le cas *Batman* 155

I- *Batman* et le risque de partialité 157
II– *Batman* et la tentation de l'abus 161

Super-héros et droit pénal 165

Quelles histoires ? 165
I- La suppléance du droit pénal 167
II- L'élusion du droit pénal 169

Preuve et Super-héros : « Le procès du siècle » des super-héros à « l'aube de la justice » probatoire 173

I- Variations autour de la qualité du super-héros 177
II- Variations autour des super-pouvoirs du super-héros 182

Les super-héros et la criminalité organisée 191

I- Les groupements de super-méchants : des organisations criminelles par nature 193
II. Les groupements de super-héros : des organisations criminelles par destination 203

Après la bataille : Responsabilité civile et réparation des dommages dans l'univers *Marvel* 205

Introduction 205
I- La responsabilité pour faute du super-héros 206
II- Les autres fondements de la responsabilité du super-héros 211
Conclusions 213

Bibliographie 215

Index 217

Presses universitaires de Franche-Comté
Université de Franche-Comté
47 rue Mégevand – 25030 Besançon cedex

Bibliographie, index et relecture
Laurent Kondratuk

Conception de la couverture
Julie Gillet

Mise en page
Sophie Lorioz

Impression
Messages SAS
111, rue Vauquelin – 31100 Toulouse

Dépôt légal : 4e trimestre 2020